授業実践と教科書執筆のためのTIPS

アメリカの心理学者 心理学教育を語る

R・J・スタンバーグ 編著
宮元 博章
道田 泰司 編訳

TEACHING
INTRODUCTORY
SURVIVAL TIPS FROM THE EXPERTS
PSYCHOLOGY

北大路書房

Teaching introductory psychology : survival tips from the experts
edited by Robert J. Sternberg.
Copyright © 1997 by the American Psychological Association
Japanese translation rights arranged with the American Psychological
Association through Japan UNI Agency, Inc., Tokyo.

訳者まえがき

　本書はR・J・スタンバーグ（R. J. Sternberg）が企画・編集し，アメリカ心理学会（APA）から1997年に出版された"Teaching Introductory Psychology : Survival Tips from the Experts"の翻訳です。日本でも有名なスタンバーグ，ジンバルドー，マイヤーズなどをはじめとするアメリカの優れた心理学者11人（共著者を含めて12人）が，心理学の教育について思うところを存分に語った，とても貴重な，また読み応えのあるエッセイ集です。

　原著のタイトルからもわかるように，本書は心理学教育の中でも特に，初学者を対象とする心理学入門（心理学概論）の授業実践，および入門教科書の作成に焦点が当てられています。しかし，その内容はたんに心理学入門のみならず，すべての心理学教育にとって役立つものですし，さらに言えば，「原著者序」でスタンバーグが「良質の教授原則の多くは，領域を超えて適用できる（本書 p.3）」と述べているように，大学教育に関わるあらゆる分野の教師にとっても，有益なヒントを提供してくれるでしょう。

　副題にある"TIPS（ティップス）"とはヒント，秘訣，コツといった意味の言葉ですが，本書はいわゆるハウツー本ではありません。むしろ，個々の具体的な「ネタ」や「技法」が生み出され，体系づけられるバックグラウンドとしての「理論」や「哲学」が重視されています。しかし，本書の中にも，明日の授業でも試せそうな実用的なヒントがないわけではありません。主なものを巻末（本書 p.243-244）にリストアップしてみましたので，必要に応じてご参照ください。

　心理学という科目は全国の大学，短大，専門学校等で広く教えられていますし，一般教育としても高いニーズがあります。心理学教育に携わる研究者・実践家の数も多く，心理学の教科書や一般向けの概説書は，毎年続々と刊行されています。にもかかわらず，「心理学を通して何を伝えるべきか」「いかにすれ

ば，心理学の知識や考え方を効果的に教えられるか」といった問題について包括的に論じたような書物は，不思議なことに，これまでわが国ではまったくと言っていいほど存在していません。同様に，日本心理学会や日本教育心理学会等の代表的な学会においても，心理学の教育論に関する組織的な討論や，心理学教育をテーマにした研究の発表は，「散見される程度」にすぎません。つまり，日本では心理学の教材づくりは熱心に行われていても，心理学教育について の教育学や教育心理学はまだ成立しているとは言いがたい現状です。

　一方，原著の出版元であるアメリカ心理学会ではその第 2 部門として「心理学教育協会（Society for the Teaching of Psychology）」という組織をもち，機関誌『Teaching of Psychology（ToP）』をはじめとして，これまでに多くの教育関連書が学会より刊行され，定期的な研究大会はもちろん，さまざまな研究・教育プロジェクトが展開されており，多くの心理学者がその優れたリソースを自分の教育に利用することができます。むろん，文化や制度の違いを考慮せず，一概にアメリカがやっていることに日本も倣うべきであるとか，本書の原著者たちの哲学や方法を無批判に受け入れよと言うつもりではありません。しかし，ここには本質的な問題があるように思われます。

　心理学者にとって，心理学教育を「考え・行なう」ということは，心理学についての自己の認識の枠組みを省察し，また教室の中で心理学の研究成果を心理学者として自ら活用し，その効果を確かめるという点で，本来，高度に心理学的な営為です。実際，本書をお読みいただけば，11 人の原著者たちが，心理学教育というフィールドにおいて，まさに心理学者として思考し，心理学者として行動していることに気づくでしょう。ならば，心理学教育について考えることは心理学者としてのアイデンティティに関わるといっても過言ではないはずです。その重要なテーマについてなぜわが国では論じられ，研究されないのでしょうか。

　もちろん，個々の心理学教師を見れば，そうした認識のもとに深く教育を考え，すぐれた実践を行なっておられる方も数多くおられるでしょう。また，どんな教科書でも，作成される上ではなんらかの教育哲学が存在しているでしょう。しかし，私たちが問題にしたいのは，このテーマについて，議論・検討していく基盤が現在の日本ではいまだに十分形成されていないことなのです。心

理学教育の理念と方法を，心理学の重要な一領域として，公の場で（あるいは媒体で）論じ合い，心理学教育についての「心理学的な」研究知見を蓄積し，共有していくための組織的な取り組みが必要ではないか。私たち訳者は，本書を通して日本の心理学界全体にそのことを問いかけたい。そういう大きな問題意識も背景に見据えながら，本書の訳出を企画しました。

　また，編訳者の宮元と道田にとって，本書の翻訳を企画した直接の動機は，原著者たちの多くが「クリティカルシンキング（批判的思考）」を心理学的思考の中心的要素と見なし，その習得を教育目標の1つとして明確に位置づけていることにあります（しかも専門課程ではなく，入門の授業において！）。われわれが最近になってようやく気づき，考え始めたことが，実はアメリカの心理学者たちの間ではなかば「常識」となっていることに加え，著者たちがその具体的な教育方略まで示唆してくれていることを，ぜひ多くの日本の心理学者に知っていただきたかった。このことも一言付け加えさせていただきます。

　もっとも，訳者らのこうした思惑は別にしても，本書はあらゆる心理学教師——新人教員や大学院生から，この道何十年のベテランまで——にとって，必ず，"探していた何か"を見つけ出せる本だと思います。初めての授業を前に，暗中模索状態の新米教師にとっては，よき道標となるでしょう。経験のある教師にとっても，自分がこれまで行ってきた教育をアメリカの心理学者たちのそれと照らし比べることで，自分の授業に欠けていた視点や，日本の大学教育のあり方の問題点が見えてくるかもしれません。あるいは，さまざまな文化的差違にもかかわらず，心理学教師たちが直面する問題や疑問に強い共通性を見い出す人もいるかもしれません。そして，何より原著者たちの教育に対する圧倒的な情熱に触れることが，マンネリズムを打破するカンフル剤になるかもしれません。

　訳者らも，訳出の過程で本書を繰り返して読みましたが，読むたびにいつも何かしら新しい発見があります。訳者の1人などは，どの章の著者も心理学の学問領域全体を俯瞰し，「心理学的なものの見方・考え方」について，深く，しかも明示的に考察していることに感嘆し，原著者たちの入門教科書を次々と買い集めているようなしだいです。

訳者まえがき

　本書の刊行が，読者の心理学教師としての力量向上の助けとなり，また，議論の材料として，わが国における「心理学教育」という領域の形成，発展に少しでも寄与することができましたら，訳者として幸いです。

　最後に，もし今この本を手に取っているあなたが学生さんであるなら，自分には無縁の本と思わず，ぜひ読んでみることをお薦めします。心理学がどれほど魅力的で学びがいのある（そして，私たち心理学教師にとっては教えがいのある）学問であるかがわかると思います。また，教師の側が何を考え，何をねらっているかについて考えることは，学習者にとっても非常に有益です。効果的な学習のための最も重要な鍵は，学習材料の中核的なアイディアや枠組み，すなわちスキーマを把握し，それに事項を関連づけながら学び，また，そのアイディアについて自ら主体的に考えることです（このことは本書で繰り返し述べられています）。本書を読めば，あなたはおそらく，「この先生は授業を通して何を伝えたいと思っているのか」「それをどれぐらい明確に提示してくれるか」「どのような方法でそれを学生に伝え，習得させようとしているか」，そういったことを批判的に考えてみたくなるはずです。そして何より，あなたの先生がこの本の著者たちに匹敵するほど心理学に対して，教育に対して情熱的かどうかも評価してほしいと思います。そういう視点で授業に臨む学生の存在は，教師にとっては戦慄であると同時に喜びでもあり，教師を最も磨く砥石なのです。

2000年6月　　編訳者

もくじ

原著者序	ロバート・J・スタンバーグ	1
プロローグ	リチャード・A・グリッグス	5

1章　心理学への情熱
心理学をカリスマ的に教えること，教育と研究を相乗的に統合すること，そして，魅力的な教科書をつくること

フィリップ・G・ジンバルドー　11

- 1節　私の教育的背景 …………………………………………… 11
- 2節　降板一歩手前からの復活：ステイタスの問題 …………… 13
  講義とテレビ番組の違い／『心理学への招待』制作のみちのり
- 3節　心理学入門についての教育観 …………………………… 20
  個人的動機／私の教育目標／学生にとってのコースの目標／学習課題と評価／教育方略／カリスマ的な教え方／効果的な教授技法について／ゲストを招く／試験
- 4節　教育と研究を相乗的に結びつける ……………………… 40
- 5節　初めに『心理学と生活』があった ……………………… 41

2章　心理学入門講義をふりかえる
ダグラス・A・バーンスタイン　48

- 1節　私の授業心得 …………………………………………… 49
- 2節　私の担当科目と受講生 ………………………………… 52
- 3節　心理学入門の授業における私の目標 ………………… 53
  クリティカル思考に基づく実証科学として心理学を描写する／ダイナミックな知識として心理学的知識を描写する／心理学が広範で多様であることを描写する／能動的な学習を促す／日常生活における心理学の重要性を強調する／統合された学問領域として心理学を描写する
- 4節　入門の教科書を書くこと：「ただ書くだけ」ではだめ …… 61

3章 教えることは学者としての活動である
「考えさせる」アイディア中心のアプローチ

ピーター・グレイ 64

1節 アイディア中心の教授法の本質 ……66
アイディア中心の教授法における授業／アイディアの選択と発展／教科書と授業の相補的な機能／理由と証拠を要求する試験／クリティカル思考を促す課題
2節 学生が難題に立ち向かうことへの援助 ……77
読み書きの技術／試験のための復習のための技術
3節 結論 ……81

4章 私はなぜこのように教えるのか
心理学をパッケージングし直す

レスター・A・レフトン 83

1節 内容を精選する ……84
2節 学生に合わせる ……85
3節 クリティカル思考を育成する ……86
4節 日常例から理論への移行 ……86
5節 多様性を認識する ……87
6節 授業を最新でエキサイティングなものにする ……88
7節 学生を惹きつける ……89
8節 心理学を統一された領域として教える ……89

5章 心理学を700ページに凝縮する
心理学入門の教科書を書くための指針

マーガレット・W・マトリン 92

1節 心理学入門の授業をするための哲学 ……95
2節 明確に書く ……98
3節 心理学の核心的な概念を伝える ……100
4節 クリティカル思考を伸ばす ……104
5節 心理学を毎日の生活に応用する ……105
6節 人間の多様性を取り上げる ……106
7節 最後にいくつかの問題 ……111

6章　これからどうやって心理学を広めるか　　チャールズ・G・モリス　116

- 1節　コースの内容 …………………………………………………… 117
  - 重視するのは個々の知識か核となる内容か／考えるという習慣／価値と態度
- 2節　教授法のテクニック …………………………………………… 125
  - 教科書を使うこと／教材の提示／学習の目標／練習問題／研究への参加／正課以外の読書計画／コンピュータ会議
- 3節　新しい千年紀へ向けての心理学 ……………………………… 134

7章　情熱をもって心理学を教える　　デビッド・G・マイヤーズ　137

- 1節　価値，教えること，教科書 …………………………………… 139
- 2節　教える目標 ……………………………………………………… 141
- 3節　時々出会うコメントと質問への回答 ………………………… 144

8章　効果的な教師になるためのモデル　　ロッド・プロトニック　153

- 1節　教室を「教授法実験室」へ …………………………………… 154
- 2節　効果的な教授モデル …………………………………………… 155
  - 要素1：授業教材の準備と教科書の選択／要素2：教材提示法／授業実践をビデオ録画してフィードバックすることの重要性／要素3：教室雰囲気の運営・管理／3要素モデルからの予測
- 3節　大学院でいかにうまく新しい教師を養成するか？ ………… 170
- 4節　心理学のダブルスタンダード ………………………………… 171

9章　心理学者のように考える方法を教える　　ロバート・J・スタンバーグ　175

- 1節　知識基盤の獲得 ………………………………………………… 178
- 2節　三頭的学習法と思考法 ………………………………………… 179
- 3節　長所を伸ばし短所を補う ……………………………………… 182
- 4節　プロセスとしての心理学 ……………………………………… 184
- 5節　学問領域を越えて教えること ………………………………… 186
- 6節　多文化主義と比較文化主義 …………………………………… 187
- 7節　結論 ……………………………………………………………… 188

10章　心理学入門についてクリティカルに考えるということ

キャロル・E・ウェイド　192

- 1節　サイコバブルからの脱却 …………………………………………… 193
- 2節　クリティカル思考の必要性 ………………………………………… 195
- 3節　問題点や論争を取り入れる ………………………………………… 199
- 4節　文化・民族・ジェンダーの重視 …………………………………… 204
- 5節　知識を統合し，日常の問題に適用する …………………………… 205

11章　あなたの興味の生かし方とティーチングアシスタントの使い方

カミール・B・ワートマン，ジョシュア・M・スミス　210

- 1節　2つの手法 …………………………………………………………… 211
- 2節　自分が興味をもっていることを教える …………………………… 212
- 3節　心理学入門に学部生をTAとして活用する ……………………… 218
  - ディスカッション・グループ／評価フィードバック／ミニコース／学部生TAの募集
- 4節　結論 …………………………………………………………………… 230

エピローグ ……………………………………… チャールズ・L・ブリューワー　235

- ▶ 明日から役立つ授業のtips（分野別）　243
- ▶ 明日から役立つtips（授業全般）　244

【原著者一覧】〔原著者の代表的な心理学入門教科書も併せて紹介〕　245

原著者序

ロバート・J・スタンバーグ

　私が心理学入門（introductory psychology）を教え始めたのは，大学1年で授業をとってから10年後のことだった。うつろなまなざしで私を見る学生を見て，この中の何人かは，いますぐに心理学以外の専攻を探し始めるかも知れないと思った。私と学生の距離は遠く，私には助けが必要だった。本書は，その当時私が必要としていた助言を，そして，心理学入門を教えるほとんどの教師にとって，使える助言を提供することが目的である。

　私が最初に心理学入門を教えたとき，私が習った先生が犯した最大のあやまち（と私が思うもの）だけは犯すまい，と心に誓った。その先生は主に，記憶力のいい生徒に向けて授業をしていた。私はもの覚えが悪かった。しかし私は，創造的な活動が盛り込まれているときには，よく学ぶことができる。それで私は，自分がそうしてほしかったように，授業を行なった。しかしそうすることで，かつて習った先生と同じあやまちを犯したのだ。私は，特定のタイプの学生にしか教えていなかった。この場合は，私と同じように学ぶ学生である。現在私は，すべての学生に向けて授業をしようとしている。本書を読めば，心理学入門の教師が，教室のすべての学生に声を届ける助けになるだろう。

助けてくれるのは，有名な心理学入門の教師である。長年教えているだけでなく，著名な心理学入門の教科書を書いている，老練な教師たちである。心理学入門の教科書を執筆した人たちは，他の誰よりもその授業について深く考えている。と言うより，授業について深く考えずに教科書など書けるものではない。私にとっても，心理学入門の教科書を書くことは，自分の学位論文（850ページ以上ある）さえ小さく見えるような，途方もない大事業であった。それは気の弱い人や疲れた人のすることではない。しかも，教科書が成功せず，初版さえ売り切らないうちに使われなくなってしまうという可能性が常にあるのである。したがって，教科書を書くために著者は，授業内容について深く考えるだけでなく，どのように教えるかについて，新しくワクワクするようなアイディアを提案する必要もある。

　かつて私は，心理学入門の教科書をいくつか比べて，自分の授業にどれを使おうか，どのように使おうか考えたときに，著者だったら，どう教えるのが最も効果的だと言うか，よく考えたものだった。私が求めていたものは，教師用マニュアル（きわめて分厚く，教科書の著者が書いていない場合が多い）ではなく，授業についての著者の哲学と，どのように学生を動機づけ，ひきつけるかであった。私は，何年も心理学入門について考え，教えてきた人たちの知恵から利益を得ることができればと，初心者教師の頃から（いまでは経験を積んだ教師として）考えてきた。本書はそのような叡智を提供する。

　本書を編集した目的は，彼らに心理学入門を教える哲学や，授業計画や，教授テクニックを語らせることである。私は各章を，理論的にしっかりしているだけでなく，実践的に使えるようお願いした。私は著者に，すべての心理学入門の教師に向けて書くようにお願いした。また，心理学入門の授業が学生にも教師にも有意義なものになり得ることも語ってもらった。何人かは，入門の教科書を書く過程について述べ，授業と教科書の類似点についてコメントしている。これらの章が，入門の教科書の目的や構成に光を当て，教師が教科書をより効果的に使う手助けになれば幸いである。

　ありがたいことに，11人の著名な心理学入門の教科書の著者が，本書に協力してくれた。11人とは，ジンバルドー（Philip Zimbardo），バーンスタイン（Douglas Bernstein），グレイ（Peter Gray），レフトン（Lester Lefton），

マトリン（Margaret Matlen），モリス（Charles Morris），マイヤーズ（David Myers），プロトニック（Rod Plotnik），ウェイド（Carole Wade），ワートマン（Camille Wortman：Joshua Smyth と共著），そして私である。心理学入門を長年教えてきた人たちばかりである。

著者にはいろいろな人たちがいる。大きな総合大学で教えてきた人も，小さな大学で教えてきた人もいる。分厚い教科書を書いた人や，薄い教科書を書いた人。上級レベルの教科書の著者や，入門レベルの教科書の著者。自然科学指向の教科書や，社会科学指向の教科書。共通しているのは，心理学入門を教える情熱と，それに見合う経験である。

本書にはプロローグとエピローグもある。書いてくれたのは，教科書は書いていないけれども，心理学入門の教師として表彰された，グリッグス（Richard Griggs）とブリューワー（Charles Brewer）である。彼らを選んだのは，経験が豊富で，教科書の著者とは少し異なる視点で，各章を幅広く概観する能力があるからである。

本書は，心理学入門を教えるすべての教師のための本である。また，より専門的な心理学の授業を教える者にとっても有益であろう。それどころか，ここに書かれていることの多くは，すべての大学教員にとって有益であろう。というのは，良質の教授原則の多くは，領域を超えて適用できるからである。私自身も，長年心理学入門を教えてきたが，本書に挙げられている教育哲学や方法から，たくさんのことを学んだ。

最後に，本書の契約を結んでくれたレイノルズ（Susan Reynolds），編集のフランク・マクネイル（Julia Frank-McNeil）とシュリーゲル（Peggy Schlegel）に感謝する。ベイセル（Beth Beisel）は傑出した若手編集者である。私が習ってきた，傑出した心理学者にも感謝を捧げる。統計のエイベルソン（Bob Abelson），生理心理学のブラウン（Jay Braun），情報処理心理学のクラウダー（Bob Crowder），児童心理学のケッセン（Bill Kessen），異常心理学のラザルス（Arnold Lazarus），記憶心理学のタルヴィング（Endel Tulving），思考心理学のウェアリング（Alex Wearing），彼らは私に影響を与え続けてきた。そして，私の子どもたち，セスとサラ（Seth and Sara Sternberg）にも感謝を捧げたい。彼らは，スタンバーグ家の人間が，心理学入門

の授業で「A」という成績を取れることを証明してくれた。[☆1]

註 ☆は原著の註

☆1　本書 p.175を参照。

プロローグ

リチャード・A・グリッグス

> 心理学入門を教えるということは，すべての学問的な活動の中で，最も知的な挑戦であると言えるかもしれない。　　　　　　　　　（Gray，本書3章p.65）

> 人がクリティカル思考によって直観を抑え，思いやりによって判断先行を抑え，理解によって錯覚を抑える手助けをする以上に重要な人生の使命はあるのだろうか。　　　　　　　　　　　　　　　　　　　　　（Myers，本書7章p.140）

　これらは，本書11章のうちの2つの章からの抜粋であるが，心理学入門を教えることのむずかしさと喜びが要約されている。心理学入門を教える者にとっては，どちらもよく知っていることであろう。心理学入門をうまく教えるのは，絶えざる挑戦である。私は心理学入門を50回以上教えてきたが，よりよい方法をいまだに探している。私はいつも，私たちが答えなければならない，次の基本的な問題に戻る。心理学入門を教える上で，最も重要な目標は何か？　その目標を達成する最良の方法は？　教科書のどの章を教えるべきか？　どのトピックを取り上げるべきか？　講義はどのくらいにすべきか？　デモンストレーションやクラス活動はどのくらい取り入れるべきか？　学生に，よりクリティ

カル（批判的）に，より科学的に考えさせることができただろうか？　などなどとリストは続く。うまくいったときには，喜びは圧倒的である。だが，ほとんどの者にとっては，そのようなことは非常に少ない。私たちは皆，よりよい仕事がしたい。私たちは皆，成功経験を味わいたい。どうすればいいのか——それが問題なのだ。アイディアをどこに求めればよいのか？　教科書の著者に求めればよいのではないだろうか？　確かに，彼らは心理学入門を教えた経験も教科書を書いた経験もあるので，そのような問題に直面し，答える，つまり自分の教育哲学を見つけている。スタンバーグ（Sternberg）が企画したこのユニークな本は，教育哲学を求める彼の要請に答えた11人の著者たちによる11の章から成り立っている。[☆1]

　これら11の章から，何が見つかるだろうか？　心理学の教科書は，目次は似ていても中身は全然違うように，本書でも，直面している問題は共通でも，答えは全然違っている。しかしこの違いは重要で，それによって，心理学入門を教えるときのあなた自身の哲学が刺激されるだろう。プロローグの残りの部分では，本書で論じられている問題の例を取り上げよう。

■教科書は百科事典的になってきており，すべてを教えることは不可能である。授業期間は１学期しかない。どの章を講義に割り当てるべきか？

　どれくらい割り当てるべきか？　10章のウェイド（Wade）はこの問題を次のように要約している。「何億という研究や何千という理論があるのに，それらを教えるために通常たった１学期しか与えられていない状況にあっては，教師や教科書執筆者は鋭い選択眼をもたなければならない」（本書 p. 203）。心理学入門を教えるすべての教師はこの問題に直面しており，自分自身のやり方で問題を解決している。これは教科書の著者も同様である。たとえば，２章のバーンスタイン（Bernstein）は教科書全部を授業で取り上げ，テストしている。というのは，学生は責任のある大人であり，講義があろうがなかろうが，教科書の題材を学ぶことが彼らの課題である，と考えているからである（本書 p. 50）。６章のモリス（Morris）は，教科書は彼の授業の核であり，学生が教科書の内容を理解することを期待している，と学生に明示している（本書 p. 126）。３章のグレイ（Gray）は，心理学入門の教師の多くは「教科書の奴隷」

になっている，と考えている。彼の言葉は次の通りである。

> 多くの人は，授業に割り当てた章のすべてを講義しなければ，試験でフェアではないと考えている。逆に言えば多くの人は，教科書に載ってないことを教えるのはフェアではないと考えている。このどちらの思い込みも真ではないと気づいたとき，教師は解き放たれる。（本書 p. 71〜72）

しかしながら，著書らの言葉をこのように一部分だけ切り取って判断するのは乱暴であり，文脈の中で判断することの重要性も指摘しておかなければならない。一面だけを判断する前に，その人の哲学全体を知る必要がある。具体的には，彼らが授業で何をしているかや，他の問題に彼らがどう答えるのかを知る必要がある。

■講義時間をどう使うか？　1学期の講義でできるだけたくさんの情報を教えるべきか？　どんなトピックを取り上げるべきか？　クラス活動やデモンストレーションを取り入れるべきか？　そうしたら貴重な講義時間の無駄だろうか？

　ここでも答えはさまざまである。たとえば，11章のワートマンとスミス（Wortman & Smyth）は，教科書の主要なトピックのすべてを講義するのではなく，自分が教えたいと思うトピックだけを講義することで，教科書を補完するべきであると論じている（本書 p. 213）。彼らによれば，教師がそのトピックに熱意を示せば，学生の間にも興味が湧き起こりやすい。この件について私が気に入っているのは，グレイの「アイディア中心」アプローチである。教科書に載っている事実や用語やトピックに焦点を当てるのではなく，授業の主題である重要な考えに明示的に焦点を当てるのである（本書 p. 65）。グレイはアイディア中心の講義の教え方から，学生の授業への参加を促す方法まで詳しく教えてくれている。これは，一般教養（liberal arts）教育の最良の例の1つであり，関心のある人にはぜひ勧めたい。

　クラス活動やデモンストレーションは，多くの著者が好んで使っており，何人かは実際にその一部を紹介している。たとえば，1章のジンバルドー

(Zimbardo) は「話だけじゃなくて，やって見せる」原則（本書p.27）が彼の講義を活き活きとさせる要素の1つであり，彼が授業の中で行なっている動物行動や人間行動のすばらしいデモンストレーションのいくつかを紹介している。8章のプロトニック（Plotnik）も，クラス活動についての興味深く価値のある情報（特に新米教師にとって）を提供している（本書p.167）。

講義内容やクラス活動に加えて，著者たちは，多くの教師が追求しているクリティカル思考の育成という目標に，多大な時間を費やしている。これは確かに，心理学入門の教科書の目標の1つである。いろいろな教科書を調べれば，すぐにこの事実に気がつくであろう。それゆえ，クリティカル思考の育成が，教科書の著者たちの哲学の一部になっていることは驚くことではない。特にウェイド（Wade）の章である10章にそれを見ることができる。スタンバーグの章（9章）も，心理学入門や認知心理学についての彼の最近の教科書と同様に，思考と知能についての彼の三頭理論をもとに構成されている（本書p.179）。ウェイドもスタンバーグも，多くの心理学入門の教師にとっての目標である，学生を「心理学者のように」考えさせることに焦点を当てている。

クリティカル思考と同じく，人間の多様性も心理学入門の教科書や教師が直面する重要な問題である。これに関しては5章のマトリン（Matlin）が，心理学入門における多様性に触れており，注目に値する。彼女の娘が行なったニカラグアの就学前の子どもに対するインタビュー（本書p.93）など，この章には自伝的な要素が含まれているため，彼女のコメントは特に興味をそそるものである。

本書ではまた，教室で教えることと教科書を書く上での哲学の類似（広い意味での教育活動）についても論じられている。4章のレフトン（Lefton）の章はその主な例である。7章のマイヤーズ（Myers）とマトリンも，執筆過程に関する情報に加えて，この問題を論じている。たとえばマイヤーズの章には，2つのユニークなセクションがある。1つは，教師のもっている価値がどのように授業や教科書執筆を導くかについて論じたセクション（本書p.139）であり，もう1つは教科書の執筆と出版についての疑問に対して答えているセクション（本書p.144）である。

何人かの著者はまた，教科書を書く動機について論じている。たとえばマト

リンは,「要するに,私が心理学入門の教科書を書こうと思った最大の動機は,心理学の全体像をつかみたいということと,新しいピースをいくつかでも心理学というジグソーパズルにあてはめたいということである」と述べている（本書 p. 95）。他の著者は,使いたい種類の教科書がないので,自分自身で書いたと述べている。

　私がここに述べたきた問題は,このように本書のいたるところで見いだすことができるが,もちろん,本書には他にも有益な情報はある。それは実用的な情報である。プロトニックの章は,経験のない大学院生を心理学入門のティーチングアシスタント（TA）として訓練し監督する人にとって,有用である。彼はTAの監督者としての経験について述べ,効果的に入門クラスを教えるための3要素モデルについて述べている（本書 p. 155）。また本書には,学部学生を心理学入門のTAとして使う興味深いアイディアも見つけることができる。それはワートマンとスミスの章（本書 p. 217）やグレイの章（本書 p. 76）に述べられている。

　まとめると,本書には11人の心理学入門書の著者の心理学教育に対する哲学が詰まっており,私たち自身の考えと比べることができる。また本書を読むことで,教師あるいは教科書の著者としての彼らを理解することもできる。ときには,著者の性格をさえ垣間見ることができる。著者の中には,学生のときに心理学入門でCという成績を取ったことをいまだに考えている者もいる。そのことの意味をどう考えるかは,読者に残されている。私には,マイヤーズの教育と教科書執筆に対する情熱,および彼の最初の心理学入門教科書に対するネガティブな批判についての議論が印象深い。最初私には,彼のすばらしい教科書を読んだ人がそんな批判ができるとは信じられなかった。しかし彼は,そのような批判を取り入れることをアドバイスしている。端的に言うと,マイヤーズのアドバイスは,次の通りである。「もし批判をじっくり考えたあとで,それでもあなたに1つのビジョンが残っているのなら,あなたはその目標に向かった方がよい」(p. 148)。これは,教科書の執筆者のみならず,入門の授業を最良のものにしようと努力するすべての者にとっても,良いアドバイスである。私たちは,授業のやり方について他の人からアドバイスを受けることができる。そして本書のように,授業について他人がどのような哲学をもっているかを,

本で読むこともできる。しかしながら、私たちは皆、授業についての自分自身のビジョンをもっている。そして私たちは、他人の考えについて知る必要があるけれども、これは自分の授業であり、自分のビジョンをもち続けなければいけないことを忘れてはならない。

註 ☆は原著の註

☆1　本書以外にも心理学入門を教えることに関する2つの優れた論文がすでに書かれている（Gleitman, 1984；McConnell, 1978）。その著者らも教科書を執筆したことのある人である。本書の補足としてこれらの論文を読まれることをぜひ薦める。

引用文献

Gleitman, H. (1984). Introducing psychology. *American Psychologist, 39,* 421–427.

McConnell, J. V. (1978). Confessions of a textbook writer. *American Psychologist, 33,* 159–169.

心理学への情熱

心理学をカリスマ的に教えること，
教育と研究を相乗的に統合すること，
そして，魅力的な教科書をつくること

chapter 1

フィリップ・G・ジンバルドー

　私は，1957年にイェール大学の小さなクラスで心理学入門を教え始めた。イェール大学心理学部初の大学院生として，当時の優れた「イェール・マン」なる人種を教える栄誉を与えられたのである。私はすでにバクストン（Buxton, C.）教授の心理学教授法のコースをとっていたので，ある先生が教えられないときに，代役で心理学入門のどこかのセクションを教える準備はできていたし，自らその役をかって出たのだ。40年ほど前のこのとき以来，私はイェール大学，ニューヨーク大学，そして1968年からはスタンフォード大学で，正規の授業を行なってきた。それは，小人数の優等生クラスだったこともあれば，750人にもなる大講義だったこともあり，その中間の人数や授業形態だったこともある。

1節　私の教育的背景

　私が助教授としてニューヨーク大学心理学部ブロンクス校に着任すると，先任教員たちは，これ幸いと学生への教育や助言の重い負担を押しつけてきた。

それで私は，とうとう毎年3回も（前・後期1回ずつと夏期講座の3期連続して）心理学入門を教えるようになった。13もの授業（前後期に5つずつ，夏期講座を2つ，そして助教授の薄給でニューヨーク市で生活するためのアルバイトとして，イェール校やバーナード校での夜間講座）を受けもつ中でである。この過程で，私は多くの心理学を学んだ。また，この過酷な授業負担による激務にもかかわらず，どうにか心理学入門に対する愛情を保ってきた。読者の多くを悩ませているであろう心理学入門の授業に対する私の情熱を説明するために，認知的不協和理論をひきあいに出す人がいるかもしれない。しかし，ベム（Bem, D.）の自己知覚の原理も同じぐらい説得力をもつだろう。

しかしながら，教育とともに実験研究にも同等の情熱を傾ける者として，私は敵——すなわち，時間——を「欺く」ための生き残り戦術を見つけ出す必要があった。それは，教育への努力と研究への努力を対立させるのではなく，両者の相乗効果を生み出すことである。私は教育から研究のアイディアを得る方法を，そして，その研究の成果を自分の授業に再利用する方法をあみ出していった。本章の後半で，このテーマに戻ることにしよう。

はじめに白状しておくが，私は常に心理学を愛していたわけではない。実は，ブルックリン校で学部生をやっていた頃には，心理学が嫌いだったこともあるのだ。私は心理学というのは，とるにたらないような問題を追求するために，几帳面な研究法を徹底的に行なったあげく，ありきたりな答えにたどりつくだけの混沌として退屈な学問だと思った。私は心理学入門の授業でCを取ってしまった。首席学生だった私の成績表の中で唯一のCである。ひどい教え方で，教科書も退屈だった。そこで私はすぐに専攻の志望を心理学から社会学／人類学コースに変更した。不幸なことに，私はそのうちに，社会学者たちは大きな問題を扱うが，納得できる答えにはめったにたどりつかないことを知った。その後，実験心理学のエキサイティングな授業を受けて，私は4年次に心理学に戻った。私が効果的な授業を行なったり，よい教科書をつくるのに熱心なことに対して，「心理学入門の授業で悪い成績をつけられたことを状況変数のせいにして，それを帳消しにしようとしているにすぎない」と解釈する人もいるだろう。確かにそうかもしれない。高校のクラスメートであるミルグラム（Milgram, S.）と同じ環境で育った正真正銘の「状況論者」として，私は自分にと

ってのこの異例事態を，自分の資質に起因するものだとする説明を受け入れるつもりは断じてない。

2節 降板一歩手前からの復活：ステイタスの問題

　まず，近年私が心理学のビデオ教材の制作において収めた大成功が，実は失敗寸前だったという話からこの章を始めよう。私は，長年教育にあたりながら気づかずにいた自分の教え方の癖を運好く見抜くことができたおかげで，失敗を免れることができたのだ。次に，心理学入門を教えることについての私の哲学を論じよう。自分の根本的な教育目標を達成するための実践的な方略や技術に裏打ちされた哲学である。その目標とは，「カリスマ的に教えることで心理学を忘れ得ぬものにする」というものだ。そして，私がいかにして教育と研究との相乗作用を生み出したかについての概略を述べ，最後に，心理学の教科書が心理学教育に及ぼす影響について簡単にまとめて，この章を締めくくりたい。特に，ルーシュ（Ruch, F.）が1937年に導入した新工夫によって，『心理学と生活（Psychology and Life）』という教科書が，後の心理学教育と教科書執筆にいかに革命的な衝撃を与えてきたかについて触れたい。

（1）　講義とテレビ番組の違い

　ボストンのWGBHは，心理学入門シリーズのナレーター兼科学アドバイザーを探していた。私は最終候補者だと伝えられた。それで，局のスタッフに間近から評価してもらうために，私は東海岸で講義をすることになった。スワースモア大学の教授で，ニューヨーク大学での私の優秀な教え子だったシュワルツ氏が私を招いてくれ，熱心なスワースモアの学生たちに2回の講義をする機会をつくってくれた。講義は，私が長年関心をもってきた「羞恥心」と「悪の心理学」に関するもので，聴衆の興味をひくことまちがいなしの鮮やかなスライドを使って講義をした。その後の活発な議論こそは，ボストン放送の人々が見たいと望んでいたものだった。彼らはその場で，私を26回のテレビシリーズ『心理学への招待（Discovering Psychology）』の総合司会者として雇った。[★1]

私がそのシリーズの心理学的な内容と構成に関する助成金申請書を書き，アネンバーグ／CPB（公共放送公団）が最終的に資金を提供してくれた。こうして，撮影の準備が整った。

　毎回の番組の構成は次のようなものだ。まず，その回の番組のテーマを設定する私の導入があり，続いてテーマに関連する具体的な場面や，古い映像資料や，その分野で有意義な貢献をした研究者へのインタビューなどが映される。そして，重要な実験のデモンストレーションや，ちょっとした「息抜き」などが入る。番組の中でこれらの要素をうまくつなげるために，ナレーターの私は合間合間でさまざまな設定のもとで登場する――教室，クリニック，病院，街頭，森の中，等々。そして最後には，その回のまとめをしながら，次回の話につなげるような解説をして締めくくるのである。

　スタンフォード大学で最初の1週間の撮影を終えた後，東海岸のプロデューサーたちから返ってきた言葉は，「全然うまくいってない」というものだった。彼らがスワースモア大学での講義で見たものと，私がテレビカメラに向かってしたことは違っていたのだ。私は演技指導者から，正しい話し方と，カメラに向かって「熱意があるように見せかける」テクニックの詰め込み授業を受けた。その間，私の出演場面の撮影は中断した。しかし，それでもまだうまくいかなかった。どうしてうまくいかないのか，誰もわからなかった。撮影は私の出る部分を避けて続けられた。私は，WGBHが候補者としてあげていた別の人といまにも交代させられそうな気配を感じた（その候補者もまた教科書を書いたことがあり，教え方がうまいと評判で，研究にも積極的に取り組んでいる人だ）。

　その翌日，私たちは「セルフ」というタイトルの番組（ビデオの13巻）の1シーンを撮影していた。その中で私は，高ステイタス（地位）の話し手と低ステイタスの話し手の間の，言語行動および非言語行動における違いを述べ，デモンストレーションを行なっていた。私の同僚で，「心理学と演劇」という実習を一緒に担当していたスタンフォード大学演劇学科のパトリシア・ライアン（Patricia Ryan）は，ステイタスの駆け引きがすべてのドラマの核心であると述べた。「ステイタスの駆け引き」とは，どちらが高ステイタスでどちらが低ステイタスになるか，また，その相互交流のことである。ここで私たちは簡

単な寸劇を演じて，このステイタスの駆け引きを例示した。彼女が待っていて，私が遅れてやってくるという設定のもと，まず一方が高ステイタスを，もう一方が低ステイタスを演じ，それからステイタスを交代した。使ったセリフは毎回同じで，次の最小限のものである。

  やあ
  あら
  だいぶ待った？
  ええ，ずいぶん

　低ステイタスの人はためらいながら話し，視線を合わせず，くねくねしたり，ぎくしゃくした身体の動きをする。それらは全体として調和のとれないおずおずした印象をもたらす。対照的に，高ステイタスの人は断定的にはっきりと，フルセンテンスをためらいなく話し，視線を合わせる。身体の各部分をまとまった仕方で動かすため，指で示すときは手と手首と腕はがっしりとしたユニットのように動くし，相手やものに顔を向けるときには頭と首と肩がしっかりと結ばれているかのように動く。このような動きは，ジョン・ウェイン（John Wayne），ジョン・F・ケネディ（John F. Kennedy），テッド・コッペル（Ted Koppel）[★2]といった，高ステイタスの人が話をする際に共通して見られるボディランゲージ信号である。そして，人々はその信号に無意識に反応するのである。

　カメラに向かってこの実演を行なっているさなか，私はひらめいた。私はいつもはやや低ステイタスの教師，あるいは講師であった。それがいまや，テレビ番組の司会という独特の枠組みの中で，高ステイタスの話し手という役割が求められているのだ。学生たちが私を怖い人間だと思わないように，そして，近づきやすくて好ましい彼らの仲間だと思ってくれるように，低ステイタスの教育スタイルを選んでいたことに，私は気がついていなかった。結局のところその原因は，私がニューヨークの南ブロンクスにある貧しいゲットーで生まれ育ったことにあるのだ。そこでの教えは，生意気なふるまいをするな，自分が貧しい生まれであることを思い知れということだったのである。思い上がって

いると思われるのは恥だった。ブロンクスの言葉で言うと「何様のつもりだ」ということになる。

　地位と尊敬は，私が「どのように話したか」ではなく，「どのような内容の話をしたか」によってもたらされるものだろう。だから私は教壇を精力的に動き回り，手をはためかせ，腕を振り回し，イタリア人のように派手な身振りをした。早口で，ときには猛烈な勢いで話した。ときには最後まで文章を言い切らずに，指で結論を示すだけで終わらせた。そのような低ステータス的な身ぶり表現をしても，話の中身さえ良ければ尊敬されると思っていたからだ。私は，授業でも，心理学者相手の講演でも，市民講座でも，それに，母校に大口の寄付をしてくれるかもしれない金持ちの同窓生に対してさえも，常にそうしてきた。こうしたさまざまな聴衆に向かって，私は心理学（バラエティ番組のエセ心理学ではなく，本物の純粋な心理学）に対する自分の意気込みを伝えてきたが，このときまで「ステイタス」というものを考えたことはなかった。

　私は，たとえ大きな講堂であっても，聴衆と直接的な相互作用を行なうことで，教師と学生との距離を縮めようとしている。質疑応答をし，AV教材を見せ，それを一緒に検討する。冗談を言い，個人的なことがらを話す。聴衆の中から何人かを選び出して，話し相手にしたり，デモンストレーションに参加させる。断崖のように深いオーケストラピットが真下に迫るステージの端で，教師と学生との間の溝に文字通り「橋を架けよう」として，ふらついて落ちそうになったことも何度かあった。こうすることで，聴衆と直接につながり，彼らが私と同じように心理学に刺激され，心理学に夢中になってほしいという熱意が伝わるのである。私が1950年に受けた心理学入門の先生は，このことに背を向けていたに違いない。

　さて話を戻すが，スタッフは私の身動きを封じ込めてしまった。撮影中に片方の手がカメラのフレームをよぎったり，もう一方の手が閉じたポケットにそっと入ったりするたびに，スタッフがひっきりなしに私に合図を送った。彼らは私にゆっくりと，なめらかに話すように，また，カメラのレンズに対してまっすぐ自信ありげな視線を向けるように注文をつけた。しかし，その結果は，冷たい魚料理のようにしらけた演技になってしまった。私が望んでいたのは，スパイスの利いた，できたてのシチリア料理のようなホットな語りだったのに。

私はふだん低ステイタスの教師としてふるまっていた。それに対してテレビ局のスタッフが私に望んでいたのは、そうではなくて、高ステイタスの司会者としてふるまうことだったのだ。このことがわかると、私は、意識的に、効果的な妥協案を生み出すことができた。私はそれからは、テレビカメラに向かってではなく人間の聴衆に、つまり、テレビカメラの近くに立ってもらった1人のスタッフに向かって話し始めたのだ。私はいまや、まとまった身振りを優雅にこなしながら、ユーモアも交えることもできた。ちょうど、ピーター・ジェニングス（Peter Jennings）[*3]とゴッドファーザーのマーロン・ブランド（Marlon Brando）を足して2で割ったような感じと言えばよいだろうか。また、外国人留学生のために話すようなつもりで生き生きと目に見えるような話し方を心がけた。その結果、自然と、話し方をゆっくりにしたり、明瞭な発音をするよう気をつけたり、力強く話そうとするようになった。撮影の合間には、私は低ステイタスの自分にふけり、落ち着きのない動きをした。手足の動きの抑制によって溜まったエネルギーを発散するために、スタッフの中で新しく見つけた友人たちに向かって熱狂的な身振りをした。そして、こんな簡単なことでうまくいったのだ。別の候補者を呼ぶ必要はなくなった。その候補者のうち、私が知っている人たちは、誰もが根っからの高ステイタスの教師で、おそらく私よりも番組の司会を優雅にこなしたかもしれない。だが、スタッフにとっては、実際の彼らはまじめすぎ、おそろしく見えたのだろう。このように、あなたがふだんテレビで見ている姿と、現実の姿は違うものなのだ。

(2) 『心理学への招待』制作のみちのり

撮影はようやく軌道に乗った。にもかかわらず、進み方は遅く、遠回りしていた。私は26回の各プログラムのテーマごとに30ページから50ページの、つまり全部で約800ページの背景資料を書いた。それは、1つにはスタッフを教育するためであり、また、1つには具体的な内容を脚本家に提供して脚本に組み込んでもらうためでもあった。撮影の順番はもっぱら技術スタッフの便宜に合わせて行なわれたので、内容的なつながりはなかった。私はそれに慣れるのがとてもむずかしかった。というのは、私たち教師がいつも行なっているのは、話を組み立てること、おもしろい筋書きをつくることだからだ。6つの別々の

回で使う，机の後ろにいる私のショットは，まとめて1度に撮影された。それから，私が本棚に向かって歩いているところや戻ってくるところ，私が森の中を歩いているところ，スタンフォードのアーケードを降りているところなども同様であった。

私たちは，スキナー（Skinner, B. F.），ミラー（Miller, N.），ヒューベル（Hubel, D.），それにマコビー（Maccoby, E.）といった先駆的な心理学者たちや，気鋭の新人たちとのインタビューを70ほどアレンジしなければならなかった。それらのインタビューは，アメリカ中にある彼らのオフィスや実験室で行なわれた。しかし，資金節約のため，私自身がインタビューの相手のところに行くことは許されなかった。その代わり，私は自分の質問と，番組上必要とされる答えを彼らに送った（研究者の中には，その回のテーマには合わない自分の新しい研究を話したがる人や，ノーベル賞をもらった昔の研究について話したがらない人もいるからだ）。制作はほぼ3年にわたり，費用は約250万ドルかかった。私はいまでは，このような野心的なシリーズにしては安上がりだったと理解している。あらゆる局面での経費節減が役に立った。それに，私たちの誰も金銭的な利益を求めず，ロイヤリティや剰余金を受け取ったりしないという，非営利的な性格の事業だったこともある。アメリカ心理学会（APA）の協賛を得るために，私はこのシリーズと自分の教科書を連携させるのをやめた。どのような心理学入門の教科書とでも一緒に使えるようにして，このシリーズの一般的な価値を高めるために，進んでそうしたのだ。

しかし，このシリーズはうまくいったのだろうか？ 苦労してつくるだけの価値はあったのだろうか？ すべての心理学者は，『心理学への招待』の驚異的なヒットを誇りにしてよいと思う。私から見て，このシリーズは，次の3つのことを一般視聴者や学生たちに理想的な形で伝える通信教育になっていると思う。すなわち，(a)心理学的知識の科学的基礎。(b)多くの社会問題や個人的問題をよりよく理解し，効果的に介入するための，心理学的知識の有用性と価値。(c)心理学の主題である「人間の性質の探求」が触発する知的好奇心。これらが一体となることで，私にとっての心理学は，人が学び教えるすべての学問の中で，最もすばらしく豊かなものとなるのだ。

ビデオのパッケージには次のような文章が印刷されている。私たちが『心理

学への招待』を通して，いかに効果的に「心理学を一般の人にプレゼントすること」に成功したかがわかってもらえるだろう。

- このシリーズは，アメリカ中の公共テレビ局で過去5年にわたって繰り返し放映されている。放映権は，マインド・エクステンション・ユニバーシティ（Mind Extension University）を通じて，7つのケーブルテレビとその他の8局，36の多重放送システム，それに教育テレビの固定サービス（たとえば，インターメディア，ヴィアコム，ワーナー・ケーブル・コミュニケーションズなど）に供与されている。
- このシリーズは，700以上の大学で定期的に視聴されているアネンバーグ／CPBプロジェクトのテレビ講座の主役の座を守り続けている。6万人以上の学生がビデオを見，教科書を読み，共通最終試験を受けて，単位を修得している。さらに多くの短期大学や大学が，マインド・エクステンション・ユニバーシティの配給による『心理学への招待』のテレビ講座の視聴を通じて，何千人もの学生に心理学の単位を与えている。
- 3000セット以上のビデオカセットが，大学や高校に配給されている。1995年12月には，1万本以上のカセットが売れたが，これはアネンバーグ／CPBが配給する43のビデオ・シリーズの中でも5本の指に入る記録である。
- 過去5年間，APAは多くの州で公開心理学講座を行なってきた。そこで討論をしたり，一般の人を啓発するために，本シリーズからいくつかの番組が選ばれて使用された。
- 『心理学への招待』は，現在，世界十数ヶ国のテレビや大学で視聴することができるし，近い将来にもっと増えることが期待される。

このビデオシリーズの評判を列挙したのは，販売促進のためではない。より広い視野から心理学教育の改善に取り組んでいる人々を勇気づけるためである。私たちはこれから新たな電子世代に入る。やがてインタラクティブなCD-ROMが，伝統的な教科書に取って代わるだろう。CD-ROMは，教師各個人が教室で行なってきた心理現象のデモンストレーションや，重要な実験や，多くの心理学者が引用する講演の記録などを，コンピュータ上で視聴覚的に再現することで，文章を補ってくれる。このような新しい教育テクノロジーの有効性を最大にするために，みんなが教材の発案にかかわるべきなのだ。しかし，私たちが教育メディアの変化についていくためには，教室で何をどう教えるかについても変えなければならない。教師と学生がインターネット経由で電子的

につながっていくにつれて，確実に新しい形式の教え方が生み出されるはずだ。教室という物理的な境界は，もはやどんな教師にとっても，教育資源を利用する上での制約にはならない。知識の世界は文字通り私たちと新しい世代の学生の目と鼻の先にあるのだ。

3節 心理学入門についての教育観

　私がなぜ，そして，どのように教えているかについての議論を，私の個人的動機を語ることから始めよう。次に，話をより一般化して，心理学入門を教えるのに重要なことについての私の哲学を述べる。授業は，コース目標を指針とし，全体的方略や個々の具体的な技法を用いることによって達成される。では，それぞれ順番に見ていこう。

（1）　個人的動機
　私は，できるだけ多くの学生の生活に，有意義な変化が起こってほしいと願う。学生から好かれたいし，感心してもらいたいし，尊敬されたい。自分のすべてを教育に捧げた人として，学問に挑んだ人として，そして，常に知的挑戦を突きつけてくるが，同時にいつも学習を楽しいものにしようと努めていた人として，彼らの記憶に残りたい。

（2）　私の教育目標
　私の主要な目標は，各学生の学業経験の中で，私の心理学入門の授業を本当に忘れがたいものとすることである。そのために私は，カリスマ的な教え方のエネルギーに満ちた，独特な学習の雰囲気をつくり上げる。日々の出席目標は100％とする。学生たちには，私と同じように，期待に胸を膨らませて授業を待ち望み，新しく価値あることを講義から学ぶことを期待するようになってほしい。

（3） 学生にとってのコースの目標

　私の講義のシラバスを要約すると，コースの目標は以下のようになる。科学的（基礎的）な心理学と応用的な心理学の広範な情報を習得すること（概念，用語，主要な研究者，歴史，理論の全体像，それに原理）。心理学における重要な問題に答えるために，また理論的に導かれた仮説を検証するために必要な科学的方法の基本を理解すること。日常生活に応用されている心理学的知識の価値を認識すること。情報，広告，宣伝，それに説得力のある主張に対して，より鋭い批評眼をもつこと。そして，人間の豊かな多様性を受け入れ，個人や集団の差異に対してより寛容になること，などである。

（4） 学習課題と評価

　私の心理学入門での基本課題は，専門用語を覚えること，それから，幅広い知的スキル，特に，記述したり説明したりするスキルを高めることである。それは，クリティカル（批判的）思考，推論的思考，検証といったものだ。私はこれらのスキルを，定期試験，期末レポート，実験実習などで評価する。いくつかの授業では「個別化教授システム」によって学生3人につき試験監督官が1人つくのだが，私たちは個別での，あるいは小グループでの口頭試験も用いている（Zimbardo, 1977a 参照）。学生の個人的な意識変化に成績をつけることはできないが，心理学が自分のためになったかどうかは各自の人生の中で評価してもらえばよいと思っている（Donald, 1989）。

（5） 教育方略

　カリスマ的に教えたいという熱意を引き出し，実践するための全体的な方略がまず先にあって，その後に，独特の学習場面をつくり出すための個々の教え方の技法が生まれる。私にとって，全体的な方略とは次のようなことを意味する。すなわち，

- 感情的学習と認知的学習を結びつけること
- 学生中心であること
- 学生が授業についていだいているある種の期待を打ち砕くこと

- 学習の多くの局面をドラマティックにすること
- 視覚的・聴覚的入力を学習へと統合すること
- 教育と娯楽を混ぜ合わせること
- 教科書に載っている情報の域を出て，自力で創造的かつクリティカルに考えるように学生を動機づけるために，ゲスト講師を呼んだり，教科書以外の本を教材にしたりすること

である。その一方で，私は心理学に対する熱意の手本となるのだ。

心理学入門の講義の中でこれらの方略を展開していくための具体的な技法はたくさんある。しかし，ここでちょっと回り道をして，私が教室で行なうさまざまな技法が生み出されてくる背景を考えてみたい。それは，カリスマ性をもった教師になるためには何が必要かということだ。その後で，際だった効果を得るために，私が何をするか，どのようにしてアイディアや教材を組み立てるか，という核心部分に入っていこう。

（6） カリスマ的な教え方

講義の組み立て方や話し方に関する基本原則を学び，教材を熟知し，時間をかけてプレゼンテーションを工夫すれば，誰でも有能な教師になることができる。生まれつき有能な教師などいない。効果的に教えることを学ぶためには，学生のニーズや授業場面に敏感であり，また，教授法や教える内容を修得する時間と努力を惜しまないことが必要なのだ。

時間をかけ，集中し，ちょっと思いきってやれば誰もが「うまくやる」ことができ，カリスマ的な教師になることができる。それなのに，自分の生涯の職業に対して，ほどほどのところで満足していてはいけない。カリスマ的な教師は，学生の視野を広げ，自分が奨励した行動を学生が進んで実行しようという気にさせる。政治や社会でのカリスマと同じである。そのような教師は，教室のようなありふれた場を，学生たち自身が主役のドラマであるかのように仕立て上げることで，ありふれた概念に力強い生命力を吹き込むのだ。

どうしたら「彼ら」，つまりカリスマ的な教師の1人になれるのだろうか？この理解しがたい特殊な資質を示す教師たちや，他の分野でのカリスマ的人物を観察してみれば，カリスマ性をもつ心理学教師に必要不可欠な，多くの特徴

をつかむことができる（Milojkovic & Zimbaldo, 1980)。

- **高いエネルギーレベル** 強い気迫が動作に活力を与える。言語や非言語的なコミュニケーション手段を介して，伝えたいという強い気持ちが伝わる。
- **トータルな専門的知識** 授業の運びが完全に考え尽くされている。テーマについて並はずれた知識をもち，話の流れを注意深く選び，適切な例を選り抜く。結論は，はっきりと示された話の筋道から自然に浮かび上がってくる。
- **理解する楽しみ** 心や行動の不思議を分析するプロセスについて，自分がいかに深く理解しているかを明らかにする。そうした自己開示によって，心理学の複雑さや豊かさを知る楽しみが直に伝えられる。
- **あくなき好奇心** 現在の説明に決して満足せず，より深く，より完全な分析を常に追い求める。ふつうは別々なものとして区分されているものを統合する。そして，どんな情報源から出たものであれ，常に新しいアイディアを受け入れる準備ができている。特に受講している学生から出たアイディアは積極的に受け止める。
- **効果的な演出** どんな話題も興味深いものにする優れたセンス。ドラマティックなひらめきと，絶妙のタイミング，それに，聴衆のニーズや気分や反応に対する鋭い感性をもち，話題を浸透させる。これらがすべて結びついて，すべての聞き手を完全に，知的にも感情的にも引き込む。
- **誠実さ** 同僚から「めだちたがり」とみなされる懸念を乗り越えて，これは大事なことなのだと心から信じていることがらや，自分が心理学に対して深く心を捧げていることを伝える。それによって，自分が「話し手として信用できる人」だと，聴衆に認めさせる。
- **情緒的関与** 現在の瞬間が広がる「フロー（flow）体験[4]」に入り込み，すべての聴衆を自分が伝えようとしている内容に深く巻き込みたいという願いとともに，あらゆる局面で感情が表現される。
- **目的の統一性** この学習体験を通して，知的に，かつ精神的に豊かになろうという，聴衆の共通の目的を叶えるために，彼らがたどる道筋を示す。

カリスマ性をもつ教師の特徴は，他にもいくつかあるだろう。たとえば，欠点のないプレゼンテーションであるとか，断定的な物言いで主張することであるとか，ポジティブな自己イメージ（私の持ち札にはないが）をもっていること，等々だ。カリスマの特徴に何を加えようと省こうと，あるいは変えようとかまわないが，私にとって最低限譲れないラインは，カリスマ的な教え方は学ぶことができるし，生まれつきの素質は必要ないということである。それは，

すばらしい教え方をしたい，学生に強い印象を与えたいという熱い思いに駆り立てられた，根気強く組織的な認知的活動の産物なのである。つまり，カリスマ的な教え方を身につけるということは，教えることが好きであること，学生が好きであること，心理学が好きであること，そして，その人が選んだ教師としてのアイデンティティに誇りをもつことを意味するのだ。そのことはまた，熟練した教師たちの授業を観察したり，効果的な教授法に関する手引き書（Axelrod, 1976；Benjamin & Lowman, 1981；Bornstein & Quina, 1988；Eble, 1976；Johnson & McKeachie, 1978；Zimbardo & Smith, 1994 を参照）に書かれている有益な助言を読んだりして，教え方の技術を学び，それに熟達することをも意味する。しかし，いくら教え方の技術や講義の組立に長けても，肝心の教える内容がそれに負けたりかすんでしまっては，本末転倒である。教育の技術と内容は，味の良い，栄養満点の完璧なシチューのように融け合うことが理想なのだ。

（7） 効果的な教授技法について

　ここでは，私の教室での教授法の特徴をいくつか紹介する。これらは，私にとってはもちろん，教授法の講習会や大学院生のティーチングアシスタント（TA）実習を通じて私が指導してきた教師たちにとっても，役に立ったものである。

■ストーリーを語れ

　人間の脳は，人物のキャラクターが登場してプロットやテーマが展開していくようなストーリーが与えられたときに，特にそこから情報を抽出したり，記憶したりしやすいように，精巧にデザインされていると私は思っている。ジャーナリストたちは，この原則が的を射たものであることをよく知っている。ニュース記事を見ればそれがわかる。記事は，ある問題に直面したジョニーだのジェイニーだのといった人物の説明で始まり，それから問題を広い母集団に一般化していく。そして最後に，初めに出たジョニーやジェイニーが直面した窮地をどうやって脱するかというところに，読者を引き戻す。不思議なことに，できるだけストーリー形式で情報を提示すべきだという原則を，自分の教育に

応用している心理学者はめったにいない。じょうずなストーリーを語ることが大切だ。実在の人物や架空の人物，学生や自分自身を使って，その話に命を吹き込むのである。可能な限り，抽象的な意味を説明するために人間味のある例を使ったり，聴き手の学生たちの現在の経験から始めるのがよい。そして，それらを新しい視点で解釈したり，違ったとらえ方をするようにもっていくのだ。

■原理的なことだけでなく「人間」を教えよ

　「人間」をあなたの心理学の中心に据えることだ。たとえば，ある実験研究について説明する場合を考えてみよう。いつもは，実験条件や条件統制といった抽象的な特徴から研究を説明しているかもしれない。しかし，ときには，ある典型的な被験者がどのようにして実験をこなしていくのかといった現象的な視点から，その研究を説明してみるのもよい。私は，自分の研究を説明するときにはスライドを見せている。そのスライドは実験の主要な段階の写真で，常に1人か複数の被験者が顔を見せているものである。あるいは，私自身があたかもその実験の場に居合わせていたかのように話すこともある。私はまた，TAに，講義室のさまざまな位置から講義中の写真を撮らせている。それは，後の知覚の授業のときに，受講者全員に共通した「教室」という場の中でも，人によってこれほど視点が異なるということを，リアルな視覚的教材として受講生に提示するためである。

■独自の授業環境をつくり上げよ

　もし学生にあなたの授業，あなたの心理学，そしてあなた自身を長く覚えておいてほしいのなら，メッセージを記憶に残りやすい学習状況に包み込むことこそ，その真髄である。その学習状況が独特なものをもっていて，学生たちが経験する他の授業と違っており，その結果，伝統的な講義はこうだろうとかこうあるべきだという彼らの期待を裏切るものであるなら，それは役に立つ。彼らがその学習状況を心地よく感じ，大きな講義室においてさえ教師が自分に直接語りかけてくるように感じ，その一方で，いつ質問されるかもしれないので気が抜けないといった，予期せぬ要素の存在も常に感じさせるようにしたい。

　私の授業では，学生たちはスピーカーから流れるBGMを聞きながら教室

に入ってくる。BGM はいつも違う。あるときは講義テーマを示唆する歌詞だったりする（たとえば，記憶，感情，あるいは狂気をテーマにした歌）。またあるときは，威勢のいい音楽だったり，やわらかくてゆったりした音楽だったりする。入場音楽を使うことには，4つの効果がある。第1に，静かな講義室に座って始まりを待たなくてもよいので，早く教室に来た者を退屈させない。第2に，学生を落ち着かせるとともに，大学の授業にしてはめずらしい特別な体験なので，彼らをよい気分にさせる。第3に，テープやCDを始めるためにそれまでより10分早く教室に行かなければならなくなったので，私自身が授業に遅れないようになった。そして，第4に，音楽がふいに終わることが，はっきりした開始の合図になる。つまり，音楽が終わった瞬間に講義が始まるのだ。

週に1度の講義は，約5分間のオープンマイク・タイムで始まる。その時間は，どの学生でもマイクを使うことができる。個人的な意見とか，関連するエピソードとか，講義のあるポイントへの異議とか，授業の進め方についての不満などがあれば発言して，クラス全体に知ってもらうためである。公開の場で発言する特別なチャンスが本当に与えられているということを学生たちが理解するには，数回の授業が必要かもしれない。もし誰も話すことがなければ，私は彼らに割り当てた時間が終わるまで待って講義を始める。だから，次の授業のときには，彼らはオープンマイク・タイムが本当に自分たちのものであることがわかっている。オープンマイク・タイムによって，学生が授業に意見を出すことを私が尊重していることが伝わる。そのため，学生たちは，この新しいやり方をとても好意的に受け入れている。

OHP シートに講義の要点を書き出して，授業で話す内容がはっきりわかるようにするとよい（講堂の後ろからでも見えるように，ワードプロセッサの大きなフォント，24あるいは30ポイントの大きさで作る）。授業中，学生はそれを読んだり写したりすることができる。教師も講義の途中で時々そこに戻ることができる。だから，教師も学生も，次の話題が何なのかだいたいわかるし，その日にどこまで進んだのかもわかる。学生は，そのような概念的なまとめを示すことをありがたがっているはずだ。特に，授業に遅刻してきた学生は。

授業の始め方に変化をつけることも大切だ。ときどき挑発的な質問をするとか，個人的なエピソードを話すとか，テーマに関連する新聞の特集記事を読む

とか（話を補うためにOHPで拡大して見せるのもよいだろう），興味をそそるような文章や詩などを引用する。あるいは，ビデオのちょっとした部分を「講義のランチャー（発射台）」として使うのもよい。『心理学への招待』シリーズは，どの巻も数分間単位の小さなモジュールに分割することができる構成になっているので，必要部分をダビングして，講義を始めるのに使うことができる。同じように効果的で，目的によってはよりぴったりなのが，『心理学入門のためのキャンディッド・カメラ・クラシックス（Candid Camera Classics in Introductory Psychology）』[5]の16のモジュールの中の1つを見せてから始めることだ。それは，キャンディッド・カメラの発案者であるアレン・ファント（Allen Funt）と私が一緒につくったもので，マグロウ・ヒル社が配給している。その補遺である『視聴者へのガイド／指導者のためのマニュアル』（Zimbardo & Funt, 1993）は，各場面のテーマをきちんと並べたものである。そして，概要，対話の台本，ファントの回想とともに，教え方の有効性を向上させるためにそれらをどう使ったらよいかについての具体的な助言を提供している。

■心理学の考え方や概念や実験のデモンストレーション

「話だけじゃなくて，やって見せてよ（Don't talk, show me）」というのは，ミュージカル『マイ・フェア・レディー』のヒロインの有名なリフレインである。そして，これは私にとって，講義を生き生きしたものにするための原則でもある。よいデモンストレーションには，長い時間と，多くの努力と，考え抜いた計画が必要である。しかし，うまくいけば授業内容がより記憶に残りやすくなるので，そうするだけの価値がある。確かに，読み上げるだけでも，より短時間で同じ目的を果たすことができるかもしれない。しかし，それは多くの教師がほとんどいつもやっていることだ。たいていの学生は，期末試験の「記憶の吐き出し（memory dump）」の後は，それを忘れてしまう。

よいデモンストレーションをつくる秘訣の1つは，話し手の視点からではなく，常に聞き手の視点からビジュアル化することだ。もう1つの秘訣は，その具体的な事例を通して聞き手に伝えたい重要な概念や一般法則をはっきりと示すことである。デモンストレーションの前にやるか後にやるかは内容にもよる

が，とにかく明示することが大事だ。また，次の学期ではさらによいプレゼンテーションができるように改善していくために，何が有効だったか，何が有効でなかったかを記録しておく必要がある。失敗に備えておくことも大切だ。デモンストレーションが思ったようにいかないときのために，予備の材料も準備しておくとよい。デモンストレーションの失敗に対して，別のとらえ方をすることもできる。すなわち，失敗を心理学者である自分に対する挑戦と考え，なぜこのデモンストレーションがこの授業ではうまくいかなかったのかを，即座に見抜くことである。デモンストレーションの失敗は，教えることをより刺激的なものにするのだ。

　じょうずなデモンストレーションを考えるための具体的な手引きとして，以下に，私が自分の授業の中で見せ場をつくるために開発してきたデモンストレーションをいくつか紹介していこう。初めに，動物のデモンストレーションについて述べ，次いで，学生が参加する人間のデモンストレーションについて述べる。

●動物の行動についてのデモンストレーション　　教師になりたてで，イェール行動主義のルーツにより近かった頃，私は3つの動物デモンストレーションをつくった。初めにつくったのは，スキナー流の行動形成のプロセスを例示するためのもので，「驚異のラット，ヘラクレス」である。これは，次のようなものだ。大きく透明なプラスチック製の円形の囲いの中を，1匹の腹をすかせた白いラットがうろうろしている。彼は，突き出たバーに偶然近づき餌を手に入れる。そして，規則的な強化訓練によって，おいしいごちそうを出すために規則的にそのバーを押すようになる。このありふれたデモンストレーションをドラマティックにするために，私は，バーに大きくはっきりとした目印をつけ，おもりをつけられるように囲いの外まで伸ばした。小さなラットの目標は，餌を手に入れるために，しだいに重くなるバーのおもりに対抗して，より強い下向きの力をバーにかけるよう，ひたすらがんばり続けることだ。ある時点で，金属のおもりがそのラットの体重を越える。餌を食べようとして，バーが上がるにまかせていると，彼は床から引き上げられてしまう。しかし，われらがヒーローはすぐに新しい反応を学ぶ。それは，後ろ足をバーのまわりに張られた金網に絡ませるというものだ。小さなラットが全力でバーを押し下げると，重いおも

りは上がり，餌が与えられる。と同時に，囲いの上の箱の中で「ヘラクレス！」という文字が光る仕掛けになっている。もちろん，彼がこの離れ業を成し遂げたとたん，観衆に賞賛の喝采が起こる。

　観察が容易なその囲いは，次に「サリーの性のアリーナ」になった。これは，動物の性行動をホルモンでコントロールするデモンストレーションである。メスのラットには，講義の時間に興奮状態になるように，あらかじめ注意深くタイミングを計ってホルモン注射を打っておく。オスのラットがいるときの彼女たちの行動は，きわめて型にはまった予測可能なものになる（Zimbardo & Barry, 1958 を参照）。それは，オスの求婚者から逃げ，それから突然立ち止まって，尻を上げるというものである。息を切らした求婚者はマウントし，突き，退く。そして，この「速攻してシュート」のような性的攻撃行動は，オスがオーガズムに達するまで続く。一休みして，また馬乗りを再開する。明らかに種特有の性的アピールは別として，このデモンストレーションでは，教師は，オスとメスのラットの性行動を非常に正確に予測できるよう設計することができる。もちろん学生たちには，生物学的基礎による性スクリプトと心理学的基礎による性スクリプトの違いを，じっくり考えさせることができる。

　3つめの動物デモンストレーションは，ある異常行動が状況のために起きたのか，あるいは生得的な性質のせいで起きたのかという，二者択一的な原因帰属に関するものである。このデモンストレーションは，尊敬するイェール大学の指導教官の1人であるニール・ミラーとの共同研究のために，私が組み立てたシャトルボックス装置を改造したものだ。実験は2匹のラットを使って行なわれる。彼らは見た目は同じなのだが，すぐにまったく違う行動を始める。まず，1匹めのラットのチャーリーが，2つに仕切られた通路の片端に置かれる（通路の正面は観察するためにガラス張りになっている）。チャーリーは，白い部屋を自由に探索する。それから，真ん中のしきりをよじ登り，もう一方の黒い部屋をひとしきり探索して，ようやく落ち着く。びくびくしたティミーは，好奇心旺盛なチャーリーとは正反対だ。ティミーは，白い部屋を駆け抜け，仕切りを飛び越え，黒い部屋のずっと端の方で丸くなる。さて，同一環境で起こる，このような劇的に異なる一連の行動を，学生たちはどう説明するだろうか。彼らはさまざまな理由を口にするが，ほとんどがチャーリーのポジティブな性

格とティミーのネガティブな性格に着眼したものである。もし，そのラットたちが，シロとブチのように違う色だったり，オスとメスだったりすると，これらのもっともらしい説明が勢いを増す。実際の違いは，ティミーが学習性恐怖に陥っているということである。彼は，白い部屋と，電気グリッドによる前足への痛いショックとを連合させるように条件づけられていたのだ。一方，チャーリーの探索的な行動は，このような嫌悪条件づけによって消されてはいなかったのだ。この状況による説明は，条件づけを行なったときのビデオテープを見せることで証明することができる。このような，学習性恐怖に関する古典的実験のデモンストレーションは，社会的な領域での「帰属的な思いやり（attributional charity）」という概念にまで拡張することができる。つまり，無意味に見える行動や奇妙に見える行動の理由を考える際に，状況的要因が原因である可能性を調べ尽くさないうちは，軽々しくその人のネガティブな気質に原因を帰属させるべきではないという考え方である。

●人間の行動についてのデモンストレーション　人間行動に関して，私が使っている数多くのデモンストレーションの中から，5つをここで取り上げ，簡単に解説しよう。まず，多くの学生が退屈だと思っている研究法の授業の価値を高めるために，私は2つのデモンストレーションを使う。1つは反応時間（RT）を歪める変数についてのデモンストレーション，もう1つは超感覚的知覚（extrasensory perception, ESP）のパワーなるものについてのデモンストレーションである。

　初めに，私は「男性は女性よりも敏速だ」という大胆な主張をする。学生と私は，その主張を科学的客観性をもって検証するのだ。「敏速」というのは，外的な刺激に対して，より速いRTで反応することだと操作的に定義した後で，私は，結果を確実にするために条件を整える。女子学生の被験者が何人か任意に選ばれ，講義室の後ろに行かされる。彼女らは，刺激に対して大声で叫んで反応するように求められる。すなわち，スタート用ピストルの合図に対して「くそっ」と叫ばなければならないのである。彼女らのRTは，私の腕時計で秒単位で大雑把に測定される。男子学生の被験者数人はステージに招き上げられ，光の合図に対してボタンを押して反応するように言われる。彼らのRTは，電子的にトリガーされるストップウォッチによって，ミリ秒単位で測定される。

学生の異議申し立てにより，明らかに実験バイアスの原因となっている条件が取り除かれ，代わりに別の条件が導入される。たとえば，女子学生には口汚い言葉を叫ばせて困惑させている一方で，男子学生には予告信号付きの合図が与えられている，といった異議である。そして，女子も男子も同じＲＴ装置の前に並べられ，刺激提示のタイミングも同じにされた。しばらくすると，心理学の初心者たちは，この差別的な仮説を検証するために，完全に統制された実験をデザインするようになる。そして，彼らはメディアで繰り返し流される「研究の結果が示しているように」といった言葉を，無批判に受け入れることの危険性を理解するようになる。

　実験デザインにおいては，適切なポイントでの実験統制が必要であることを示すために，私はクラスを巻き込んで ESP トリックのデモンストレーションを行なう。私は現在 ESP の訓練を受けているところで，近いうちに「送り手」の心を読むことができるようになるはずだと言う。しかし，いまはまだ未熟なので，初めにいくつか質問をしてからでないと，送り手の考えていることを正確に知ることができない，とことわりを入れる。私の ESP は，市の電話帳に載っている誰かの名まえと住所を学生が選び，心の中で私に送り，私がそれを感知するというものである。まず，受講者名簿から任意に名まえを抜き出して，3人の学生に手伝ってくれるよう依頼する。詳しいやり方は後で説明するが，1人めには「心に浮かんだ数字を選び」，それを2人めに伝えるよう指示する。2人めは「それをごちゃ混ぜにして」，3人めに伝える。3人めはその数字のページを市の電話帳で探し，ターゲットの名まえを選んで，それを心の中で私に「送る」。クラスの学生たちは，さまざまな統制を提案する。私に目隠しをする，3人の学生に講義室の外で作業をやらせる，彼ら自身で別の3人の学生を選ぶ，などである。私は何でも彼らの言う通りにする。どれもどうでもいいことだからだ。肝心なのは，3人の学生に書いて渡す実際の指示の内容なのである。それは，上で述べたような大雑把な指示ではなく，本当はもっと細かいのだ。

　最初の学生に書いて渡す指示は，100の位の数字が1の位の数字よりも大きい3桁の数字を選べというものだ（たとえば301）。2人めの「ごちゃ混ぜ」とは，実際には数字をひっくり返して大きい方から小さい方を引けと指示するこ

となのである（301-103＝198）。3人めには，その数字のページ（198ページ）を見て，そのページの最後の列の中から，数字の右端の数字の分だけ下がったところの名まえを見つけるよう指示する（この場合には上から8番めの名まえ）。この3番めの学生は，名まえと住所を思い浮かべ，それを私に送るために，私とやりとりを行なう。私はその学生に，いくつかの質問をする。「その人は男性か女性か？」「実際に住所が掲載されていたか？」「フルネームかイニシャルか？」などである。最大3つの質問の間に，私は正しい名まえを選ぶことができる。なぜかと言えば，私の一連の指示による決定ルールからは，決まった答え，すなわち，99, 198, 297, 396, 495, 594, 693, 792, 891の9通りしか出てこないからである。

　授業の前に，私は学生が選ぶ可能性のある9つの名まえを覚える。そして，それらの名まえや住所の特徴から，特定の1人に絞り込むための3つの質問を決める。名まえをしっかり覚えたら，いよいよ「ショータイム」だ。ドラマ性とユーモアを加えるために，最初はちょっとまちがえる。「重荷を負った大きな獣が見える……雄牛（オックス）……いや，君は私を混乱させようとしているな。それは小さくて悪賢い動物，狐だ。フォックス夫人だな？」送り手が名まえをOHPでクラス中に見せれば，ショーはもっとうまくいく。そうすれば，私が目隠しをしたまま当ててしまうまでに見せるニアミスを，彼らも一緒に楽しむことができるからだ。

　このデモンストレーションのポイントを繰り返すと，私のESPを操作的に妥当なやり方で確実に成功させるためには，手続きの中のごく一部分だけは厳密にコントロールする必要があるということである。しかし，私がこのデモンストレーションをやるときに，いつでも同じやり方をしているわけではない。それは，マジックショーでも同じことだ。

　遅延聴覚フィードバック（delayed auditory feedback, DAF）は，フィードバック制御システムの話をする際の導入として優れた方法である。3ヘッドテープレコーダーを使えば，ヘッドホンについているマイクに向かって話すのと，ヘッドホンを通して自分が話したことを聞き取るのとの間に約1/4秒の遅延をつくり出すことができる。DAFの効果は強い。直後フィードバック（通常話すときのように，発話と同時に自分の声を聞くこと）を受けないと，その人

の話し方はしばしば崩壊する。大きな声でゆっくりと話すようになり，フレーズを繰り返したり，どもるようになる。ときには，話すことができなくなるケースもある。DAF の効果は，本を読むときよりも歌うときのような，タイミングを合わせる必要がある課題のときに顕著に現われる。また，よく知っている題材を話すときよりも，友人とか理想の休暇について述べるといった，よく考えながらでないと話すことができないような，新奇性のある題材のときにも，DAF の効果が顕著に現われる。このデモンストレーションをするときは，初めに，早くから教室に来ている数人の学生を選り分ける。それは，遅延フィードバックを聞くのに慣れている合唱団員や音楽家のような，DAF の効果が弱い学生を除くためである。そして，まず通常の直後フィードバックで教科書の一節を読ませてから，DAF 条件に切り替えて読ませる。次に，自分で考えて話をさせる。これも，DAF なしとありでやらせる。最後に，被験者に"Row Row Row Your Boat"を最初のフレーズは DAF なしで，その後は DAF ありで歌いながら，クラスを指揮させる。この実験で，発話や思考さえも，聴覚フィードバックによってコントロールされていることが実証される。それに，おもしろい。

　使い古された実証済のデモンストレーションも，ちょっと工夫を加えるだけで，はるかに効果的なものになることがある。私はそれを，噂の伝達と社会的記憶に関する伝統的なデモンストレーションと，視覚をずらす視野変換のデモンストレーションで行なった。

　記憶の社会的側面を例示するのに効果的なデモンストレーションとして，記銘材料にオールポートとポストマン（Allport & Postman, 1947）が噂の伝達の研究で使用した地下鉄の場面を用いる。さらに，記憶の変容を引き起こすために，バートレット（Bartlett, 1932）が用いた古典的な連続伝達手続き（serial-translation）を利用する。選ばれた5人の学生の1人めに，（明らかに人種の対立がある）ある場面についての叙述を聞かせる。その叙述は，歪みやすいように，重要な項目（中心項目）とささいな項目（周辺項目）を混ぜ合わせてある。教室外の待機場所から教壇に上がってくる次の学生に，前の学生は覚えていることを伝える。そこでは，常に，「平均化」「強調」「同化」といった変容プロセスが現われる。ときには，ナイフを持っていたのが白人から黒

人の乗客になるというような，ドラマティックな置換さえ起こる。あるいは，置換が起こらない場合には，ナイフと人種に関する話がすっぽり抜け落ちてしまい，矛盾はまったくなくなってしまう。このデモンストレーションをより効果的にする方法がある。それは，もとの内容からどれくらいずれてきたかを聴衆の学生がモニターできるように，伝言が行なわれている間中，もとの場面のイラストを被験者の背後のスクリーンに映し出すのだ。対照群の被験者を設定するのも役に立つ。最初の被験者と一緒にもとの話を聞いた後，対照群の被験者は教室外でフィラー課題をやる。最後の被験者が終わってから，彼らは教室に招き入れられ，最初に聞いた話を再生するように言われる。このような対照群をおくことで，記憶に対する社会的影響が最小の場合と，最大の場合とを比較することができるのだ。

「どうすれば"方向のずれた"世界にうまく対処できるだろうか。見ているものが突然すべて実際の方向よりも20度左にずれたとしたら，あなたはどんな修正を行なわなければならないだろうか」。これは，視野の変換（あるいは反転）に関する古典的デモンストレーションを行なう際の導入の言葉である。この実験は，ものが見える方向を調節できるプリズムレンズが取りつけられた特別仕様のゴーグルを用いて行なう。人間は，動物よりもずっと速く視野の変換に順応することができることがわかっている。しかし，どれくらい速く順応するのだろうか。そして，順応の結果どんなことが起こるのだろうか。私がこのデモンストレーションを大講義室で行なうときには，たいてい，1人の学生を被験者にする。被験者には，まず，正常な視野方向にセットしたゴーグルを着けて，ある課題をやってもらう。次に，同じ課題を視野変換レンズをつけてやってもらい，最後に，視野を正常に戻して再順応してもらう。もともとの課題は，テーブルの上にあるものを拾い上げるというもので，デモンストレーションとしてはそれでも十分ではあった。学生は最初は20度ずれたところに手を伸ばすが，3回から5回の試行のうちにだんだんと正しくつかめるようになる。しかし，それだけでは真に迫ったものとはならなかった。とりわけ，教室の後ろの方にいる学生にとっては。そこで私は，ドラマティックなインパクトを高めるために，やり方を変えてみた。いまでは，まず，受講生の中から運動選手を選ぶことから始めている。たとえば，スタンフォード大学がローズボールで

優勝したときのクォーター・バックだったジム・プランケット（Jim Plunkett）に頼んだこともある。彼が，フットボールを動く標的やTAや教師に向かって投げる。正常な視覚状態にあるときは，彼は正確に投げることができる。ところが，視野変換レンズを着けると，最初の何回かは的をはずしてしまう。レシーバーではなく，壁に向かってフットボールを投げてしまうのだ。しかし，すぐに彼は完全に順応し，クラス中の賞賛を浴びる。さて，ここからがこのデモンストレーションの真骨頂だ。彼は，ゴーグルをはずして「正常な」状態に戻ると，もう一度正確に投げるように言われる。ところが，このフットボールのヒーローは，的外れにも聴衆の方にボールを投げるのだ。それもきっちり的から20度左にずれて！　学生の喝采の的は突然別のものに変わる。この効果の根底にある原理を分析することが，興味深い議論につながる。『心理学への招待』の「感覚と知覚」をテーマにした回では，このデモンストレーションと同じものが，フットボール競技場を舞台にして描かれている。

●視聴覚教材を使ったデモンストレーション　　２つの視聴覚ベースのデモンストレーションについて述べて，この項を締めくくろう。１つは私の初回の講義を立ち上げるためのもので，もう１つは講義の終盤に行なうものである。いずれも，別々の授業目標のためのものだ。

　ここでは，後者から説明しよう。それは，スライドとテープを同調させた，ヴィンセント・ヴァン・ゴッホ（Vincent Van Gogh）についてのショーである。彼の傑作の美しいカラースライドが，年とともに彼が悪化していく姿を明らさまに伝える自画像と並べて映し出される。BGM はドン・マクリーン（Don McLean）の『ヴィンセント』で，これは"starry, starry night"という有名なリフレインが多くの人々に記憶されている名曲だ。その悲しいラブソングに合わせて，スライドが浮かんでは消え，あるいは次のシーンにオーバーラップしながら消えていく（テープレコーダーのシンクロ機能を使って作成した）。この魅力的な芸術家が，社会的慣習や個人的な混乱，それに狂気と苦闘していたという背景説明によって，このデモンストレーションは，狂気と創造性という文脈の中におかれる。それによって，多くの学生が非常に情緒的な体験をする。このショーのアイディアは，視聴覚教材開発の名人で，コーネル大学の優れた教師であるジェームズ・マス（James Mass）がつくった映画から

得たものだ。この3分半のデモンストレーションをつくるのには38時間もかかった（すべての写真の位置を決めたり，シンクロ機能の使い方を覚えたりするのも含めて）。だが，一度つくっておけば，その後は苦労せずに，将来の授業でも情緒的な効果の保証付きで，繰り返し使うことができる。

　私は心理学入門の初回の授業を，授業に対する学生の予想や受け身的な役割，心理学についての彼らの見方を覆すことから始める。そのために，「期待を裏切る（violation of expectations）」というデモンストレーションを使う以上によい方法を，私は思いつかない。私が用いる手続きをすべて記したものが，『キャンディッド・カメラ——指導者のためのマニュアル』（Zimbardo & Funt, 1993, pp. 33-40）に載っている。ここでは，この魅力的なデモンストレーションの鍵となる点だけを述べておこう。まず，授業のはじめに，心理学がどんなものかを定義し，数名の学生に心理学の勉強を通して何を得たいかについて質問をする。ついで，私は彼らに次のように言う。「心理学について語る代わりに，心理学者たちが実際にそれをやることで給料をもらっていることをやってみよう。つまり，行動を観察して，その原因や効果や意味の分析に取り組むことだ」と。

　それから，キャンディッド・カメラのビデオの中から6分間の「ハンサムな先生」のエピソードを見せる。それは，4組の女子中学生たちが，新任の若くてハンサムな先生の特別クラスに参加するよう招かれるところを隠し撮りしたものだ。私たちは，彼が目の前にいるときの彼女たちの公的な反応と，彼が用事で教室を離れたときの，彼女らの私的な反応の違いを観察する。彼女らは，自分たちだけになると，笑ったり，抱き合ったり，髪をとかしたり，うれしそうに金切り声を上げたりする。そして，私のクラスの学生たちも同じように笑う。

　ビデオが止まるとすぐに私は，「どうしてあの子たちは笑っているのか？」という質問をOHPで映し出す。これは「観察から推測されたこと」に関する質問である。私は，学生たちの回答を黒板に書いて，次の質問に移る。「なぜこのクラスの学生たちは，笑ったのか？」……この質問は学生に内省を促すものだ。そして，もし男子生徒だったら，同じような状況のときに，女子生徒とは別の振るまいをするかどうかを考えさせた後で，今度はセクシーで挑発的な

「かわいい先生」というバージョンのビデオを見せる。それは，さらにドラマティックな結末で終わっている。それから，男子と女子の違いをどう考えたかについて議論をする。そして最後に，「なぜ，私はこんなふうにしてこの授業を始めるのだろうか？」という質問をする。

　キャンディッド・カメラに出てくる中学生たちの驚きやユーモラスな反応について，1つの合理的な解釈が成り立つ。それは，新任の先生が，生徒たちのもっている典型的な教師像という「期待」——つまり，教師の容姿や，生徒に対する振るまい方についての期待——を裏切るものだったから，というものである。もし誰かが自発的にこの説明を考え出さなければ，私がそれを提示する。なぜ笑いが起こったのか，なぜ私がこのやり方で授業を始めたのかの両方を説明するためである。そこで，私たちは「期待とは何か」を検討する。期待とは，「以前の類似した状況に基づく，未来のなんらかの出来事の予期あるいは予測」である。そして，期待の形成に関係する心理学的プロセス，それに，ユーモアや恐怖における期待の役割や，スキーマの中核的側面としての期待の役割についても検討する。

　ところで，もしその新任の先生が重度の障害者であることで期待を裏切ったとしたら，あるいは，生徒が1人だけでペアでなかったら，それでも笑いが共通の反応になるだろうか？　もしテープの笑い声がなかったらどうだろうか？　このような「もし……だったら？」という疑問は，私たちを実験心理学の領域に導いてくれる。つまり，検討中の状況設定やプロセスのある側面を操作したり修正したりして，それが違いをもたらすかどうかを調べるのである。

　最後に，さまざまな異なる領域の心理学者たちが，期待とその裏切りをどのように研究しているかを示すために，私は『心理学への招待』から以下のような一連の短いビデオクリップを見せる。脳波のP300を使った皮質レベルでの驚愕の精神生理学的測定（第1巻のドンチン（Donchin, E.））。対象の永続性についての感覚を裏切るような，あり得ない出来事を見たときに，乳幼児が顔に出す驚き反応（第5巻のベラルジョン（Baillargeon, R.））。それから，教師のポジティブな期待が後の生徒評価に影響するという古典的な「ピグマリオン効果」（第20巻のローゼンソール（Rosenthal, R.））などである。その他にも「期待」というテーマは，後の講義のいたるところで顔を出す。たとえば，古

典的条件づけ，認知的スキーマ，偏見における期待の役割，逸脱行動に対する私たちの反応における期待の役割といった形で。

これらのデモンストレーションは，学生に授業を楽しく学んでもらい，また自分でも教えるのをおもしろくするために私がつくってきたデモンストレーションのほんの一部である。私は1回のコースを担当するたびに，新しいデモンストレーションを1つずつつくるようにしている。それは個人的な挑戦でもあるし，また，十分な数のデモンストレーションを確保して，授業が同じことの繰り返しにならないように毎年替えていくためでもある。

(8)　ゲストを招く

私の授業では，私とは別の領域の専門家をゲストに招いてうまく活用している。他の学科や他の学部から招いたり，1人か2人は地域社会から招く。大学の強い運動部のコーチなら，動機づけや失敗への対処について話してもらうことができる。学生保健センターや自殺予防センターの臨床家なら，利用可能なサービスや，治療に関して現在問題になっていることの概要を説明してもらえる。私は他にも，売春婦，前科者，政治家，優れた販売員，元カルトメンバーなど，私たちの視野を多様化し広げてくれるのに役立つ人をひっぱってきた。そのようなゲストは，授業の幅を広げてくれるだけでなく，教師にも学習体験を与えてくれるし，講義の準備をしなくてもすむ（とはいえ，時間調整やら，昼食やコーヒーをともにしたりやらで，講義の準備と同じかそれ以上の時間をとられるのだが）。

(9)　試験

試験というおそろしいものが近づくと，これまでにあげた方略や技法を駆使して確立してきた教師と学生の間のよい雰囲気も，すべて凍りついてしまう。私は，最もできのよい学生でさえ通常経験する評価不安を埋め合わせるために，さまざまな試験方法を試してきた。学生の試験成績を向上させ，しかも，テスト不安を低減させるのに最もうまくいっている2つの手続きが，個別化教授システム（PSI）★6を一部修正した方法と，パートナー・チーム・テスト法である。

私が初めに開発したのは，教科書の各章ごとに TA とのマンツーマンでテ

ストをするやり方である。テストは，ある程度の時間枠の中で，学生が自己ペースで決めた基準に基づいて行なわれた。試験監督者（proctor）は TA である。600人の学生のそれぞれに，自分の試験監督者（全部で200人）が割り当てられた。学生の受験準備が整いしだい，TA は私が用意しておいた試験を，あらかじめ掲示しておいたオフィスアワーに学生寮で実施した。TA はすぐに答案を採点し，結果について学生と話し合った。そして，もし学生がその問題を実質的にわかっていたのに，質問を誤解したためにまちがえたような場合には，TA は点を直してもよいことになっていた。また，TA は，どんな誤答についてもその理由を明確にし，学習時あるいは受験時における問題の原因を診断しようとした。試験に通るには80％の修得基準が要求された。そして，学生には，同じ形式の試験を3回までは受験するチャンスが与えられた（Zimbardo, 1977a 参照）。私たちの研究によれば，この自己ペースの授業では，とりわけ，週ごとの進歩が TA によって監視されるという条件と，学生に自分の日々の累積的な学習時間をセルフモニタリングさせるという条件を組み合わせた場合が最も効果的であった（Yates & Zimbardo, 1977）。

　もう1つの方法であるパートナー・チーム・テストは，2人の学生がペアを組んで協力して多肢選択テストを解くもので，ペアで1枚の解答用紙と小論文だけを提出する。だから，2人に対して同一の評価がなされる。私たちは，この新しいやり方について，5年にわたって系統的な実験を行なった。パートナーをランダムに割り当てたり，学生に自分のパートナーを選ばせたり，同一学期中にチーム・テストと伝統的な個人テストとを交互に行なったり，チーム・テストへの参加を学生に選択させたり強制したりしてきた。結果は，これらのさまざまな施行法を通して，強くはっきりしてきた。試験の成績は，パートナーと一緒にテストを受けるときに有意に高かった（効果量は0.35付近）。とりわけ，彼らが一緒に勉強をし，与えられた教材のすべてを読むが，それぞれがその教材の半分ずつに責任をもつときに，最も効果があった。私たちはこの結果を繰り返し再現してきた。専門課程の授業でも，論述問題でも。テスト成績の平均が上昇するとともに得点の範囲がせまくなることを示すデータもある（底の方はドロップアウトしている）。そして，より高い成績を取ることができると同時に，いろいろな面での痛みが少なくなるので，学生たちはこのタイ

プの試験を強く支持している（Zimbardo & Butler, 1996）。

4節 教育と研究を相乗的に結びつける

　本章の冒頭でも述べたように，私はいまでも集中的に研究したいという思いが強い。そこで私は，教育を徹底的に行ないつつ，一方で研究も精力的に行なうための戦術をつくり上げた。その本質は，教育を研究のアイディアを得るために利用し，うまくいった研究を教室での講義に再利用するという方法である（Zimbardo, 1994 を参照）。学生のアイディアに注意深く耳を傾け，しばしば「もし……ならどうなるだろう（What if?）」という疑問を投げかける。それによって，授業で取り上げる研究事実やすでに確立された法則の域を出るのだ。そして，その疑問を単なる机上の空論で終わらせるのではなく，現実の実験で確かめようとするのである。私の研究の中でも優れた研究の多くは，授業の課題や，好奇心のある学生がもち出した異議や，ゼミ討論でわいてきた疑問などに端を発している。たとえば，私の研究のうち，没個性化と暴力（Zimbardo, 1970），監獄の心理学（Zimbardo, Haney, Banks, & Jaffe, 1973），羞恥心（Zimbardo, 1977b），時間展望（Gonzalez & Zimbardo, 1985），それに，正常者における狂気（Zimbardo, Anderson, & Kabat, 1981）などがこれにあたる。残りページも少ないので，この中から3つの例をあげてポイントを大まかに説明するにとどめたい。

　ニューヨーク大学で私が担当した社会心理学のクラスの学生たちは，ウィリアム・ゴールディング（William Goldiing）の『蠅の王』を読んでいた。[★7] 彼らは，主人公のジャック・メリデューが自分の顔に色を塗って外見を変えた後で，怒りの抑制がはずれたことについて，それが心理学的に見て妥当なことなのか，あるいは，小説家の奇抜なアイディアにすぎないのかという疑問をいだいた。そこで，私たちは一緒に一連の研究をデザインした。この研究から，人は匿名性を感じると公的行動における抑制が弱くなり，そのために状況に応じて好戦的になったり，好意的になり得ることが示された。

　スタンフォード大学で行なった監獄実験は，最初は学生主体の実験実習であ

った。しかし，この実験は，参加者にあまりに強い影響をもたらした。それで私は，彼らの行動が彼らの性格によるものなのか，それとも状況によるものなのかを解決しなければならなくなったのである。

　羞恥心の研究は，その翌年の授業から生まれた。きっかけは，監獄の看守の規制的で高圧的な心理と，囚人の無気力な抵抗の両方をもっているのはどんな人か，という私の問いだった。1人の内気な学生が「内気な人」と答えたのだ。それは，私が用意していた「神経症的な人」という答よりも優れていた。「内気」という自分とは無縁の特性について，それまで深く考えたことは一度もなかったのだが，その重要性に気がついたので，私は学生の羞恥心ゼミを組織した。そのゼミは，大人や子どもにおける羞恥心の原因，羞恥心に関連するもの，羞恥心がもたらすものなどについての，以後20年に渡る研究の出発点となった。私は，これらの研究の結果とそれが示唆するものを，研究から教育への最高のお返しとして，後の授業に活力を与えるために利用したり，あるいは，これらをテーマにした新しい授業をつくるために利用している。

5節　初めに『心理学と生活』があった

　この章の締めくくりとして，私は，よい心理学教科書とよい心理学の授業との間には密接な関係がある，ということを述べておきたい。心理学入門の授業は全体論的な仕事である。すべての要素を結びつけることで学生の記憶に長く残るものにしていくべきなのだ。テストに備えるための試験問題ネタ集のような，辛気くさくて退屈な教科書を使っていては，学生たちは，やりがいのある学問であるはずの心理学にうんざりし，授業を格下げしてしまう。そして，期末試験が終わるとすぐに覚えた中身を吐き出してしまうだろう。

　この章の冒頭に書いた，ひどい授業，退屈な教科書についての，私の個人的な逸話を思い出しほしい。それは今日でもあてはまる。しかし，幸運にもいまでは私たち心理学教師には，最高品質の教科書がたくさん用意されている。それらは，学生の興味をひく文体で書かれており，たえず心を魅了するグラフィックスやカラフルなアート作品が文章を補っている。優れた市販教科書の選択

の幅が広いことに加えて，出版社と著者たちは，さまざまな教師用の手引き書や多くの有用な AV 教材も提供し，私たちの教育を支援してくれる。しかし，これらの教育資源をより価値の高いものに改良し続けるためには，心理学の教師たちが建設的な批判のフィードバックを著者や出版社に対して返すことが重要である。たとえば，うまくいくのはどれで，うまくいかないのはどれか。あるいは，自分や学生にとって役に立ちそうなのは何かといったことだ。また，私は教科書の性質や構成が授業での教え方や，教える内容に広く影響を及ぼしているだろうと考えている。

　ここで，現在の心理学入門の教科書の一般的な特徴を列挙してみよう。

- 心理学の個々の下位領域を比較的独立した分野として１つの章にまとめてしまうというアプローチを採用している。そして，多くの心理学入門の授業も同じアプローチをとっている。つまり，大きな理論的枠組みに統合するのではなく，むしろ，さまざまな考え方を取捨選択して寄せ集めるやり方をとる傾向にある。
- 心理学を，心と行動のプロセスの基礎を理解するための科学的な研究アプローチとして提示している。
- 現実世界の問題や学生の個人的問題とつながりをつける傾向がますます顕著になり，また，その範囲も広がっている。
- 教師や研究者のためにではなく，「学生中心」につくられている。それらは人をひきつける文体で書かれており，適切な図表やアート作品などの視覚的要素が盛り込まれているため，ほとんどの学生にとって魅力的な読み物となっている。

　こういった教科書を使って授業をする教師は，教科書をモデルとして自分の授業を構成する。歴史的な注釈をつけ加えておくと，ここに挙げたような教科書の特徴のほとんどは，1937年に刊行されたルーシュの『心理学と生活』によって導入された。この本が，心理学入門の教育を一変させ，心理学が学生にとって魅力的な科目となっていく上で重要な役割を果たしたことは言及しておくべきであろう（Gobble, 1988 参照）。この本とそれ以後の改訂版（現在は14版である；Zimbardo & Gerrig, 1996）の成功によって，『心理学と生活』はすべての心理学分野の中で最も古くから売れ続けている教科書になった。

それでは，伝統的なモデルを越えた斬新かつ大胆な教科書や，革新的な授業はどのような形になるのだろうか。来たるべき新しい教科書や授業は次のような特徴をもつべきだと私は考えている。

- 共通のアイディアや，共通のプロセス，共通の概念によってより大きく統合するよう試みる。それによって，APAが恣意的に定めている領域や章の専門区分のいくつかが崩れるはずだ。たとえば，学習と記憶は，社会的発達と社会心理学のように，分離するのではなく，かみ合わせる必要がある。
- 各章を独立させるのではなく，前の章でつくった土台を次の章で発展させ，系統的に積み上げていくべきである。このことによって，個々の章を越えた強い連続性が生まれるはずだ。
- 人間の諸側面を，1つの物語あるいは一貫した一連の物語として語るべきである。
- 個々の記述に対する証拠として研究者の名まえを逐一あげることにこだわりすぎない方がよい。各章の最後に重要な文献を挙げればよいし，また，文献をチェックしたがるのはたいてい教師やTAだろうが，その人たちのためには詳細を記述した手引き書を提供すればよい。
- 各領域ごとに，学生が生涯に渡って覚えておくべき最も重要な原理を，明確に示さなければならない。そして，その原理を各章のテーマとすべきである。
- どんなに読解力の低い学生でも読めるように文章のレベルを落とすのではなく，興味をそそるような文章を書くべきである。そうすれば，どんな学生でも，書かれている心理学の豊富な内容に見合うだけの理解をしようと精一杯努力するはずだ。

教科書の執筆者，教師，出版社に，現在の心理学入門の伝統的な体系と構成を捨てて，ここにあげたようなアイディアや，その他の新しい形式を試してみよと言うのは，かなり酷な注文である。しかし，時代とともに心理学のフィールドも学生の興味も変わるのだから，有意義で記憶に残る心理学を十分に語るためには，このような革新的な教科書や授業が必要なのである。

『心理学と生活』の著者になったことは（第8版から；Ruch & Zimbardo, 1971），自分の教育にとっても役に立った。著者になったことで，2つの新しいことをせざるを得なくなったからだ。1つは，私がそれまで教えていた領域よりもっと広い領域の知識を学ばなければならなくなったことである。もう1

つは，新版を出すたびに，旧版を上まわるものにするため，より新しい教材を開発しなければならなくなったことである。私の職業人生のほとんどは，心理学入門の授業のため，その受講生のため，そしてとりわけそれを教える教師のためにさまざまな教材を用意することを中心にしてきた。それは，次のようなものだ。教科書『心理学と生活』の7つの改訂版と3つの小版の教科書の執筆，これらの教科書の副教材としての3つの読本の共同編集，学生の学習ガイドとワークブックの共同執筆，教師のための教授マニュアルの開発，そして，大部すぎず，小さすぎずという中間レベルをめざした2つの教科書の共同執筆である（Dempsey & Zimbaldo, 1978；Hammond & Zimbaldo, 1988；Zimbardo & Maslach, 1977；Zimbardo & Smith, 1994；Zimbardo & Weber, 1994 を参照）。

　私の行動はひねくれているのだろうか。それとも，まっとうな情熱の証しなのだろうか。精神分析的解釈を好む読者なら，このような激しい努力は，初期の達成課題の失敗に対する過剰反応にすぎないと即座に診断するかもしれない。つまり，1個のとるにたらないC評価を帳消しにするための「機能スタイル」，あるいは，やや大げさに言えば「戦略スタイル」であると。しかし，心理学に対する私の情熱は，私個人の人生の中でのそのようなちっぽけなトラウマに起因するものではなく，むしろ，心理学から突きつけられた挑戦状に対し，私が積極的に敢然と立ち向かう中で生まれてきたものだと信じたい。心理学は，私たち心理学教師に（また教科書執筆者に，そして研究者に），「人間のありさまをもっとよく理解せよ！　そして，それを学生や一般の人々により魅力的に伝えよ！」と，常に挑戦を突きつけてくるのだ。

1章　註　★は訳者註

★1　『心理学への招待』：原題は"Discovering Psychology"だが，日本語版ビデオ（丸善）の邦題に従った。

★2　テッド・コッペル：ABCニュースのアンカーマン。

★3　ピーター・ジェニングス：ジャーナリスト。ABC「ワールドニュース・トゥナイト」の司会者。

★4 フロー体験：チクセントミハイの提唱した概念で，「1つの活動に深く没入しているので他のなにものも問題にならなくなる状態，その経験それ自体が楽しいので，純粋にそれをするということのために多くの時間や労力を費やすような状態」のこと（Csikszentmihalyi, 1990（今村, 1996, Pp. 5））。

★5 キャンディッド・カメラ：日本の「どっきりカメラ」のように，意外な状況におかれた人が示す反応を，隠しカメラで撮影したもの。このビデオは現在では絶版になっているが，p. 36-37で紹介されている「ハンサムな先生」と「かわいい先生」の2つのエピソードは『心理学への招待』の第1巻に収録されている。

★6 PSI（個別化教授システム）：独習教材を使って，受講生1人ひとりが自己ペースで学習し，プロクターと呼ばれる助手から単元を終えるたびに通過テストを受け，完全学習によって進めていく授業方式。

★7 イギリスのノーベル賞作家ウィリアム・ゴールディングの代表作。未来の世界大戦のさなか，無人島に漂着した上流階級の中学生たちが，当初は秩序ある社会をつくっていったが，やがて内部抗争が起こり，最後には凄惨な人間刈りを始めるようになる過程を描いた衝撃的な作品である。

1章 引用文献

Allport, G., & Postman, L. J. (1947). *The psychology of rumor.* New York: Holt, Rinehart & Winston.

Axelrod, J. (1976). *The university teacher as artist.* San Francisco: Jossey-Bass.

Bartlett, F. C. (1932). *Remembering: A study of experimental and social psychology.* Cambridge, England: Cambridge University Press.

Benjamin, L. T., Jr., & Lowman, K. D. (Eds.). (1981). *Activities handbook for the teaching of psychology* (Vol. 1). Washington, DC: American Psychological Association.

Bornstein, P., & Quina, K. (Eds.). (1988). *Teaching a psychology of people: Resources for gender and sociocultural awareness.* Washington, DC: American Psychological Association.

Dempsey, D., & Zimbardo, P. G. (1978). *Psychology and you.* Glenview, IL: Scott, Foresman.

Donald, J. G. (1989). *A study of learning in six selected psychology courses: What is learned in the university? Report from the Centre for University Teaching and Learning.* Montreal, Quebec, Canada: McGill University Centre for University Teaching and Learning.

Eble, K E. (1976). *The craft of teaching.* San Francisco: Jossey-Bass.

Gobble, W. E. (1988). Remembering Floyd Ruch. In E. R. Hilgard (Ed.), *Fifty years of psychology: Essays in honor of Floyd Ruch* (pp. i–iii).

Glenview, IL: Scott, Foresman.
Gonzalez, A., & Zimbardo, P. G. (1985, March). Time in perspective: The time sense we learn early affects how we do our jobs and enjoy our pleasures. *Psychology Today*, pp. 21–26.
Hammond, A. L., & Zimbardo, P. G. (Eds.). (1988). *Readings in human nature: The best of Science '80–'86.* Glenview, IL: Scott, Foresman.
Johnson, M., & McKeachie, W. J. (1978). *Teaching tips: A guide book for the beginning college teacher* (7th ed.). Lexington, MA: Heath.
Milojkovic, J. D., & Zimbardo, P. G. (1980). Charismatic teaching: Its nature and development. *Proceedings of the Sixth International Conference on Improving Undergraduate Teaching* (pp. 1–8). Lausanne, Switzerland.
Ruch, F. L. (1937). *Psychology and life* (1st–7th eds.). Glenview, IL: Scott, Foresman.
Ruch, F. L., & Zimbardo, P. G. (1971). *Psychology and life* (8th ed.). Glenview, IL: Scott, Foresman.
Yates, B., & Zimbardo, P. G. (1977). Self-monitoring, academic performance and retention of content in a self-paced course. *Journal of Personalized Instruction, 2*, 76–69.
Zimbardo, P. G. (1970). The human choice: Individuation, reason, and order versus deindividuation, impulse, and chaos. In W. J. Arnold & D. Levine (Eds.), *Nebraska Symposium on Motivation* (pp. 237–307). Lincoln: University of Nebraska Press.
Zimbardo, P. G. (1977a). Modified version of personalized system of instruction successfully applied in introductory course for 600 undergraduates and 200 dorm-based proctors. *PSI Newsletter, 5*, pp. 1, 3.
Zimbardo, P. G. (1977b). *Shyness: What it is, what to do about it.* Reading, MA: Addison-Wesley.
Zimbardo, P. G. (1979–1988). *Psychology and life* (10th–12th eds.). Glenview, IL: Scott, Foresman.
Zimbardo, P. G. (1986). The Stanford Shyness Project. In W. H. Jones, J. M. Cheek, & S. R. Briggs (Eds.), *Shyness: Perspectives on research and treatment* (pp. 17–25). New York: Plenum.
Zimbardo, P. G. (1992). *Psychology and life* (13th cd.). New York: Harper Collins.
Zimbardo, P. G. (1994). On the synergy between teaching and research: A personal account of academic "cheating." *Psi Chi, 21*, 13–20.
Zimbardo, P. G., Andersen, S. M., & Kabat, L. G. (1981, June). Induced hearing deficit generates experimental paranoia. *Science, 212*, 1529–1531.
Zimbardo, P. G., & Barry, H. (1958, January 10). The effects of caffeine

and chlorpromazine on the sexual behavior of male rats. *Science, 127*, 84–85.

Zimbardo, P. G., & Butler, L. (1996). *Cooperative college examinations: More gain, less pain when students share information and grades.* Unpublished manuscript, Stanford University.

Zimbardo, P. G., & Funt, A. (1993). *Viewer's guide/instructor's manual* [to accompany video of *Candid Camera Classics in Introductory Psychology*]. New York: McGraw-Hill.

Zimbardo, P. G., & Gerrig, R. (1996). *Psychology and life* (14th ed.). New York: Harper Collins.

Zimbardo, P. G., Haney, C., Banks, W. C., & Jaffe, D. (1973, April 8). The mind is a formidable jailer: A Pirandellian prison. *The New York Times Magazine,* Section 6, pp. 36, ff.

Zimbardo, P. G., & Maslach, C. M. (1977). *Psychology for our times: Readings* (2nd ed.). Glenview, IL: Scott, Foresman.

Zimbardo, P. G., & Miller, N. E. (1958). The facilitation of exploration by hunger in rats. *Journal of Comparative and Physiological Psychology, 51,* 43–46.

Zimbardo, P. G., & Radl, S. L. (1981). *The shy child.* New York: McGraw-Hill.

Zimbardo, P. G., & Ruch, F. L. (1975). *Psychology and life (9th ed.).* Glenview, IL: Scott, Foresman.

Zimbardo, P. G., & Smith, G. S. (1994). *Instructor's manual* [to accompany Zimbardo/Weber *Psychology*]. New York: Harper Collins.

Zimbardo, P. G., & Weber, A. L. (1994). *Psychology.* New York: Harper Collins.

Zimbardo, P. G., & Weber, A. L. (1997). *Psychology* (2nd ed.). New York: Longman.

心理学入門講義をふりかえる

chapter 2

ダグラス・A・バーンスタイン

　私は，心理学教育観について問われ，心理学入門の教科書のファーストオーサーとなった理由を書くよう依頼されうれしかった。が，不安にもなった。なぜなら，こういった文章を書くのは，自分で自分の追悼記事を書くようなものだからである。誰でも興味深い逸話を語りたいだろうが，うぬぼれていると思われたくないものだ。私も，できてもいないことをここで書くつもりはない。

　以下に述べる私の心理学入門の授業法とその根拠は，あくまで1つの参考にすぎない。私は心理学入門や他の科目について，最高の授業法を見きわめたなどと主張する気はない。私がつくり上げてきた授業法は私には役立っているが，誰でもそれでうまくいくとは思っていない。私の授業がめざすものは数多く，それらすべてが達成できたわけでもない。ましてや学期が変わっても相変わらず前と同じような授業を繰り返してはいない。

　謙遜したり卑下したりせぬよう心がけながら，私がどのように心理学入門を教えているか，そしてなぜそうするのか，また，どういういきさつで私が心理学入門の教科書を書くことになったかを述べることにしよう。

1節 私の授業心得

　1968年，私はアルバナ-シャンペンにあるイリノイ大学心理学科で初めて教壇に立った。当時，私には教師経験はほとんどなく，教授法の訓練を受けたこともまったくなかった。私の教員生活への本格的な準備は，大学院の最終学年で受け取った学科長からの1通の辞令から始まった。そこにはその年の秋から，心理学入門の1コマを担当するようにと記されていた。私の担当した学生は目を輝かせた「言うことはなんでも鵜呑みに信じる」18歳ではなく50人の夜間学生であった。彼らの大半は私の両親と同じくらいの年齢であり，実社会でまる1日働いたあと授業に来るので疲れており，大人の常識をもち，まじめで質問好きで，本物の教師から本物の講義を受けることを期待して教室にやって来た学生たちであった。

　言うまでもなく，私はそのクラスをやっていける自信がなかった。私が授業法について知っていたのは，大学から大学院まで受けた授業で教師が見せてくれたものだけであった。私が受けた授業の中で，最悪の教師がした最悪の授業の方が，最良の教師がした最良の授業よりも記憶に残っているのに気がつき，私はパニックになった。このとき，私はどれほど，時計の針を戻して昔に帰り，よい教師がどのように授業計画を立て，講義案をつくり，討議を導き，質問をさばき，筆記試験を設定して講義全体をつくりあげたかを注意深く調べられればと思ったことだろうか。また，私は彼らに，どうすれば自信とやる気を起こすことができるか，その秘訣を聞くことができたらよいのにと思った。教科書を吟味しだしたとたん，私の失望は大きくなった。その理由は，第1に，私が教科書を「注文する」つてをもっておらず自分ひとりで選定しなければならなかったからであり，第2に，ほとんどの題材がよく知らないものだったからである。生理心理学の講義の中で，過呼吸について50分もかけて話すことが適当かどうか，途方に暮れたのを思い出す。

　誰かに援助や助言を求めるといった考えは浮かばなかった。私は，同級生の中で教え方を知らないのは自分だけだと思っていた。もし私があまりたくさん

人に聞いたら，私は唯一の収入源であるティーチングアシスタント（TA）の仕事を失うことになると思った。だから，私は医学生になるつもりはなかったが，医師倫理綱領の宣誓，その中でも特に「まず第1に害するな」を私の教育哲学の土台とした。まちがったことを教えることだけはすまい。そして，私の学生に心理学や心理学者へのよい印象を与えるような仕方で教えよう。こう決心した。また，学生に教科書を全部読ませること，講義はできるだけ私が最もよく知っている題材にしぼること。そして，教科書の各章についてテストをしていくが，その設問は枝葉末節にこだわらずに「大きな」概念に的をあわせたものにすること。これらを方針とした。

このような方針決定も，初めての授業の前夜の気休めにはならなかった。キャンパスへ向かう途中で，2度もガソリンスタンドに停車した。ガソリンを入れたことなんて頭に入らなかった。その日の授業は予想以上にうまくいった。体は震え，たくさんミスしたけれども，一生懸命思案して生み出した以下の心得に助けられた。それから30年近く経った現在でも，相変わらず私はこれらをたよりにしている。

第1に，私は大学生を年齢にかかわらず分別ある大人とみなす。私が講義で触れなかった箇所についても学生は教科書で自習しておかなければならない。たとえ授業中に教科書全部をやれたとしても，学生はさらに数多くのことがらを自習すべきである。

第2に，私は，自分がマスターしており，気に入っている題材にできるだけの授業時間を割くことにしている。幸い，いまでは以前より広範なトピックをカバーできるようになり，視知覚処理や大脳生理学などをとばさなくてもよくなった。私は学生に心理学がいかに興味深く大切なものか理解させたいので，学生がいったん理解すればひきつけられるような事項に焦点をしぼって講義している。私は授業に多くのデモンストレーションや実習を入れるようにしている。授業中に教科書を丁寧にやらなくても，デモや実習で興味をもちさえすれば，学生は自分で教科書の関係箇所に目を通すし，その方が授業中に質問や意見を述べる機会も増える。それに，オフィスアワーに学生が来て私と議論するようになる。さらに，教室で学生を刺激することがらを扱うことは，教える側である私が授業への情熱を持続させることにも役立つ。授業と授業計画が人生

で最もエキサイティングで楽しいことであり続けるのは，私が毎日，「明日も，教室で学生を驚かせ，喜ばせ，困惑させ，学生に挑戦しよう」という気持ちになるからである．

　第3に，私は教室で，ありのままの自分をみせること，すなわち，堅くなりすぎないことにしている．初めての授業では私にはそれ以外に選択肢がなかった．多くの受講生は明らかに私が教壇に立つ資格があるか懐疑的な態度を示した．もし学生に「私をバーンスタイン先生と呼びたまえ」などと命令したり，遅刻してきた学生を減点の対象とするような嫌味なことをして「厳しい教師」を演じたなら，授業は惨憺たるものになっただろう．しかし，年が経ち自信がついた後でも，いまだに学生に私をありのままにみせることが最も快い．学生にありのままを見せることが，私の恩師だったら眉をひそめるような行動につながったとしても，である．たとえば，ある春の日，2匹の犬が追いかけっこをして私たちの教室の開いていたドアを通って入ってきて，交尾を始めたのをみて，学生と一緒になって声をあげて笑ったことを思い出す（私の恩師のうちで少なくとも1人は，このような状況でも平然と講義を続けるだろう）．同様に，私は大学院生のときと同じように，学生の質問に対する答えを知らないときはそのことをただちに認めることにしている．教師が権威主義にならずに，博識のふりをするつもりがないことを学生にわかってもらえば，教室が和やかな雰囲気となり，学生が教師を困らせるような質問をしなくなり，素直で協力的な授業態度となるだろう．

　最後に，いつも容易だとはかぎらないにせよ，私が大切で，講義終了時までに学生が知っておく価値があると思った題材は必ず試験に出すようにしている．そして，論述式であれ選択式であれ，設問は常に学生が学んだことをどれほど思い出せるかではなく，どれほど応用できるかを試すものにしている．たとえば，私は「神経伝達物質でない物質は次のうちのどれか」といった問いかけはせずに，むしろ，「レッシュンは最近ひどく落ち込んでいる．精神病理学への生理学的アプローチによれば，彼の不調に最も関与していると思われる神経伝達物質は次のうちのどれか．」と問う．私は，入門コースの学生には前者より後者の設問に答えることができる方が重要だと考える．そのような問題をまちがえる学生でも，私がなぜそうした問題を出すかは理解できるだろう．

2節 私の担当科目と受講生

1984年まで私がイリノイ大学で教えた科目はすべて臨床の分野であった。すなわち，異常心理学，心理療法，心理療法実習，研究計画などであった。17年も前に入門クラスで半期教えた経験についてどこからか知れわたり，最近私は心理学科の教務委員長に抜擢された。「心理学入門」は4000名近い学生が毎年受講する。私自身が担当する学生を教える他に，私は大学院生の非常勤講師の選抜，訓練，監視，評価の仕事の責任者を務めている（よきにつけあしきにつけ[☆1]，私は大学院生が授業で，私と同じ価値，ポリシー，方法論をもつことを奨励している）。半期の授業には，15名の特待生がセミナー室で受けるものから350名以上が階段教室にひしめき騒然としたものまである。大半のクラスは60名程度である。私はいつも特待生クラスを担当しているが，750名もの大規模なクラスを教えたこともある。

「心理学入門」における学生の成績評価は完全に客観的であり，学生が300点満点のうち何点とったかだけで決めている。どのクラスも学生は中間と期末の2回，選択式問題による統一の試験を受ける。中間試験は80点満点，期末試験は100点満点である。さらに100点が，授業中の小テスト，レポートその他の課題により与えられる。そして，心理学実験に参加すれば20点が加算される（特待生クラスも同じシステムであるが，その試験や小テストは自宅での小論文であり，15ページのレポートの提出が要求される）。

「心理学入門」の学生はほとんど1年生であり，多くはその入門コースが唯一の心理学関連科目となる。これが私の落ち度だとは思っていない。事実，私の努力の結果心理学を専攻した学生は，これまでに何千人もいる。そして，少なくとも何百もの学生が心理学者にさえなっている。ひとりの学生が私に刺激されて大学院で心理学を専攻し，そこに居座り続けたあげく，しまいに一流大学の教授になり，いまやそこで重要な研究をしており，優れた心理学入門用の教科書を書いている例もある。これも，居座り続けるという品行不良が永遠に罰せられないならばよい事例と言えるかもしれない。

3節 心理学入門の授業における私の目標

　いま述べた極端な例はさておいて，私の授業へのアプローチは次の特徴をもつ。つまり，大半の学生が心理学入門講義をとるのは，それが，(a)社会学よりおもしろそうだから，あるいは，(b)行動科学系で必修の一般教育科目だから，あるいは，(c)みな常識や勘でわかるから，といった理由であるとの認識に立っているということである。言い換えれば，学生が私の講義でとりあげるテーマのすべてに私と同じくらい直接的な関心をもってほしいと思っていても，実際は確実にそうではないということだ。彼らは私の講義の他にもいくつか講義を受講しており，私の教科書をむさぼるように読むわけではない。とりわけ悪いことに，私が最善の努力をしているにもかかわらず，学生のほとんどが私が教えたり，彼らが読んだことの詳細をあまり長い間覚えていない。

　とはいえ，私は「心理学入門」の授業に落胆も失望もしていない。たとえこの科目に問題があったにしても，それは学生の無気力や教師の無能のせいなのではなく，むしろ，科目に対する期待や教育目標が非現実的で，非生産的でさえあるせいであることが多いように思う。「心理学入門」における私の目標はまったく穏当なものであり，それらが到達可能なものだからこそ授業がうまくいくと思っている。私は心理学入門を，学生が楽しみ，おもしろさを味わい，わかってもらえるような仕方でやろうとしている。教え始めて何年も経ってから，入門講義に臨むときの心構えとして，技を仕込む師匠のような雰囲気をできるだけ排除し（もっとも私の講義は楽ではない），なるべく博物館のガイドのような雰囲気をだそうと思うようになった。博物館のガイドは来館者に展示物案内図を配るときに，来館者が館内全部をじっくりみる時間があるとは思っていないし，もう一度来たいと思ってもらいたい，また，それがだめでも，よい印象をもって帰ってほしいと願うだろう。私もこれと同様に，たとえすべての学生が心理学のことを興味をもって聞きたがっていたとしても，半期ですべての分野を教えるのは不可能であることを忘れないようにしている。そして，学生が各自の時間をできるだけ心理学の学習に割くよう促し，そうした学習の

過程で，彼らに心理学という学問が想像していたよりもはるかに広範で興味深いものであることに気づかせるよう努めている。この全体目標は，学生が個々の知識を覚えていなくても，達成可能である。次に，私の入門講義における具体的な個別目標を説明しよう。

(1) クリティカル思考に基づく実証科学として心理学を描写する

　私は講義の最初の2回の授業をあてて，実証のやり方や科学的研究の方法，そして，心理学者が心理・行動のあらゆる面を研究する際に用いているクリティカル思考のプロセスを解説する。多くの学生は抽象的な研究原則やクリティカル（批判的）思考にほとんど興味を示さないが，私が超能力を披露すると状況がたちまち一変する。初回の終了数分前に私はシンプルでとてもインパクトのあるマジックを2つ3つやってみせる。そして私は，得体の知れない脳損傷のせいで超能力がついたらしいとうそぶくのである。教室が私の「超能力」に唖然としたの見届けてからおもむろにそれらがトリックであったことを白状する。それから学生に，次の授業までに，クリティカル思考の技術（と教科書の研究法の章に書かれている方法）を使ってこのトリックを見破るよう，学生に挑戦する。[☆2]

　こうしておけば否応なく第2回の授業にやってくる学生が研究法について話し合いたいという気になっている。私がどんな方法で彼らをうまくだませたかのヒントが見いだせるかも知れないからだ。クリティカル思考という文脈の中で研究法を使う必要があることを強調するために，私は学生に討論で初回に見せたトリックを「分析のための5つのステップ」で検討するよう指示する。それらは次の5つの問いの形で表現される。

　　　STEP1　私は何を信じさせられようとしているのか
　　　STEP2　それを支持する証拠として手に入れられる事実は何か
　　　STEP3　その事実は，他にも解釈できないか
　　　STEP4　どのような証拠があれば，新しい解釈の妥当性が検討できるか
　　　STEP5　最も合理的な結論は何か

　討論が始まると，STEP3とSTEP4，すなわち，私のみせかけの超能力に

ついての他の解釈とそれを評価する方法が焦点となっていく。私は学生にグループごとに出てきたいくつもの解釈をそれぞれ仮説として設定し，それらをテストするための方法（たいていは実験）を考えてみるよう指示する。このやり方は，研究法やクリティカル思考が日常的にも役に立つことを認識させるのにたいへんうまいやり方であることがわかった。研究法やクリティカル思考によって，コマーシャルで流される情報から政治家のスピーチに至るまでのあらゆる現象や主張を評価することが可能になる（大学院生の講師の中には「超能力」によるダマシを演ることに抵抗があると言う者もいるが，そういう院生にはクリティカル思考の対象を他に求めるように指導している。TVコマーシャルや雑誌広告やダイレクトメールに書かれたコピーなどは絶好の材料となろう）。私はこのディスカッションのあとで，心理学者が，学生たちがしたのと同様なクリティカル思考やさまざまな研究法を実際に使っていることを話す。また，これらの研究法は教科書や講義の至る所で出てくること，および，講義では常に5つのステップを用いてあらゆる心理学研究の結果を評価することを，学生に述べる。

特待生クラスでは，学生を小集団に分けてそれぞれに私が心理学の学会誌から選び出した研究論文を手渡し，それらを読ませてクリティカル思考を用いて評価し，その上で研究計画を練り直すような課題を与える。彼らに5つのステップによる分析結果をレポートにまとめさせ，教室で発表させることは，心理学研究に対する合理的な懐疑的態度を身につけさせるのに役立っており，そうした態度を学生が自ら創り上げていくので私は頼もしく感じている。

(2) ダイナミックな知識として心理学的知識を描写する

大半の学生はシンプルで明解で決定的な答えを求めて質問するくせがあることがわかってきた。たとえば，「パーソナリティーは遺伝するのですか。」「TVの暴力番組は攻撃を引き起こすのですか。」「心理療法は効果があるのですか。」「偏見の理論のどれが正しいのですか。」などである。それに直接答えないと学生は不満をもらすが，なぜ答えないのかわかってもらえるよう努める。私は学生に，クリティカル思考に基づくたゆまぬ研究の積み重ねこそがそれらに答えを与え，新たな疑問を生み出すのだと，口をすっぱくして言い聞かせ，

頭にたたきこませるようにしている。「最も合理的な結論は何か」という問いかけは，実際には「現在入手できる証拠をもとにすれば最も合理的な結論は何か」ということを意味することを私は繰り返し強調する。これは心理学が「単なる意見の寄せ集め」だからでもなければ，心理学者が無能だからでもない。研究対象である現象があまりにも複雑なので，しばしば「それはx, y, zの相互作用による」とか「私たちはまだよくわからない」という答えになるのだと，私は説明する。

　学生に，私が自分の体面を保つためにそういうことを言っているのではないことをわからせるために，私は学生たちに2人1組でパブリック・スペースにおける男女の歩行速度の観察・記録をさせることにしている。☆3 学生はすぐに難題にぶつかる。どうやって測定すればいいのか，観察対象の選び方，無関係な要因（道の傾斜や混雑具合や天候など）の影響を防ぐこと，観察者が自分勝手な手がかりを用いて測定を開始したり停止したりしないこと，その他何十もの点について。そうした経験は，研究者が対人魅力や空腹感といった一見単純そうに見えることがらを研究するときに多くの問題に直面していることを理解することに役立つ。私はまた，心理学者と同様，学生もある程度の不確実性に対する耐性を習得しなければならないことをしっかり覚え込ませている。

　かいつまんで言おう。私の目標は，心理学現象に固有の複雑さがあることを強調することであり，心理過程や行動過程に関する知識が変化し続けていることを強調することである。講義を通してこれらをたえず強調することにより，学生がこうした科学的現実を受けとめることに役立つだろうと思う。むろん，これだけで学生が満足するわけではないが。

（3）　心理学が広範で多様であることを描写する

　同僚があるとき私にこう言った。「私たちが心理学入門の受講生をごまかすことになるのも仕方がない。なぜなら，彼らに本当のことを正確に伝えるのに十分な時間がないからだ。」私はこれは半期で心理学入門全部を教えなければならない教師にとってはとりわけ真実だと思う。通年で講義できればもっと本当のことが言えるが，それでもかなりの題材をやり残さねばならない（4年ぶっ通しの講義が理想かというとそうでもなく，これにはまた実施上の問題があ

る)。そこで，博物館ガイドのアナロジーであるが，私はたとえ心理学のすべての領域を十分にはカバーできなくても，必ず学生にすべての領域と出会わせることに自分の目標をおいている。

学生が教科書全部に目を通さなければこの目標が達成できないので，私は授業でやるやらないにかかわらず，学生にすべての章を読んでおくよう指示し，すべての題材をテストの対象としている。学生が中間試験や期末試験のときだけ一夜漬けするのではなく一定のペースで教科書を読み進むように，半期の間に5回の小テストを実施している。教科書読みの課題をこなすうちにたいていの学生は心理学の領域の広さを知る。「心理学は臨床心理学ばっかりだと思っていたら，たくさんの分野があることを知って驚きました」と言ってくる学生に接すると，いつも嬉しくなる。私の学生が家に帰って両親に生理心理学や認知心理学や発達心理学などについて話しをするようになったなら，私は職務を果たしたという気持ちになる。私の教え子が飛行機の中である心理学者と出会った時に，「まあ，あなたはきっと私の心を分析しようとしているでしょう」なんて言わずに，「あなたはどういう分野の心理学者ですか」とたずねるようになってくれることを私は夢見ている。

(4) 能動的な学習を促す

マーサ・スチュアート (Martha Stewart) が言うように，見聞きするだけの学習より実際にやってみることによる学習の方が「よい」。私は能動的学習を奨励しているが，それは，授業で学んだことを思い出しやすくなるからだけでなく，教科書をより興味と熱意をもって読むようなるからである。私の経験では，学生は，授業中に体験したことがらを教科書で読むとき，(たとえそれが「宿題」であっても) より楽しく感じるものである。

能動的学習を促進する手段は数多くあるが，私の好きなやり方は，受講生全員に参加させて，心理学の原理や概念や研究成果をデモンストレーションするやり方である。これらの例はいくつかのハンドブック (Benjamin, Blair-Broeker, Ernst, & Nodine, in press ; Benjamin, Daniel, & Brewer, 1985 ; Benjamin & Lowman, 1981 ; Makosky, Selice, Sileo, & Whittemore, 1990 ; Makosky, Whittemore, & Rogers, 1987 ; Ware & Johnson, 1996) や心理学入

門教科書の教師用マニュアルやその他多くのソース（これには心理学の教授法，すなわち，TIPSのようなインターネットのニュースグループも含まれる）に山ほど載っている。ここではその一例をあげるだけで十分だろう。社会心理学の単元における追従の概念のところでは，私はただ講義するのでなく，受講生に片足跳びをしたり，拍手を続けたり，席交換をしたりといった一連のまったく無意味なことをさせることから始めることにしている。すると必ずや，しまいには受講生全員がこれらの指示に忠実に従う。そこで，私はなぜみんながそうしたかを問いかけ，追従についてのディスカッションの口火を切る。まず追従の社会的基礎が説明され，ディベートが始まる。ひとりの学生ではなくクラス全員にばかげたことをさせることは，誰も「自分ならそんなことはしないよ」とは言えない状況になるので意味がある。この授業に参加した学生はたいてい，教科書をもっと読んで詳しく知ろうとする。

（5） 日常生活における心理学の重要性を強調する

　学生は超能力といったような現象の評価のために研究法を用いる場合に，最もよく研究法の重要性を認識するようだ。似たことだが，学生が言うには，心理学入門の講義で扱われる心理学の概念や原理がより意義深く，より「大事なこと」であると思えるのは，私がそれらの日常生活における意義を説明したときであるそうだ。幸いにも，心理学は幅が広く，研究の応用範囲も広いために，それは実に容易なことである。本節の（1）で述べたトリックは，日常生活における心理学の重要性を理解させる，1つのうまい方法だと思っている。

　講義の初め数回では，心理学が実際に役に立つことを強調する手始めとして，私は学生に教科書の序章に書かれてある心理学の下位領域の中で何に驚いたか言わせる。学生はふつう，産業・組織心理学，健康心理学，工学心理学，生理心理学といった領域をあげる。そこで私はそれぞれの領域に関して1，2の応用事例をあげる。たとえば，人事採用と紛争解決，安全な性行為と嫌煙の運動，自動車や航空機の安全，脳損傷の神経心理学的アセスメントである。私はまたそれぞれの領域の心理専門家が活躍している職場に言及し，学生に自分たちも教科書を読めばより多くの例を見いだせると諭す。それから，私はさらに心理学の実践的な重要性を強調するため，法学，医学，建築学，コンピュータ科学

といった分野において，また別な心理学原理が応用されていることを示す例をとりあげる。

　私はまた，毎回の授業にその日の新聞や雑誌を持ち込み，心理学が日常生活に影響を与えているようすを例示することにしている。その例は，精神病者の訴えに対する新しい心理療法からヒューマン・ファクターにいたるまでいろいろある。まもなく，私の学生はこれを自分でやり出すようになる。

　心理学の研究と実践が実際に役立つことを強調するのが重要なのは，単に学生が心理学から多くを学ぶことを促すだけでなく，それがひいては世間に影響を及ぼし，心理学支持者拡大につながるからである。学生の中には知事や議員や官僚や慈善活動家になる者がいる。そして，直接心理学に関係のない仕事に就いた者でも，投票者として，心理学に直接的な影響力を行使する。私たち心理学者は，国家科学財団（National Science Foundation）の予算における心理学研究への配分がなぜ維持されねばならないのかについて上院議員と個人的に話しをする機会をそれほど多くもっていない。しかし，教室には将来の国会議員に心理学の価値を長く印象づけるチャンスがたくさんある。私たち教師が教室に入るのは，単に心理学を教えるためだけにあらず。私たちはまた，心理学が社会にどれほど価値があるかについて世論を形成する役も担っている。

（6）　統合された学問領域として心理学を描写する

　「どうして心理学で眼のことを勉強しなくちゃいけないんですか。」ある日授業が終わったあとである学生がこんなことを聞きに来た。私はこれにより，なぜ学生たち自身の目が講義中に輝かなかったかがわかった。その日の講義では神経解剖学と視覚と聴覚を扱った。ふりかえってみて，私は，最初の頃の講義形態が学生には無作為に選んだトピックの山積みとしか感じられないことに気がついた。確かに，心理学で園芸について話したとしても，学生にとっては，心理学で奥行き知覚の話を聞くよりは驚かなかっただろう。それに，シラバスに「パーソナリティ」と「精神病理学」の2語があったので私の講義をとった者もいたはずである。私は忘れていた。全体構成に整合性をもたせて，一見まったく共通点がなさそうにみえるトピックがすべて関連していることを学生がわかるようにしなければならなかったことを。たぶん，私は初めての講義のと

きにやりとばしたトピックをカバーすることばかりに気を取られて，私がなぜそれを教えるかを学生が知る手がかりを与えることがまったくおろそかになっていたのだろう。ともかく，それからはこの「目の輝き」問題を3つの方法で解決しようと努めている。

　まず心理学の定義を行なう際に，私は「心理・行動過程」という概念に単一細胞の活動から集団の相互作用までのあらゆることがらが含まれることを強調する。簡単な能動的学習をさせるため，私は受講生に右手を挙げ，3つ数えるように言う。それから，各自が入力される刺激を検出する次のような生理・認知過程について討議させる。すなわち，私の指示を知覚し，理解し，記憶し，次に，なすべきことを決定し，そして，反応する。感覚神経も運動神経ももたなければこの簡単な課題さえできないことに気づいた学生は，なぜ教科書に生理心理学や感覚や知覚についての章が含まれているかを理解する。

　第2に，私は発達心理学を，研究法の単元の直後という非常に早い時期に話す。こうするのは，教室にいる学生を含むすべての人間が，機能分化した細胞が統合された驚くべき存在であることを強調するためである。それらについては，後の時間に，より詳しく検討する。

　第3に私は，ある領域の概念や原理や研究成果がどのように他の領域と関連し，活用され，他の領域の理解を助けるかを示す例を毎回あげるようにしている。たとえば，ある精神疾患についての説明理論と薬物療法が，脳内の神経活動における神経伝達物質の作用とどのように関係しているかを示すのもそうである。私はまた，あいまい図形をいろいろな見方で見るときの知覚的バイアスと同種のバイアスが，自己成就予言や偏見を導く対人知覚にも影響することを指摘する。

　学生が「これらの物事はみな絡み合っているんですね」と言うのを聞き，彼らがそのことをわかり始めたことを知るのは教師にとってこの上ない喜びとなる。これは毎日は起こらないが，私の苦労が報われていることを確認できるくらいには生じる。確かに，学生に心理学の「全体像」を見せ，心理学がこれまであげてきた成果の重要性を理解させることは私の教師としての努力のうちの大きな部分を占める。

4節 入門の教科書を書くこと：
「ただ書くだけ」ではだめ

　もし現在の動向が続けば，2010年までに北米のすべての心理学系学部の教員が心理学入門の教科書を執筆してしまうだろう。もしあなたもいま，執筆をお考えなら，または，誰かがあなたに頼もうとしているなら，私は1つだけ助言できる。本を書く理由としてお金以上に重要な理由がみつからないなら，本をお書きになるのはやめなさいということだ。

　いまここで打ち明けよう。共著者と私が入門用教科書に取りかかるまで，どのくらいの時間と精力が必要かわからなかった。私たちは初版を出すまでに約5年の歳月を費やし，版を改訂するのに毎回，18カ月のフルタイムワークをしてきた。他の入門用教科書の著者たちに聞いたところ，だいたい状況は同じであるという。それは「やるだけの値打ちのある仕事」だったのだろうか。私はそう思う。しかし，金儲けのための仕事としてではない。もしあなたの本が成功すれば，たぶんそれなりのお金が得られると思うが，それを執筆時間で割ったなら，せいぜいファーストフードのアルバイト程度の時間給にしかならないだろう。チャレンジするならそれなりの理由がなければならない。6年間の印税収入の見込みだけでは，執筆意欲を保ち続けるには十分でないだろう。本は予定より遅れるものであり，多くのことがらに気をつかわなければならないし，午前中をフルに使って1ページが山々という毎日を何日も繰り返さなければならない。印税だけがめあてではこうした仕事は続くまい。

　私がなぜそんな仕事をしているかって？　心理学入門教科書を書こうと思ったのは，ある出版社に，他の人の本の企画書を検討するよう頼まれた直後であった。それから3週間ほどたった後，その会社の心理学部門の編集者との会議の席で，私ならその提案をどのように改善するかをあまりにも詳細に話すというミスを犯した。そこで話したアイディアは，授業の目標にあうような本をつくるべきだという，本章で書いたようなことである。その後どうなるかも考えずに，私なら授業で伝えようとしている最も大切なメッセージを強調する本を

つくろうとするだろうと言ってしまった。そのメッセージとは,

(a)心理学は実証科学であること,
(b)心理学の各領域は相互に連関していること,
(c)心理学研究について誰もがクリティカル思考しなければならないこと,
(d)心理学研究の成果は人間の健康や産業や福祉のために幅広く応用されていること,

である。その編集者はにっこり笑って,私のグラスにワインを注ぎ,いままでそのような本を書こうと考えたことがあるかとたずねた。

そうした顛末で私が本を書く羽目になったのだ。あの会話から生まれた本には心理学入門の授業を改善したいという願いがこめられている。そして,共著者も私も,これからもずっと改訂を続ける覚悟でいる。

2章 註 ☆は原著の註,★は訳者註

☆1 この途方もない仕事は次長のサンドラ・シュワイガート・ゴス（Sandra Schweighart Goss）の助けがなければやりこなせないだろう。

☆2 私はこのアイディアをモリス（Morris, 1981）からとった。

☆3 私はこのアイディアを南カリフォルニア州,クリントンのプレスビテリアン大学のステファン・バギー（Stephen Buggie）からもらった。

☆4 TIPS に加入登録するには,LISTSERV@FRE.FSU.UMD.EDU 宛に"SUBSCRIBE TIPS（名）（姓）"と書いて送ればよい。

★5 授業中のデモンストレーションに関するアイディアは心理学教育協会（APA の第2部門）が維持しているインターネットのホームページ（http://teachpsych.lemoyne.edu/）や中等教育における心理学教育という団体（TOPSS）があげているホームページ（http://www.apa.org/ed/topsshomepage.html）にもいろいろ掲載されている。ただしこの URL は2000年6月時点のものである。

2章 引用文献

Benjamin, L. T., Jr., Blair-Broeker, C., Ernst, R. M., & Nodine, B. F. (Eds.). (in press). *Activities handbook for the teaching of psychology* (Vol. 4). Washington, DC: American Psychological Association.

Benjamin, L. T., Jr., Daniel, R. S., & Brewer, C. L. (Eds.). (1985). *Handbook for teaching introductory psychology*. Hillsdale, NJ: Erlbaum.

Benjamin, L. T., Jr., & Lowman, K. D. (Eds.). (1981). *Activities handbook for the teaching of psychology* (Vol. 1). Washington, DC: American Psychological Association.

Makosky, V. P., Selice, S., Sileo, C. C., & Whittemore, L. G. (Eds.). (1990). *Activities handbook for the teaching of psychology* (Vol. 3). Washington, DC: American Psychological Association.

Makosky, V. P., Whittemore, L. G., & Rogers, A. M. (Eds.). (1987). *Activities handbook for the teaching of psychology* (Vol. 2). Washington, DC: American Psychological Association.

Morris, S. (1981). Believing in ESP: Effects of dehoaxing. In K. Frazier (Ed.), *Paranormal borderlands of science* (pp. 32–45). Buffalo, NY: Prometheus Books.

Ware, M., & Johnson, D. E. (Eds.). (1996). *Handbook of demonstrations and activities in the teaching of psychology* (Vols. 1–3). Hillsdale, NJ: Erlbaum.

教えることは学者としての活動である

「考えさせる」アイディア中心のアプローチ

chapter 3

ピーター・グレイ

　10年ほど前のマンガにこんなエピソードがあった。教授が授業の最初に，ちょっと問題があるような発言をする。しかし教授は，学生が誰も彼の発言を気にとめず，ただ単にノートを取っているだけであることに気づく。そこで彼は，もっと問題のある発言を激しい調子で言い，しまいにはこう叫ぶ。「民主主義は諸悪の根元だ。民主主義は白を黒に言いくるめてしまう！」それでも学生はノートをとり続けている。最後のコマで，ある学生が友人に寄りかかってこう言っている。「すごい，この授業。ほんとうにおもしろくなってきたな」友人がそれに答えて，「その通り。先生が言っていることの半分も知らなかったよ」

　初めてこの漫画をみたとき，他の大学教授と同じように私も笑った。これは最近の学生のようすそのものだ。そう私は考えた。いまでは昔とは違って，学生の授業の受け方ではなく，教師の教え方について考える。試験のために覚えさせられる事ばかりを授業で話されると，学生は自分たちのすべきことは考えることではなく，記憶して試験でそれを再生することだと思ってしまう。

　「民主主義は悪である」はナンセンスである。しかし考える努力がないと，「民主主義は善である」もまたナンセンスである。なぜ民主主義は善であるの

か？　どんな点がよりよいのか？　何と比較してよいのか？　何の理由と証拠によってふさわしいとされるのか？　考える努力をしなければ，それらを書き留めて覚えるくらいで，大した事はできない。

　心理学入門を教える私たちのほとんどは，優れた授業は，単に事実を教える以上のものであると認識している。心理学がもっているアイディアで学生を知的に惹きつけたいと望んでいる。学生が単に私たちの述べることを記憶し，それを試験で書くのではなく，私たちが教えたことについて，考えたり質問したりすることを望んでいる。しかし，学生にとって試験の成績が最高の報酬であり，私たちにとっての最高の成果が学期末の単位取得者一覧であるような教育の体制では，私たちはより大きな目的をしばしば見失い，目的に背く方法で授業をしがちである。

　私たち自身が，学問と教える活動との密接な結びつきに気づくことが重要である。もし学問がすべての人に開かれているのであれば，そこには教える活動が含まれている。論文を書いたり，学会に出席したり，弁当持参の昼食会で同僚と討議したり，廊下でのちょっとしたときなど，いつでも私たちは教えているといえる。そのとき私たちは，他人に教えたり納得させるような形で考えを共有し，同時に自分の考えが改善されるような思考や疑問が浮かんでくる。理念的に言えば，心理学入門も，このような学問の世界での教える活動と同じはずである。しかし大きく違うのは，心理学入門では，何も知らない学生に対して，心理学の基本的な考え方を教えなければいけないということである。経験の少ない受講者は，教師ができるかぎりわかりやすく表現することや，論理や証拠についての理解を助けること，なぜ考えることに価値があるのかを示すことを，強く望んでいる。このような点から，心理学入門を教えるということは，すべての学問的な活動の中で，最も知的な挑戦であると言えるかもしれない。私たちがこの挑戦を受け入れ，それに取り組んだとき，自分で考えたり私たちと論争し始める学生も出てくる。さらに私たちは，彼らが私たちから学んでいるのと同様に彼らから学ぶ。

　この章では，学生にも教師にも授業が知的な冒険になるような心理学入門の考え方について述べる。この考え方の本質は，授業の主題としてアイディアに明確に焦点を合わせるということである。事実や専門用語，特定の話題，教科

書，検証されていない有名な心理学者の意見などのような，表舞台にしゃしゃり出てこようとするものごとに焦点を合わせるものではない。アイディアとは定義によると，考えることであり，証拠や論理によって弁護したり論駁することである。この章では，まず，アイディア中心の教授法を構成する要素について論議し，そして，アイディア中心の授業で困難に直面している学生を援助する方法を提案する。

1節 アイディア中心の教授法の本質

(1) アイディア中心の教授法における授業

まず，フロイト（Freud, S.）についての伝統的な授業を想像してみよう（私は，そのやり方が不適切であることに気づく前に，少なくとも数十回は授業していた）。教師は，次のようなフロイトの諸概念を50分に要約して話す。心の3層説，精神・性的な5つの発達段階，半ダースの防衛機制，フロイト流心理療法の教義。それは，興味のある人にとっては，理解しやすい快適な授業である。教師は，流暢にそれらを唱え，すでによく知っている定義について詳しく述べる。学生は，教えられたことを覚えれば試験の成績がよくなることを知っているので，その定義をノートに書き留める。そして誰も，あえて自分独自の考えや問題を提起したりはしない。みんなは，教育されたと感じる。情報は伝達されたといえる。

ここで，フロイトの授業をアイディア中心のやり方で考えてみよう。教師はまず，次のことを板書する。『人間は，不安を弱めるために能動的に自分自身を防衛する』。そして次のように問いかける。「フロイトは，80年以上前にこのアイディアを展開した。しかし今日でも，これには論議がある。フロイトは正しかったのだろうか？」。この導入の後，教師はこのアイディアを明確にするために詳しく説明する。そして，学生にどう思うか，なぜそう思うかをたずねる。フロイトが説明しようとした臨床事例を含め，彼自身が挙げた証拠を説明し，フロイトのアイディアへの反論を提供する。その論議に関連する最近のいくつかの研究を説明し，可能であれば学生に，どうしたらこのアイディアが検

証できるかたずねる。さらに，そのアイディアの適用または限界について，仮の結論を提供する。そして学生にこの結論について賛成または反対のどちらであるかたずねる。この授業の過程で，事実に基づくたくさんの情報が伝達され，いくつかの新しい用語が紹介され，定義され，いくつかの研究の方法論の主眼が明らかにされる。しかし，最初から最後まで，アイディアに主眼点をおいている。さらに言うと，このアイディアはフロイトのものだけではない。少なくとも一部（解釈や反対意見も含む）は教師のアイディアでもあり，そしてそれは，さまざまな形で学生のアイディアとなる。

　短期的には，アイディア中心の教授法には，有利な点と不利な点の両方がある。何人かの学生はただちに利点がわかる。彼らは，教師が学生を知的に成熟しているものとして扱っていることや，学生の考えを尊重していることに満足する。また，教師が事実と用語を具体的な文脈の中で説明することや，授業が終わった後までも続くような議論が授業で行なわれることにも満足する。他の者は，泣き言を言う。議論に従ったり参加したりした者の中にも，いったい何を学んだのかと困惑を表わしたり，何が信頼できるのかといった疑問を投げかける者がいる。また最初のうちは，多くの教師にとってアイディア中心の授業は，事実または定義中心の授業に比べ，困難なものである。

　しかし，長い目でみると，教育の目的や教師の知的な満足という点で，アイディア中心の授業がすべてに優れている。心理学には，丸暗記する価値があることはほとんどないが，考える価値のあるアイディアや論点はたくさんある。アイディア中心の授業において，教師は学生の知性に敬意を払うようになり，学生は自分の知性を尊重するようになる。心理学を教える私たちのほとんどは，学部生の段階でこの学問の世界の一員となった。なぜなら，私たちは心理学のアイディアによって興奮させられたからである。アイディア中心に教えると，私たちがこの学問の世界に入るきっかけとなった興奮が授業中に現われ，その興奮が学生に影響を与えるだろう。

　「学生はそのアイディアを理解して考える前に，心理学の用語を学ばなければならないのではないのか」と，時々私は尋ねられる。私の答えはノーだ。はっきり言って，その逆なのである。学生は，技術的な用語について実際の意味がわかる前に，そのアイディアを理解し考えなければならない。たとえば，

「道具的条件づけ」という用語は，学習に関するさまざまなアイディアの中では意味がある。しかし，それらのアイディアについてよく考えたことのない人にとって，この用語を使うことは，思考を停止させてしまうことになる。なぜなら彼らは，定義を学んだことで何か重要なことを学んだと錯覚してしまうからだ。

学生は，アイディア中心の授業において中心的な課題は，語彙を学ぶのではなく，アイディアについて考えることであることに気づく。いったんアイディアが明確に理解され，アイディアについて考え論じることに価値があると考えられるようになると，新しい用語は簡単に理解でき，確実に意思疎通の役に立つようになる。

(2) アイディアの選択と発展

心理学は，事実に基づいているようにみえる分野でも，行動やそれを制御したり影響を与えているプロセスについてのアイディアの組み合わせであるといえる。実例をあげると，生理心理学の中心的なアイディアとして，神経系は機能的に区分することができ，それらは階層的に行動を制御するというものがある。このアイディアについての授業では，階層的な制御の機構のロジックについての討論から始め，神経系は実際に階層的に機能するという神経解剖学や障害研究の証拠の検討に移行するかもしれない。そこには，神経系のどの階層が障害を受けるかによって行動に及ぼす効果が異なるという解剖学的な事実や研究結果が含まれるだろう。しかしどの事実や研究結果も，1つのアイディアについて検討したり詳しく述べるという目的のために使われる。

次に授業の話題としてふさわしい他のアイディアの例をあげる。どれも異なった心理学の領域のものである。

(a) あることがらについてより深く考えたり，いろいろなことがらと結びつけたりすればするほど，より覚えやすい（このアイディアは，多くの記憶の現象について学生が理解する手助けになるだけでなく，アイディア中心の学習がなぜよいのかの例証にもなっている）。
(b) 私たちの考え方は，言葉や言語の構造に強く影響される（言語相対性仮説）。
(c) 人間は，知人によって著しく強く是認されることを望む。そして是認される

ために，不合理に見える方法で行動する（社会的影響の研究の多くは，このアイディアを扱っている）。
(d)精神障害の症状は，私たちの多くがもつ経験と質的に異なっているのではなく，程度において異なっている。

授業でとりあげる最も適切なアイディアは，次のようなものである。

・その領域の中心的な考えである
・明らかに正しいわけでも誤っているわけでもない
・論理的にあるいは証拠に照らし合わせることで検証可能である
・教師にとっても学生にとっても興味がもてる

ふつう，授業の目的を達成するために1回の授業ごとに1つのアイディアを用意する。しかし，ときには1回の授業において2，3の関連したアイディアを十分とりあげることができる。またときには，1つのアイディアについて2，3回の授業を費やすこともある。私の授業では，各分野ごとのアイディアに加えて，統合テーマとして自然淘汰による進化（進化論）をとりあげる。このことについて私は以前，他の本で書いている（Gray, 1996）。すなわち，進化論には機能主義的[*1]な視点が含まれているので，学生が心理学の一番根源的なアイディアについて考える手助けになる。また，古典的な心理学の理論を批判するための基礎を提供し，比較文化的な見方を促す。さらに，ある行動や心理がどのような機能を果たしているかを考える前に，問題行動や病理であると考えてしまうような偏った考えを打ち破る手助けとなる。そして，心理学において動物実験をすることの意味を学生にわからせることができる。

アイディア中心の授業には標準的な定式はないが，以下の手引きは，ひな形として授業に役立てられるだろう。

・講義のテーマであるアイディアを明確に述べ，講義中何度も参照できるように黒板やOHPで提示しておきなさい。興味を惹きつけるように，また，日常生活との関連を示しながらアイディアについて説明し，そのアイディアの歴史的な起源についても言及しなさい。ときには，実物を示したり，教室で実験したり，ドラマチックな話をしたりして記述し例示できるだろう。こ

れらのことは，アイディアについての論理的な議論を導くであろう。
- 学生たちに，そのアイディアについて最初にどう思ったか，なぜそう思ったかについて意見を言わせなさい。このことによって，学生が知的にアイディアに関わることを促し，そして学生も心理学者のように考えられることを証明できる。学生は，授業を発展させるような意見を言い，しばしば教師による議論を先取りし補う。大教室の場合は，賛成意見，反対意見の代表例を取り上げた後で，それに対して挙手をさせることで学生の意見を知ることができる。学生の意見は，発言と同時に OHP シートにまとめていくことで，後から参照することが容易になる。
- 授業の時間の大部分を，アイディアを確証したり論駁したり限界を示すような証拠や論理の提示や議論で費やしなさい。これらは，あらかじめ OHP などで画像を提示することによってやりやすくなる。画像には研究の論理の流れ図や結果の図表が含まれる。
- 授業の終わりに，学生に，授業で出された議論に対する批判をお互いに出し合わせなさい。ときには簡単に意見を書かせるのもよい。そうすれば次の授業の最初によい意見を読み上げることができる。アイディアを検討するための証拠を論理的に検討することは，心理学（または他の科学）の本質である。そしてこのプロセスに学生を巻き込むことによって，彼らを心理学に熱中させることができる。

（3） 教科書と授業の相補的な機能

　アイディア中心の授業にとって，よい教科書とよい授業には共通点が多くある。どちらも，アイディアと，そのアイディアに関する事実や用語，そのアイディアの評価に焦点をあてるべきである。どちらも，知的に学生を惹きつけなければならない。どちらも，学生に迎合することなく，学生を最も高い水準でクリティカル（批判的）に考えることに挑戦させなければならない。しかしながら他の点において両者は，互いに異なっており，相補的な機能を果たす。

　授業は教科書以上に，自分の授業内容を教師が決めることができ，また教師の個性を発揮できる。教師は学生に，生身の人間が心理学について考えているようすを目の前で見せることができる。教師Aは，人間性の心理学にたいへん興味をもっており，3〜4回の授業をその領域のアイディアにあてるかもしれない。教師Bは，人間性の心理学は安っぽい感傷で触れる必要のない，あるいは批判すべきものだが，人格の5因子特性理論はとてもおもしろい理論だと考

えているかもしれない。2人の教師の学生たちは異なった内容を聴講するだろう。

しかし学生たちは最も重要な感覚を同様に経験する。学生たちは，自分の考えや興奮（興味）を学生と共有することを大切にする学者の，純粋さや情熱やクリティカルな思考を経験するのである。

教科書は，授業よりも，典型的で適度に保守的である。アイディア中心の教科書では，著者は考えをもっている人間として明確に存在する。しかし，著者の特定の情熱や見解は，授業の場合にくらべると弱められている。教科書の一番の目的は，学問分野を構成しているたくさんの人々によってつくられた心理学全体を提示することである。アイディア中心の授業にとってよい教科書とは，興味深い物語やアイディアに重点をおき，また参考図書となり，心理学の全領域を示すものである。大手出版社で心理学入門の教科書をつくるときには，草案は，著者とは異なった視点をもつ専門家によって批判的に再検討される。標準的な話題や意見から大きく離れた本は売れないからである。結果的に，各著者がつくろうとしたものと違って，各領域がバランスよくならぶ。

正にその保守的な性格ゆえに優れた教科書は，アイディア中心に授業する教師を自由にする道具である。なぜなら，教科書は標準的な基礎を補い，教師は自由に標準以外のことを講義できるからである。教師は，教科書にまったく，あるいは少ししか書かれていないような非保守的な知見を授業で扱うことができる。教師は教科書で展開されている知見の弱点を指摘したり，別の解釈を紹介するなど，教科書そのものを議論の対象にできる。そうすることによって，教師は学生に新しい視点を提示できるだけではなく，より思慮深くクリティカルに教科書を読む気にさせる。

教科書は心理学の領域すべてを包括するようにつくられているため，通常の1つの学期で教えるには多すぎる内容が含まれている。しかし教師は教科書の内容すべてを授業に割り当てなくてもよい。各章のどのアイディアを試験に出すかを学生に知らせることによって，章の一部または全部を割愛できる。

私は，心理学入門の教師が陥りやすいあやまちは，「教科書の奴隷となること」であると主張する。多くの人は，授業に割り当てた章のすべてを講義しなければ，試験でフェアではないと考えている。逆に言えば多くの人は，教科書

に載ってないことを教えるのはフェアではないと考えている。このどちらの思い込みも真ではないと気づいたとき，教師は解き放たれる。学生は，教科書が適切に記述されているならば，理解しながら読むこができ，明確な授業であれば，聞き取ってノートをとることもできる。また彼らは，教科書と授業の両方からアイディアと証拠が試験に出題されることがわかると，両方について勉強する。私のシラバスに，試験問題の70％は教科書から，30％は講義から出題すると書いてある。

（4） 理由と証拠を要求する試験

　アイディア中心の授業であるかにかかわらず，試験は，不幸にも授業全体に影響を与えてしまう。というのは，教師は，学習目標とは関係なく，試験でよい点を取ることを目標とするような教育体系をつくってきたからである。授業や教科書で示したアイディアについて学生に考えさせたいと私たちが望むならば，このような考えを反映するような方法で試験しなければならない。現実的には，これは大教室では特に困難でる。なぜなら，試験を客観的に大量に採点しなければならないからである。

　私の経験では，アイディア中心の授業での最も客観的な試験問題は，特定のアイディアを支持する，あるいは否定する理由や証拠ついて尋ねる形式のものである。フロイトが何を言っていたのかを問うのではなく，自分の考えの証拠としてどのような理由をフロイトはあげたのかを尋ねる。ある研究によって2つの理論のうちどちらが支持されたかと尋ねるよりもむしろ，一方の理論がどんな証拠で支持されたのかを尋ねる。学生は，理由と根拠について試験されるということを知ると，彼らは授業を聴き教科書を読むときに，これら理由や根拠に注意をはらうようになる。そしてそのように気を使うことで，考えるようになる。理由と根拠を試験のために記憶する最もよい方法は，それらについて考えることである。

　次のようにすれば試験問題を多肢選択式の形式で出題できる。問題文で，授業や教科書の中で議論されたアイディアを記述する。学生には，どの事実や研究がそのアイディアを支持しているのか，選択肢の中から選ばせる。このような設問は，伝統的な多肢選択式の設問と比較して，たいてい長くなり，学生に

読むことや答えることに長い時間をかけさせる。私の大教室向けの50分間の試験では、ふつう25の多肢選択式の問題と3つの短い論述問題を出題する（学生に4つの組み合わせから選択させる）。私は最初の授業で、試験問題の種類の例を学生に示す。このことで学生は、この授業でのノートの取り方や、教科書での学び方を知るのである。

（5） クリティカル思考を促す課題

アイディア中心の授業での課題は、アイディアに関してクリティカルに思考させるように、明確に方向づけられているべきである。私の経験では、学生が図書館で調べて書くような典型的なレポート課題が有効なのは、教師がレポートを毎回批評したり、学生がそれに反論できるような、小人数のクラスでだけである。そうでなければ大部分の学生は、本や論文を適当に探し出し、適当に選んだ部分を読んで、要約したり言葉を置き換えるだけでレポートにまとめる。自分で書いたものを理解していないことさえある。私の経験では、目標が明確になっているレポート課題は、一般的な用語を説明するレポートよりも、はるかに学生に考えさせることができるといえる。

■教科書の引用部分の批評

次のような課題は特に効果的である。学生に、特に興味を惹き、著者が特定の調査研究を参照して支持しているアイディアを教科書から選ばせる。図書館でその文献を探させ、そのアイディアを本当に支持しているかどうか読ませ、次の3つの問いについて短いレポートで回答させる。

 (a)教科書の著者が引用している研究の中で何を主張しているのか？
 (b)実際には何がその研究で行なわれ、何が見いだされたのか？
 (c)その研究結果は、教科書の著者が主張していることを支持しているのか？その理由は何か？

自分の教科書を書き上げる前は、欠かさずこの課題を課していた。そして、学生も私も、教科書をネタにしてこの課題を楽しんだ。自分の教科書を使って

いるいま，私はもうその方法は使わない。学生にこの方法を試みたところ，彼らはあまり批評しなかったからだ。しかし自分で書いた教科書を使っていない人には，この課題を強く勧める。この課題を行なうためには，アイディアと証拠に注意を向け，図書館で雑誌を見つけ，上の問いに答えるために研究をクリティカルに読み，証拠の妥当性について考え，自分なりの結論と理由をきちんと書く必要がある。この過程において，何人かの学生は教科書の主張に対して，健全な懐疑主義をも発達させる。小人数のクラスでは，調べたことやわかったことをお互いに発表させることが可能であろう。

もしこの課題を試みるのなら，手に入りやすく理解しやすい論文を1つに決めてしまう前に，いくつかの論文に目を通すよう，学生に注意しなさい。学生は論文のすべてを理解しなくてもよい。しかし自信をもって問いに答えられるよう，方法と結果を十分に理解しなければならない。学校の図書館の心理学の雑誌の一覧を学生に渡しておけば，あらかじめ引用文献を探す範囲を限定できるので，学生にストレスをかけずに済む。また，実験論文と展望論文との違いも説明し，実験論文だけを探させなければならない。そして，あなたやティーチングアシスタント（TA）が，学生の解釈が適切かどうかをチェックできるよう，その文献のコピーをレポートに添付させる必要がある。

■疑問レポート

私が長い間用いてきたもう1つの課題は，学生が教科書の各章を読んで出てきた疑問について，短いレポートの形式で書かせることである。私が最初にこの課題を試みたとき，その結果をみて失望した。書き出された疑問は表面的で，その章の内容と関連していなかったり，その章で明確に解答されていた疑問だったり，文章がお粗末で読んでも理解できなかったりした。さらに何人かの学生は，「この章のすべてを理解した」ので何も疑問をもっていないと文句を言ったりもした。現在私は，以下の教示プリントを学生に与えることによって，この課題を行なうときのポイントをはっきりさせ，学生の手引きとしている。

> 考えることは疑問をもつことである。もしあなたが教科書を精読したのなら，疑問は絶え間なくあなたの心に浮かんでくるだろう。ときには，あなたは教科

書に書かれている概念やアイディアを理解できないかもしれない。ときには，理解できても，それに同意できないかもしれない。ときには，そのアイディアの証拠について納得いかなかったり，日常生活にどのようにあてはまるわからないかもしれない。このような考えはすべて，疑問としてまとめられる。教科書を読むときに，思いついた疑問を教科書の余白に簡単でよいので書き留めなさい。（おかしい／証拠不足／具体例，など）。読み進めていくうちに，いくつかは答えが見つかる。答えが見つかったら，その疑問を線を引いて消しなさい。章末まで読み終わるまでに，たくさんの疑問が書き留められたであろう。そうしたら，最初に戻って疑問を読み直し，答えを考えなさい。答えられるものや，あまり大事（興味深い）とは思わないものは，線を引いて消しなさい。

残った疑問の中から，3つを選んで，レポートとして提出するためにもう少し詳しく書き直しなさい。3つの疑問は，同じパート（節，項）からではなく，別のパートから選ばなければならない（ふつう教科書の1つの章には3〜5の節がある）。それぞれの疑問を，少し長く（数個の文章で）書き直しなさい。それらは，次の3つのカテゴリーのどれかにあてはまるだろう。

①理解が困難：章の中で論じられている主要なアイディアのいくつかは，たとえ一生懸命努力しても，理解できないかもしれない。これを疑問レポートにするためには，まず，どこまで理解できたかを書きなさい。それから理解できなかった部分を明確にしなさい。理解したかもしれないが自信がない場合は，自分自身の言葉でどういうことだと思うかを述べ，なぜ自信がないのかを示しなさい。
②内容に対する疑問（同意できない／反論／もっと証拠が必要）：著者（あるいはアイディアを主張する人）が示した要点を明確に理解しているが，それに同意できない。この場合は，その疑問を簡潔に記述することから始めなさい。そしてなぜ疑問に思うかを示しなさい。なぜそのアイディアはまちがっているかもしれないと思うのか？　どんな証拠があれば，それがもっとはっきりするのか？
③資料の内容を超えた疑問：本文からこの章の範囲を超えた新しい疑問が触発された。たとえば，その章で扱われている現象が，別の状況でも起きるとあなたは考えるかもしれない。その場合は，疑問を誘発した本文の内容を記してから，あなたの疑問を書きなさい。それから考えられる解答を提案し，どんな証拠があればその解答が正しいか確証できるかを書きなさい。

疑問レポートは以下の段階に評価される。

0＝書いていない／ただの走り書き／提出遅れ

1＝教科書を念入りに読まずに，または考えずに疑問を書いている／だらだらと書いている／わかりにくい
2＝教科書を読み，考えた上で書かれている／いくらかは書き方に気を配っている
3＝教科書を注意深く読み込み考えて書かれている／思慮に富み，読み手に考えさせる内容である／わかりやすく書かれている

　これらの教示があっても多くの学生は，当初は課題がむずかしいと感じるし，不平を言うものもいる。この方法で読むことは，彼らにとって困難にみえる。当初，学生は読みながら自動的に疑問を書き出せない。しかし時間が経つにつれてだんだんと多くの学生は，疑問を書くことが上達する。たいてい学期の終わりには，教室の4分の3の学生が無記名のアンケートで，この課題によって，より思慮深く，より批判的に読むことが促進されたと答える。残りの4分の1の学生は，次の2つのグループに分類できるようである。いつも注意深く読んでいるから指摘を必要としないという人たちと，けっして実際には課題に取り組まず，実のところ疑問をもたずに読み続け，後にいいかげんな疑問を仕立てた人たちである（彼らはたいてい低い成績を受け取った）。
　私の授業では，学生は毎週，疑問を小集団討議（学部学生のTAによって主導された）に持ち寄り，自分の疑問のうち少なくとも1つを発表した。それら疑問のうちのいくつかは議論へと発展した。この小集団討議は，能動的に読むこと以上に，疑問レポートに明確な目的を与える。
　そして学生に課題に取組む努力を動機づける。その学期の最初の数週間に出される課題への一般的な不平は，疑問の大多数が解答を得られないということである。私はこの不平を肯定的に解釈する。この疑問は明らかに本心から出たものである。私は授業で，アイディアや証拠を明確にするような疑問に答える。特に多くの学生から尋ねられた疑問を取り上げる。ときおり，教科書の内容を超えた魅力のある質問については，1回の授業の時間の全部を費やす。
　規模の大きな教室であるにもかかわらず，何人かの学生は授業評価時に，自分自身の疑問が授業の内容を方向づけた喜びについて書いてくる。

2節 学生が難題に立ち向かうことへの援助

　アイディア中心の授業という難題に挑戦させるために，手助けが必要な学生もいる。彼らは，教科書や授業での説明を簡単に言い換えるだけの典型的な家庭教師のような援助は必要ない。むしろ能動的に読んだり聴いたりすることを学ぶときに，議論と証拠についてのアイディアと考えとを見つけられるような援助を必要としている。

　最も援助を必要としているのは，アイディアを中心に講義し，読ませ，課題を出しているにもかかわらず，受け身の学習態度から抜け出せない学生である。彼らは，逐語的にアイディアや事実や用語の定義を書き留める。しかしそれらのことがらを関連づける論理が抜け落ちてしまっている。彼らは教科書を読みながら，太字で書いてあるからとか，その他の理由で試験に出そうな文に蛍光マーカーで線を引っぱる。試験の前夜には，自分のノートや，教科書の蛍光マーカーを引いた個所を暗記する。ひどい場合には，細切れにまとめられた用語集を覚えようとする。彼らの目標は，内容を暗記して試験で答えられるようにすることである。このような方法でも，他の授業なら試験をパスするかもしれない。しかしアイディア中心の授業では，効果がまったくない。

(1) 読み書きの技術

　積極的に考えながら教科書を読み，講義を聞く一番よい方法はヘイマン（Heiman, M.）によって開発された方法である。彼女は何年かの間，ボストン大学とロックスベリー短大で，学習プログラムを指導してきた。2つの大学で，標準的な教授法を使ったり何の援助も与えられない学生を統制群とした実験が行なわれた。その結果，授業から脱落する可能性の高い学生に彼女の学習プログラムで教えた場合，より高いGPA（成績の平均点）を達成し，授業から脱落することも少なかった（Heiman, 1987）。この方法は，用語の定義や事実についてテストする授業も含め，すべての授業で有効に違いない。私は，特別の援助を求めている学生にこの技術を教える。もし彼らが，私かTAの大

学院生による援助を引き続き得たいと望むのであれば，彼らにその技術を実際に使っているという証拠を示してもらう。

■著者が答えようとしている問題を推測する

　学生が教科書を読むときに中心的なアイディアや問題をしばしば誤るのは，細部にあまりにも狭く焦点を当ててしまい，それらを別々の情報としてみているためであることにヘイマンは気づいた。彼らの注意の幅を広げるために，読むときには，蛍光マーカーではなくペンか鉛筆を持たせ，疑問かコメントを余白に書かせることを提案した。学生が基本的にすべきことは，各段落で著者が答えようとしている問題を見つけることである。多くの教科書には問題ははっきり書かれておらず，それを推測しない学生には，なぜさまざまな事実や議論が提示されているのかを理解する機会がなかった。彼女は，学生に著者の問題を推測して教科書の余白に書き込ませ，著者の答えとその理由を示す部分を丸で囲ませたり，メモさせたりしている。

　この技術を私の教科書に応用するときには修正を加えた。なぜなら，私の教科書において大部分の主要な問題は，段落の余白に番号をつけて明示してあったからである。ほとんどの問題は，その章で展開される主要なアイディアの証拠や，日常生活への適用と関連している。私は学生に，本文を読む前にその近くに書いてある問題を読み，それに答えるつもりで文章を読むように提案している。特に手助けが必要な学生には，問題に対する答えを要約して余白に書かせることによって，このような読み方をすることを強化している。そして，問題を自分自身の言葉で表現し直し，自分のメモをもとに答えを書いて，それを私か TA の所にもってくるように言っている。

■授業で扱われている問題を推測する

　授業中にノートを取るときも，ヘイマンの助言は，読むときのものと同じである。彼女は，授業がわかるためには，教師がどんな問題に答えようとしているかを理解し，答える道筋を追っていかなければならないと言っている。彼女はノートの左側に広い余白（ページ幅の1/3くらい）をつくらせ，授業の記録は右側だけに書かせ，左側には，教師が解答しようとしている問題，教師の解

答に関するコメントや疑問を書かせる。最初は多くの学生は，授業の後に空欄を埋める。彼らは教師の発言を聞くことと，それについて考えることの両方を同時にできないからである。しかし慣れるにつれ，多くの学生は，授業を聴きながら，問題とそれに答える道筋とを見つけられることに気づく。学生が，授業を聞いたりノートを取りながら考える方法を学ぶにつれて，もみがらから小麦を分けることに上達し，必要な事がらを選んでノートが取れるようになる。

著者や教師がもっている問題，答え，理由がはっきりわかるようになると，学生は，教科書を読んだり授業を聞いたりするときに，よりクリティカルになる。ときに彼らは，著者や教師の問題が明確でないこと，もしくは明確ではあっても解答されてない，もしくは解答されてはいるがそれが論理や証拠を支持していない，ということを発見する。そのような自分自身の観察に基づいて意見したり質問したりし始めたとき，彼らは学者としての態度を取り始めているといえる。アイディア中心の授業において，教師はそのような意見や質問に防衛的にならず，授業が明確で論理的になるための刺激として受け止める。

（2） 試験のための復習のための技術

アイディア中心の授業において，うまく学べない学生はたいてい，教科書やノートの情報を抜粋し要約したものを用いて復習する。そしてそれを暗記しようとする。そのような試験勉強のためのノートをつくるときには，情報をまとめ上げる大きなアイディアや論点を落としてしまうことが多い。彼らは，抜粋して書かれたノートでしか勉強しないため，落としてしまったアイディアや論点を後から見つけ出す機会がない。

■復習の手引きとして欄外の問題やメモを使う

試験の準備は基本的には，教科書とノートに目を通し直しながら，アイディアと議論とその証拠を探すようにアドバイスする。余白に書いた著者や教師の問題は，このような検討を行なうための出発点である。学生はその問題を読んで，著者や教師の答えを再構成する。そのときには，以前余白に書き込んだ自分のメモや，教科書に丸をつけた部分を参考にしてもいいし，しなくてもいい。学生が記憶から議論を再構成できないときはいつでも，余白のメモのとなりに

ある本文を読めばよい。このようにして，忘れていたアイディアや議論を見つけ，それについて考えることができる。

■階層的な要約図

　教科書のページの原文から学ぶことに加えて，多くの学生は，多くのページに書かれた情報を1ページに要約することが，役に立つことがわかる。このような要約は，適切に行なわれるなら，個々の項目間の結びつきや全体像を発見する手助けになる。この目的のために，私は学生に階層的な要約図のつくり方を教える。その図は，学生が自分でつくる授業のまとめとは，かなり違っている。

　実例を示したものが図1である（「記憶」の章の1節を要約）。一番上のノード（結節点）は，節全体にかかわる一般的なアイディアである（この図では「情報を符号化して長期記憶に送るためには，ある方略は他の方略よりも優れている」というアイディア）。第2レベルのノードは，最上位のアイディアに属する下位のアイディアを示している（この図では，特定の符号化方略の優位性）。その下に箇条書きされているのは，第2レベルのアイディアの証拠や，

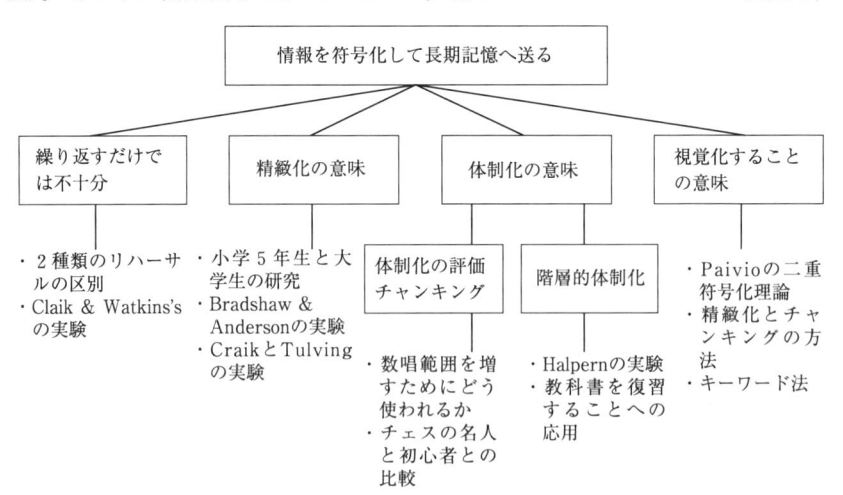

```
                    情報を符号化して長期記憶へ送る
        ┌───────────────┬───────────────┬───────────────┐
   繰り返すだけで      精緻化の意味        体制化の意味        視覚化すること
   は不十分                                                  の意味
   ・2種類のリハーサ   ・小学5年生と大    体制化の評価   階層的体制化   ・Paivioの二重
     ルの区別           学生の研究        チャンキング                    符号化理論
   ・Claik & Watkins's ・Bradshaw &                                    ・精緻化とチャ
     の実験             Andersonの実験   ・数唱範囲を増  ・Halpernの実験   ンキングの方
                       ・CraikとTulving   すためにどう   ・教科書を復習    法
                         の実験           使われるか     することへの   ・キーワード法
                                         ・チェスの名人   応用
                                           と初心者との
                                           比較
```

図1　これは，階層的な要因の図の例である。教科書の記憶の章の1節で示されたアイディアや証拠や日常生活への応用を要約している。学生は，このような図を作って項目間の論理的な関係を失わずに情報を集約できる。

日常への応用である。

　学生は，このような図を思ったより簡単につくれる。なぜなら，教科書は階層的に構成されているからである。大見出し（節見出し）は上位のアイディアを表わしており，その下の見出しは，上位のアイディアに属する個々のアイディアを表わしている。実際，図1のノードはその節に出てくる見出しに正確に対応している。そして箇条書きされているものは，それぞれの見出しの中に書かれている研究や日常への応用に対応している。学生は，このような図をつくるとき，著者の論理の道筋に注意しなければならない。そのために，議論を理解するときに非常に手助けとなる。また，試験勉強の道具としても役に立つ。なぜなら，アイディアと根拠と日常への応用との相互の関係を失わずに，教科書のたくさんのページにある情報すべてを，思い出しやすいように1ページに収めているからである。一般的に3個から6個の図があれば，教科書の章のすべてを要約できる。私は授業の一部を使って，すべての学生にこのような図のつくり方を教える。特に手助けを求めるような学生には，実際に自分でつくった図を見せるように言う。

3節　結論

　この章では，アイディア中心の教授法の全般的な目的と，その目標に達成するためのいくつかの特別な方法を記した。その方法は，以下のとおりである。

- アイディアと議論に明確に焦点を当てた授業
- 授業や教科書を冗長に使うよりも相補的に使う
- 理由と証拠に焦点を当てた試験
- 覚えたことを再生するだけでなく，思考を促す課題
- 学生が教科書を読み，授業を聞き，テストの準備をするときに，アイディアと証拠に注意を向けさせるいくつかの技術

　これらは，学生を知的に惹きつけ，心理学を使ってクリティカルに考え，同時に心理学についてクリティカルに考えさせるという目標を達成するための唯

一の方法ではない。しかしこのやり方は，私の経験上うまくいくことがわかっている。もしあなたがまだ試したことないのであれば，これらを試してみることを勧める。

さらに，これをきっかけとしてあなたや学生にとってより良い方法を開発することを勧める。

3章 註 ★は訳者註

★1　機能主義：生活体の心的活動は，環境に適応する生物の生存のために大きい役割を演じるとして，能動的な心的活動の機能を研究する立場。進化論における「環境への適応」という視点が，機能主義的であると言える。

3章 引用文献

Gray, P. (1993). Engaging students' intellects: The immersion approach to critical thinking in psychology instruction. *Teaching of Psychology, 20*, 68–74.

Gray, P. (1994). *Psychology* (2nd ed.). New York: Worth.

Gray, P. (1996). Incorporating evolutionary theory into the teaching of psychology. *Teaching of Psychology, 23*, 207–214.

Heiman, M. (1987). Learning to learn: A behavioral approach to improved thinking. In D. N. Perkins, J. Lochhead, & J. Bishop (Eds.), *Thinking: The second international conference* (pp. 431–452). Hillsdale, NJ: Erlbaum.

Prawat, R. S. (1991). The value of ideas: The immersion approach to the development of thinking. *Educational Researcher, 20*(2), 3–10.

私はなぜこのように教えるのか
心理学をパッケージングし直す

chapter 4

レスター・A・レフトン

　これまで，何人ものウエイターや弁護士やセールスマンに，「あなたはレフトン教授でしょう？」と言われてきた。皆も経験があるだろうが，私もかつて心理学入門の授業で教えた学生にばったり出会うことがある。そういうときに私は，授業がどうだったか，心理学について何を覚えているかをたずねることにしている。短い沈黙の後で彼らは，授業をどう思ったか，どんなことを覚えているかなどを教えてくれる。これはサンプルとしては明らかに小さいし，平均的なものでもない。それに，私を喜ばせるために一生懸命思いだそうと努力するので，歪んでいるはずである。それでも私は，心理学を教えることについて，この経験から学んできた。

　彼らは，私が言った冗談や挙げた例，授業で行なったデモンストレーションを思い出した。それ以上に，夢や偏見，抑うつの研究など，自分が個人的に興味をもった話題について語ってくれた。しかし私はこれらよりも，心理学の基本原則をどれぐらい覚えているかについて注目している。私は，心理学の基本原則である主要概念やテーマを，学生が日常生活で利用できることを願っており，覚えやすいように意味をもたせたりして一生懸命教えている。

私は，授業や教科書を設計する際には次のような原則を立てている。

(a)教える内容を精選する
(b)学生の学習様式に合わせる
(c)クリティカル（批判的）な考え方や勉強の仕方を教える
(d)日常例から始めて，理論へと導く
(e)年齢，性，民族などの多様性の問題を学生が理解し，敏感になるための手助けをする
(f)授業を最新でエキサイティングなものにする
(g)学生を惹きつける
(h)統一された領域として心理学を教える

以下，この順番で，私がなぜこのように教えるのかを述べていく。

1節 内容を精選する

　心理学という学問領域は，他に類を見ない深さと広さに成長している。新しい理論が提唱され，生物学的発見がなされ，行動や精神に及ぼす環境の役割が明らかになるに従って，心理学は深まり続けている。心理学の広さは，イメージ，思考，健康，環境，スポーツ，社会，平和，宗教，神経生理学などを含むすべての人間行動に広がっている。このように巨大になった心理学を，どうやって1学期ぐらいで教えることができるだろうか？　教えることはほとんど不可能になってきている。

　教師が授業で扱わなければいけない事実や研究者やアイディアは，無数にある。そのため教師は，一部の研究を教えるだけで手一杯になり，その他の重要なアイディアは置き去りにしてしまうことがよくある。つまり広さと深さのバランスの問題である。たとえば学生は，学習心理学で古典的条件づけに道具的条件づけ，観察学習を習わなければならない。しかし，それぞれの話題にどれぐらいの時間を使うべきだろうか？　どのくらい深く教えるべきか？　話題を省略しなければいけないときに，どのような話題を省略するか？

私には，心理学の中でこのアイディアは教える必要がある，と考えるものを挙げようと思えば挙げることもできる。それは，ほとんどの教師が重要だと考えるものと同じだろう。しかし大事なのは，私の授業のやり方を知ることではない。それぞれの教師が，自分で自分の授業プランを開発することの方がはるかに重要である。各教師は，何を中心に据えるかをきちんと決めて，学生が心理学がどんなものであるかを把握できるようにする必要がある。

　心理学入門の授業は，専門家を養成するのではない。だからこれまでに研究されたすべてを教える必要はない。しかしながら，心理学の深さ，幅広さ，複雑さ，おもしろさを学生に理解させる必要がある。また，メディアや他の授業や毎日の生活を通して得られる情報を理解し解釈できるようにする必要もある。

　教師にとっては，1学期45時間の時間は十分ではない。だから教える内容が完結するよう，学生に教科書や他の教材を読ませる。私は自分で教科書を書いたので，授業でカバーできない部分は自分の教科書で補う。私の授業は，教科書を読むことで（ときには授業と違う観点から）補われると考える。つまり教科書の選択によって，授業の目的のかなりの部分は達成が可能になる。教科書が参照しやすく理解しやすいと，教師が主要なアイディアへ焦点を当てやすくなる。というのは，そのアイディアの支えとなる概念や事実，理論，論争がどこかに載っているからである。

2節 学生に合わせる

　プリントやOHP，シラバスをじょうずに使って，体系的にわかりやすく事実や理論，論争，日常例などを提示する教師は多い。そういう人たちは，よくできた美術館ツアーのように学生をコースに沿って連れ歩く。学習から記憶や他の認知過程へ，異常性の研究から診断システムや心理療法の研究へというように。

　しかし今日の学生は，必ずしも直線的に誘導された通りに学習するとは限らない。ある学生は，結論から逆向きに知識を体制化する。他の学生は，話題から話題に飛び回る（お昼にはピアジェ（Piaget, J.），午後1時にはバンデュー

ラ（Bandura, A.））。残りの大多数は学習方略さえもたない。最新技術が利用できる教師にとっては，CD-ROMやビデオ・ディスクその他のインタラクティブなメディアを利用することが，学習スタイルの異なる学生の手助けになる。

3節 クリティカル思考を育成する

　学生にクリティカルな勉強のやり方を身につけさせることによって，心理学だけでなく，日常生活をうまく送る方法も学ばせることができる。クリティカル思考技能を授業で育成するには，研究や日常例，文化の多様性，科学的な方法論を強調することである。知識を身につけることは重要である。しかしそれ以上に，知識を学問や研究の文脈の中に位置づけることがはるかに重要である。学生に科学的推論のプロセスを教え，合理的な仮定やよく練られた仮説に基づいて結論を導き出したり意志決定をすることを教えるのは，入門コースの重要な一面だ。私の授業や教科書では，学生がクリティカルに評価して自分自身の結論を出せるような形で研究を紹介している。また授業時に，学生に質問をすることによってもクリティカル思考を促している。質問によって学生は新しいアイディアや視点に気づき，研究を評価できるようになる。大きな単元の終わりには，授業に出てきた各トピックを結びつけるように言う。授業の中で学生がクリティカル思考技能を必要とする場面はこれだけではないが，私は特にこのような場面で，学生がクリティカルになるよう求めている。

4節 日常例から理論への移行

　私の授業や教科書では，まず日常例からスタートし，それから理論へと移る。その中で私は学生に，実生活での状況について考えさせ，その状況でどんな要因が関係しているか，何が問題になっているか，どのように理論が応用できるかについて発言させたり書かせたりする。たとえば発達心理学のある単元ではまず，保育が社会にとってどういう意味があると思うかを問う。この問題につ

いて考えたことがなかった学生でも，すぐに多くの重要な要因を見つけだすことができる。大きいクラスでは，知的・社会的発達にとって保育がもつ有効性と問題点について，幅広い意見が出る。その後でアタッチメント理論を提示し，ピアジェの認知発達理論やヴィゴツキー（Vygotsky, L. S.）のアイディア，道徳性発達の研究を紹介する。それから私はふたたび保育問題を取り上げる。しかし今度は「ボールビー（Bowlby, J.），ピアジェ，ヴィゴツキー，コールバーグ（Kohlberg, C.），ギリガン（Gilligan, C.）は，保育の問題について何を言っただろうか？」という質問をする。日常へ適用することを考えさせることによって，理論はよりいっそう意味をもち始める。

この授業の目標の1つは，アタッチメント理論やピアジェの認知発達理論を教えることだが，それよりも大事な目標は，心理学の基本的な考え方を理解させることだ。これは，日常の文脈や学生自身の視点を考えさせることによって可能になる。社会文化的に貧困な学生は，保育の問題を，お金に価値をおいていない人とは異なった見方をするだろう。研究と理論と日常例を1つにまとめることで，学生は日常の問題を心理学と関連づけて考えることができるようになるだろう。

5節 多様性を認識する

アメリカの民族や人種の構成は，急激に複雑になっている。おそらく2030年頃には，今日とはまったく変わっているだろう。多様な肌の色の人が混在し，職場では多くの女性や少数民族が働く，成熟した社会になるだろう。たとえば1980年代には，白人の人口増加率が8パーセント以下であったのに対し，アフリカ系アメリカ人の人口は13パーセント増加して3000万人に，ラテンアメリカ系アメリカ人の人口は，53パーセント増えて2300万人になった。心理学は，人間の多様性を避けるのではなく，理解することによってより進展する。研究や理論は，人間の多文化的な性質を対象にすることによってより完成される。

実際的なレベルでいうと，カウンセラーがクライエントを理解することで，援助の仕事はうまく行く。アジア系アメリカ人は年長者を強く尊敬し，家系の

連続性を大事にしている。そして，アジア系アメリカ人が見たものや感じたもの，そして経験したものの解釈は，このような文化によって規定される。文化は，世界を解釈するガイドラインを提供する。また，精神科にかかる人の割合は男性よりも女性の方が多いが，これは，心の健康上の問題をもつ男性があまり治療したがらないのかもしれない。このような文化や性などの差異は，研究によって原因を明らかにする必要がある。さまざまな心理学者がおり，研究対象や社会的経済的・民族的背景がさまざまに違うことで，人々の多様性が認識されている――そしてこの多様性は，心理学者のすばらしい武器なのだ。

6節 授業を最新でエキサイティングなものにする

　心理学は，たえず新しい発見のある，変化が早い分野だ。教師にとってこれは，挑戦でもあり楽しみでもある。教師は，20年前のノートや旧式なデモンストレーションに頼ることはできない。学生には，いつ教師が興味を失ったかがわかるからだ。学生は瞬間的に，その話題に熱意や興奮ややる気がないことに気づく。今日の学生は，最新のきちんとした内容を扱う授業を求めているのである。

　マスコミからは，心理学の新しい知見がたくさん流されている。しかしマスコミが流す情報はしばしば不正確で不完全だ――そしてこれは教師にとっては，心理学が複雑なものであることや，研究が常にダイナミックに変遷するものであることを示す導入にできる。不完全でいい加減なニュース報道などを使って，心理学の複雑さを学生に示そう。図書館に行かせて，ニュース報道の元となった科学記事を見つけさせ，授業で記事を分析させなさい。そうすることで，研究の複雑さや，研究で扱われる変数の数の多さを示し，授業を最新のものにすることができる。元記事が図書館にない場合は，授業前に教師が新聞で見つけたり，図書館の相互貸借を利用できる。これでは学生はあまり自発的に関与できないが，しかしそれでもなお効果的である。

　科学的に厳密ではない大衆紙の記事を使うと，授業を活気づかせ，教師の興味や興奮，熱意を示すことができる。その興奮は伝染する。これによって，学

生が科学に関する記事を読む際に，科学ジャーナリストのような視点で読んだり考える態度を培うことができるだろう。

7節 学生を惹きつける

　学生を知的に惹きつけることは，授業の大きな目標である。しかし学生を知的に惹きつけることの中には，おもしろく興味をそそるトピックを教えるということと，（おもしろいとは限らない）心理学の基本的なアイディアを教えるという相反する問題が含まれている。この問題には，日常例から始めて理論に至ることが助けになる。また，大衆メディアからの情報を使うことも助けになる。しかしそれ以上に，教師の「生の声」（自分の視点や意見や考え方）が重要である。よい授業は言いたいことがはっきりしている。それはときには臨床家の意見であり，ときには懐疑主義者，方法論者，生理心理学者の意見である。もし教師の意見が明快で曖昧さがなく，しかもバランスの取れた情報提示をすれば，それは学生を惹きつける。

　学生を惹きつけるためには，ときには挑発的にふるまったり，またときには教師の個性を全面に出したりすることが大事だ。あるいは，ゆっくりと順を追ってむずかしいアイディアを理解させることである。教師はそれぞれ，自分自身のやり方があるだろう。たとえば，口調を意識的にコントロールする，自分の立場をはっきりさせる，デモンストレーションを使う，学生に学術論文を読ませる，などである。学生自身に教材の意味を考えさせ，科学としての心理学に知的にも情緒的にも関与させることは，たいへんかもしれないが，教えることをおもしろくすることにつながる。

8節 心理学を統一された領域として教える

　心理学が成立した当初の心理学者たちは，それ以前に哲学，医学，物理学，それに教育といったさまざまな分野で訓練を受けていた。そして，各自が自分

の領域の専門技術を用いて，人間の行動と思考を理解しようとしたのである。多くの人が論じたことだが，心理学は，狭い領域のことを深く知ろうとする欲求と，広い領域のことをちょっとずつ知ろうとする欲求という，2つの方向性の間を揺れ動いていた（たとえばFowler, 1990）。教師は，細かい点を明らかにすると同時に，全体像を強調する必要がある。学生が心理学を知識と実践にへだたりのある寄せ集めの科学と見なさないように，心理学を統一された全体的領域として教えなければならない。理論と応用，実証と思考，教育と研究の間に協力関係をつくることが，教師の目標であるべきだ。

1969年にミラー（Miller, G.）は，「心理学を人々に還元する」必要があるという，有名な論文を書いた（Miller, 1969）。それは，心理学者は心理学的知識を一般の人々が利用できるようにする必要があるという意味である。ミラーの提言以来30年間にわたって私たち心理学者はますます，データと理論を学界内だけではなく一般に対しても提供するようになっている。私は最近，心理学部長の会議に出席した。そこでブリューワー（Brewer, C.：本書エピローグの著者）は，心理学を人々から取り戻すべきだと述べていた（Brewer, 1995）。あまりに多くの事実や理論，統合されていない情報を人々に与えている，と彼は論じた。私もその通りだと思う。バラバラの情報をパッケージングして心理学を与えるだけでは，学生に分析する力をつけさせることにはならない。教師は心理学を，覚えやすく，分析しやすく，クリティカルに考えやすくなるように，意味のあるまとまりとしてパッケージングし直す必要がある。そのためには，内容を精選し，学生に合わせ，クリティカルに分析し，理論を日常に適用し，多様性を認識し，最新で惹きつける授業にしなければならない。それが，私がこのように教える理由である。

4章　引用文献

Brewer, C. (1995, December). *Let's take back psychology.* Paper presented at the meeting of the Association of Heads of Departments of Psychology, Southeastern Psychological Association, Atlanta, GA.

Fowler, R. D. (1990). Psychology: The core discipline. *American Psychologist, 45*, 1-6.

Miller, G. A. (1969). Psychology as a means of promoting human welfare. *American Psychologist, 24*, 1063-1075.

心理学を700ページに凝縮する

心理学入門の教科書を書くための指針

chapter
5

マーガレット・W・マトリン

　心理学入門という科目は，人間がどういう条件のもとで情熱や野心をもったり，あるいは，ふつうでは理解できないような矛盾した行動をとったり，残虐なことをするのかということを理解しようとするものである。同じ人間という種でありながら，どうして人によってかくも驚くべき違いが生じてくるのだろうか？

　私がこの章を書き始めたのは，秋学期の第2週の木曜日だった。そんな1日に私が見聞きした話はおそらく，心理学入門で取り上げるべき代表的な問題だろう。たとえば，成績の平均点が3.9もあり，GRE（大学院共通テスト）得点は1500を超えるというきわめて優秀な学生が私の研究室に来てこう尋ねた。「第1志望の大学院に受かるためには，他に何をしたらいいのでしょう？」。また，認知心理学の授業で，フラッシュバルブ記憶の例を挙げてみるように学生に言ったところ，ある学生は最近暴力夫と別れたことを挙げた。彼女のフラッシュバルブ記憶は，多くの人が思い出すような国家的な悲劇の例よりも，痛ましいほどに生々しいものであったに違いない。また，ある学生は心理学入門の授業が終わったあとではずかしそうに私にノートを手渡した。前回の課題で，

日常での判断における変数の交絡について出していたのだが，その学生は毎日ホームシックで泣いているということを書いてきた。私は簡単な手紙を彼女に書いて，自分の新しい環境をもう一度解釈し直してみる方法を教えていたのだ。幸いなことに彼女は私に返事をくれ，いまは自分の見方が非常にポジティブなものになったと言ってくれた。

その日の授業を終えて家に帰ってくると，娘のサリーが準備しているインタビューメモを見せてきた。彼女はニカラグアの田舎の子どもと家族に対してインタビューを行なってきたのだ。

> エンジェルとエンリケは最近学校に行っていない。ノートも紙も持っていないからだ。だが母親は十人もの家族が食べていけるので感謝している。別の家庭のマリア・ルイザ（8歳）は学校にたいへん興味をもっているのだが，彼女も弟のアドニス（7歳）も学校に行けない。食べるものもないし，ノートも鉛筆も着る物もないからだ。

こういった話を聞くと，私は昼間の学生たちを思い起こし，北アメリカの大学生の生活がときに悲しく，悲劇的なものであるとしても，開発途上国の人々の生きて行くための苦闘とはずいぶんと質の違うものだという思いにいたる。

心理学入門はこうした人間の体験を広い視野から探求しようとするただ1つの科目である。これだけでは不足でもっと詳しくというなら，心理学入門は，知覚し，学び，記憶し，考え，話すといった人間の基本的な心理的能力を吟味しようとするものである。

私にとって教科書を書くことの最大の動機は，自分がいままで書いてきたものよりも包括的な人間性についてのストーリーを提供できたら，という気持ちである。私は最初の教科書『人間の実験心理学（Human Experimental Psychology）』（Matlin, 1997）を書きながら，学生に研究のテクニックを教えることや，クリティカル（批判的）思考の方法を身につけさせて，日常生活の中で誤りがちな推論を分析できるように教えることを楽しんだ。また『感覚と知覚（Sensation and Perception）』（Matlin & Foley, 1997），『認知（Cognition）』（Matlin, 印刷中）では，心理学の中の本当に重要なトピックを扱った。

マスメディアはこの本を人気のあるトークショー番組で取り上げる価値があるほどすごい本だとは思わないだろうが，しかし，私はこれらの本で動機づけられた学生が，何かしら興味深い疑問を見つけて好奇心を発揮してくれるだろうと期待している。たとえば，視覚システムはどうやって大きさの恒常性を保っているのだろうか，嗅覚の研究において，いろいろな匂いを分類するにはどんな論理的方法があるだろうか，注意していなかったメッセージに関する情報を集めるためにはどのような条件を設定すればよいだろうか，なぜ年齢の高い子どもは年齢の低い子どもよりも記憶力がいいのだろうか，というように。

『女性の心理学（Psychology of Women）』（Matlin, 1996）という教科書を書いて，私はこれまでの教科書とは一線を画した。これより以前の教科書は私たちがもっている知覚・認知のしくみに対する好奇心や驚きを呼び起こしたいと考えて書いた。しかし，女性の心理学というトピックは感情的な反応を呼び起こすものである。またそれは，女性に対しても男性に対しても自分の価値観の検証を迫るものである。たとえば，自分の人生で何が重要なのか，自分の仕事でのリーダーになろうとしてがんばるべきなのか，自分のキャリアよりも愛情関係の方が重要なのか，こうした目標を全部達成してしまったら，よい親になるための時間とエネルギーがもてるのか，といったように。この領域はまた，レズビアンやゲイ，積極的差別是正措置（アファーマティブ・アクション）[★3]，中絶に対する態度，といった論争についても考察しなければならない。賃金の格差，健康問題，近親相姦，レイプ，セクハラ，暴力，心理的障害，貧困老女，といった気を重くさせるような情報にも触れなければならない。

『女性の心理学』を書くことで私は心理学の包括的な概観を提供したいという気持ちがますます強くなった。私は心理学入門の講義を十年間楽しんでやってきて，心理学という広大な領域についてかなり習熟した。心理学入門の初めの方のトピックは，実験心理学，感覚と知覚，認知心理学といった私の教科書ですでに扱ってきたものである。『女性の心理学』では，発達心理学，動機づけ，心理的障害とその治療，社会心理学，健康心理学といった領域の重要なトピックについての展望を提供した。その上，ミシガン大学のザイアンス（Zajonc, B.）のもとで学位論文の研究をする中で，社会心理学についての展望を広げることができた。だが，生物学的心理学，意識，情動，評価などといった

トピックについては，私はまだよく知らなかったし，臨床心理学や健康心理学のうち，ジェンダーとは関連のない領域についてもそうであった。

要するに，私が心理学入門の教科書を書こうと思った最大の動機は，心理学の全体像をつかみたいということと，新しいピースをいくつかでも心理学というジグソーパズルにあてはめたいということである。私はいつも大規模なプロジェクトを楽しんできたし，心理学入門の教科書を書くということがまさに大規模なプロジェクトであることは，本書の著者たちもみな同意してくれるだろう。

心理学入門の教科書を書き始めてみると，自分が世界を見るレンズの視野がまったく変わってしまったことに驚いた。実験心理学の教科書を書いているときは，研究がどのようにして欠陥だらけのものになってしまうかとか，日常生活で私たちがいかにまちがった結論を導いているかということに注意しながら生活していた。また，感覚と知覚の教科書を改訂するたびに，見るもの聞くものがすべて生き生きとしていた。女性の心理学の教科書を最近改訂し終えたのだが，ジェンダーという概念はメディアや日常会話，専門的な記事の中にかなり浸透してきたように見える。認知の教科書の第4版を完成させたばかりのいまは，人間の記憶や問題解決，意志決定の例ばかり目に付いてしまう。しかし，いったん心理学入門の教科書を書こうと思ったら，世界はいままでと同じようには見えない。いまや人間行動のあらゆる面が視野の中に入ってくるのだ。

この章ではまず，私が大学生に心理学入門を教えるときのやり方を述べる。それから，心理学入門の教科書を書くために，こうした授業の指針をどのように拡張すればよいかを考察したい。

1節 心理学入門の授業をするための哲学

心理学入門の授業をするとなると，その目標を考える上で，他の科目では考慮しなくてよい問題が入ってくる。それはこういうことだ。最終的にはごく一部の学生だけが心理学を専攻するのであり，その他の大部分は営業職，法律，医学，教育，コンピュータ科学，芸術といった私たち心理学者があまり関心を

向けない職に就くことになる。心理学入門のコースはそうした学生に接する唯一の機会になる。彼らに，心理学の基本を知っておけば自分の生活を豊かにすることができ，職場での成果を上げることができ，また，より有能な人間になることができるのだと説得できる唯一の機会でもある。しかし，このコースはそれと同時に，（私たちと同じように）心理学が非常に魅力的だと考えて心理学を専攻する学生に対しては，しっかりとした学問的背景を提供するものでなければならない。

数年前アップルビー（Applebee, D.）はアメリカ心理学会の第2部門（心理学教育協会）で心理学のシラバスを開発するというプロジェクトを行なった。このプロジェクトはさまざまなコースに使えるモデルシラバスを作成するものだった。効果的なシラバスに関するアップルビーの基準の1つは，教師のコース目標が明示されているということであった。学生は教師が授業を通して成し遂げたいと望んでいる目標を知る必要があるのだ。この基準を知って，私は心理学入門を教える目的についての自分の考えを，概括的なものではなく，もっと注意深く明確な目標に変換しなくてはならないと感じた。過去の2学期では，私の学生向けシラバスには次のような4つの目標が記載されていた。

①研究と理論を含めた心理学の重要な概念の理解。こうした概念はテレビや新聞雑誌などで単純化されて伝えられているものよりも複雑であることを受講生は発見するだろう。
②心理学の研究をよりクリティカルに評価できる能力。それによって心理学について書かれた文章を信頼できるかどうかが判定できるだろう。クリティカルな思考力を高めるためには心理学の研究に関する情報を理解する必要がある。
③自分の知識を日常的な状況に生かせる能力。たとえば，試験のためにより効果的に勉強すること，心理療法の一般的なアプローチを理解すること，どう援助すれば葛藤を解消できるかを理解することなど。
④人間の多様性を理解すること。それと同時に，私たちが共通にもっている性質は，私たち人間をともすれば互いに分け隔ててしまうもとになる相違よりも重要である，ということを理解すること。

こうした目標は，私にとって，毎回学期が始まる前に心理学入門の授業計画

を見直す際のガイドになる。たとえば，もし私が学生は研究法を理解するべきだと心から信じるなら，単に研究法のトピックを授業の第2回めに触れるだけではなく，学期を通して問題にしなければならない。私は，たとえば，実験法の実例となるような社会心理学の研究にいつも注意を払っている。そのことによって，ランダム割り付けのような実験法の特徴的な手続きがなぜ必要なのか，また，研究者は倫理的な予防策をどのようにとるのか，といった点について討論することができる。もし私の目標が多様性を強調するというところにあれば，心理療法の議論をする際に白人のクライエントだけを仮定してはならないし，たとえば，アジア系アメリカ人が治療を受けようとするときに経験する問題についても考えなければならない。

心理学の授業を25年間受け持つうちに，私は自分の教えるスタイルを発展させてきた。最初の頃は，学生の頭の中に情報を預けることをまず第1に考える「銀行家」モデルを採用していた（Matlin, 1995a）。授業ではまず明確であることと構成がきっちりしていることを重視していたが，自分の学生を巻き込むということにはあまり気を使わなかった。振り返ってみると，自分がなぜそうしたのかがよくわかる。スタンフォードとミシガンでの私の指導教授がほとんど全員「銀行家」スタイルだったからだ。その後まもなく私の授業スタイルは変化した。たくさんの実例を挙げ，日常の経験とそうした材料を関連させることによって，学生がより効果的に学べることに気がついたのである。

近年の活動的学習（active learning）への重視（たとえば Andreoli-Mathie, 1993；Nodine, 1994）にともなって，私の授業についての考え方はさらに発展した。いまでは私はよく学生にトピックについて短い要約を書かせたり，その論点について隣の学生と議論させたり，教材を使った活動をする。私はクラス全体で議論できるような問いを投げかけ，また学生に，自分たちの方から議論のための問いを出すのも歓迎することを知らせる。クラス全体に広がるコミュニティ感覚，つまり教師と学生の間の絆を大切にするという感覚を私は楽しむ。まとめれば，私の目標は，心理学入門の授業をできるだけインタラクティブにするとともに，内容に関連した前述の4つの目標を強調するということになる。

心理学入門の教科書を書く際にも，私は授業と同じ4つの目標を中心に置い

た。この章を書くにあたって，まず私は教科書を書こうとする人すべてが心しておかなければならない重要な事項を述べておきたい。それは「明確に書く」ということだ。その上で，私がどのようにして4つの中心的目標，つまり，概念を伝えること，クリティカルな思考力を高めること，心理学を日常生活に活かすこと，人間の多様性を理解すること，を強調しているかを順に述べていこう。

2節 明確に書く

　当然のことだが，教科書では，教師が教室の中でするような双方向の会話を学生と交わすことはできない。しかし私が教科書を書く際の第1の目標は，実例と応用にページを割り，明快で引きつけるような形で題材を記述するということである。文章を書くとき，私はいつも自分が教室にいる場面を想像し，これぞと思う概念を伝えようとする。こうすることで誠実な気持ちになることができる。自分の書き方が抽象的すぎたり，複雑すぎたりすれば，自分の学生が窓の外を眺めたり，ノートにいたずらがきをしたり，ぼーっとしてしまうようすが思い浮かんでくる。また，トピックの展開の仕方があまりにも唐突だったり，全体の構成のとらえどころがないときには，彼らが浮かべる困惑の表情が目に浮かんでくる。また，次の話題に移る前に，私がここで一時停止して，それまでの話しをまとめることを彼らは望んでいるだろうなと感じ取ることができる。

　書き手は個々の段落を明確でよく構造化された形で書かなくてはならない。しかし，同時に，学生に対してその領域の全体像を提供する義務もある。幸いなことに，心理学入門は，その章立ての順序がかなりよく確立されているような科目である（トピックの順序の問題は『女性の心理学』のような本ではもっとむずかしいものになる）。私はそれぞれの教科書に対して3～5個のテーマを用意して，章立てとは別の構造も組み込むようにしている。こうしたテーマを設けることは目新しいことではないだろうが，学生に心理学という学問領域を貫いているパターンがあることを意識させるはたらきがある。私はまた，初

めは無関係に見える章どうしのつながりを明確にするようにつとめている。たとえば，私たちが単語を思いだそうとするときに働いているスキーマは，ある人の性格を思い出そうとするときにも同じように働いているというようなことである。6章で学んだ学習の原理は，15章の心理療法にも応用できるかもしれない。全体を通じての目標は，心理学入門という科目の一貫した枠組みを提供することであり，そうしなければこの科目は前菜だけの宴会のようにばらばらになってしまいがちなのである。

　私は自分の認知心理学の知識を利用して，学習を促進するためのさまざまな工夫を教科書に盛り込むことに力を入れている。記憶と思考に関する研究は，どのようにすれば学生がうまく学び，記憶することができるかを教えてくれる。たとえば，自己参照効果（self-reference effect）[★4]の知見から，何かを学習するためには自分の体験と関連づけるのが一番よいことがわかっている。そこで私は，学生が数分間で特別な道具なしでできるようなデモンストレーションを入れている。そうすることで，彼らは受け身の学習者としてではなく，リサーチ活動に能動的に関わることができる。私たちはまた，長い章の全部を一度に理解しようとするよりは，比較的短い部分に分けて，何度も復習する方が能率がいいということを知っている。そこで，私は1つの章を2つから5つのセクションに分割し，それぞれのセクションの終わりに簡単な復習を載せた。私はまた，定義や引用文献を教科書の余白部分に載せることをやめた。というのは，そうすると話の流れから学生の気をそらしてしまうことになるからだ。

　「明確に書く」というこの節の主題は文体という興味深い問題につながる。心理学の教授は誰一人として，理想とする文体について他の人と完全に同意することはないだろう。また，ある人の文体を他の人の文体よりも魅力的にしている特徴を分析することも不可能だろう。私自身が書くときには，正確さに注意して，回りくどい文章構造を避け，文から文へと素直に読み進められるようにする。私はもったいぶった文章が嫌いだし，もったいぶった教え方も嫌いだ。私はまたいかにも易しく書きましたという文体も嫌いだ。著者が読み手を見下していれば，学生は必ずわかるものである。また，私は書くことが大好きだということも言っておかなければならないだろう。新しい情報を自分のものにしたり，有用な例を考え出したり，むずかしい概念を説明することが楽しいので

ある。

　よい書き手はよい書物に囲まれている。この3年間，私は高校時代から大好きだった作家たちのところに戻ってきた。ジェーン・オースティン（Jane Austen），ジョージ・エリオット（George Eliot），ブロンテ姉妹（Brontë siters），それから最近のお気に入りはアンソニー・トロロープ（Anthony Trollope）である。19世紀イギリスの小説家たちのウィット，優美さ，微妙さ，洞察に富んだ人間観察は，どの現代文学にも比べることができない。私が一番好きなのは，オースティンの『エマ』である。エマがおしゃべりな年配の友人ベイツさんにぶしつけなことを言ってしまったために，どんなことが巻き起こっていくかをオースティンが語るのを読んで私は魅了されてしまった。

　教科書を改訂する際，私はすべてのトピックにわたって更新する。また，全部の段落を読み直して，文章が明確であるか，よい例が選ばれているか，構成が揺るぎないものであるかを確認していく。明確に書くという目標は入門教科書にとって絶対のものである。

3節 心理学の核心的な概念を伝える

　心理学入門の教科書にとってもう1つの大きな目標は，この学問分野における重要な情報を伝えるということである。初めて入門コースをとる学生の大部分は，三角測量法の知識よりも，まださらに人間の記憶についての知識をもっていない。「中等教育における心理学教育（TOPSS）」のような組織は，高校の先生に心理学の自然科学的な側面を強調することを奨励している。[★5] しかし，私が見たところでは大部分のコースはまだ個人的な適応の問題や，俗流の心理分析のようなものが中心となっている。それゆえ，私たちは，大脳皮質とか，運動の知覚や，作業記憶や，意思決定といったトピックがそれ自体でなぜおもしろいのかということを学生が理解できるようにする必要がある。また，より複雑な社会的な相互作用がこうした基礎的な過程に基づいていることも強調する必要がある。

　残念ながら，高校時代に学生が身につけてしまった心理学についての誤っ

知識を取り除くという役割が、大学の心理学入門の教科書執筆者に課せられている。たとえば、私の娘が中学時代に使っていた保健の教科書を読んで私は何度も狼狽してしまった。フロイト（Freud, S）の理論が百年前に立てられた仮説としてではなく、「立証された事実」として紹介されていた。また学生たちは「中年の危機」のような概念は人間すべてにあてはまるものだと信じ込んで私の授業にやってくる。催眠術は封印された記憶を解き放つ魔法の道具であるということが、売れゆきのよい雑誌に書いてあるので学生はそうしたことを頭から信じるようになっている。

　私が伝えたいと望んでいる最も重要なアイディアは、心理的な過程はマスメディアの中で語られているように単純で、直線的な力によって支配されているのではなく、もっと複雑で微妙なものなのだということだ。右脳と左脳は異なった種類の情報を処理しているかもしれないが、その違いは多くの学生が信じ込んでいるほど劇的なものではない。さらに、男性はいくつかの領域では女性よりも攻撃的かもしれないが、別の領域では性差はほとんどなくなってしまう。このように教科書では新しい情報を教えると同時に、まちがった情報を訂正しなければならない。

　教科書の著者にとって最もむずかしい問題はおそらく、本の中にどのトピックを入れるかということだろう。この問題は特に改訂版を書くときに顕著になる。著者は最近出版された何百もの論文や本を取り上げ、最新の研究の進み具合を紹介しなければならない。改訂版への助言をくれる人たちは、旧版で取り上げたトピックを更新するだけではなく、さらに新しいトピックを追加すべきだということを言う。さらには、旧版のトピックは削除も短縮もしてはいけないと言う。しかも、改訂版は旧版よりも20ページ少なくしてほしいと言うのだ。明らかに数学的に不可能である。

　教科書に何を取り上げるかということを決めるとき（初版でも改訂版でも）、私はその科目を授業で教える際の目標に沿って仕事を進める。心理学入門であれば、先にあげた4つの目標のようなものである。私があまり取り上げないトピックというのは、たんに歴史的な意味があるだけのもの（たとえば骨相学）、心理学の周辺領域のもの（たとえば超心理学）、心理学以外の領域に関連がより深いもの（たとえば神経伝達の生化学）などである。助言者からの情報はた

いてい有益なものであるが，ときとして私が驚かされるのは，彼らが心理学入門には欠かせないと考えているトピックである。たとえば，ある人は，子どもの発達の章でヴィゴツキー（Vygotsky, L. S.）をきちんと取り上げていないような本を採用することはできないと言っていた。

こうした教科書の内容についての不満は，教科書執筆者にとってまた別の問題を引き起こすものだ。自分が教えようと思っているあるトピックが教科書に載っていないことを発見したとき，その教師は授業でそのトピックを取り上げることはできないのだろうか。授業期間のすべてをかけて教科書の内容を取り上げる教師も中にはいるかもしれないが，大部分の教師は教科書を補完するような講義や実習課題を自ら考えて行ない，単に教科書の内容だけをなぞるようなことはしないだろう。もちろん私は，教師が特定の教科書を，易しすぎるとか，応用に偏りすぎているとか，認知的アプローチに偏りすぎているなどの理由で採用しないことを知っている。また，別の教師は最新の研究を取り上げていない本や多文化の問題を見落としている本は採用しないことも知っている。しかし，自分の思い入れのあるトピックを取り上げていないからという理由で，その本を採用しないという人がいるとすれば，私は，その人に心理学のすべてのトピックを700ページ以内で記述することがどんなにむずかしいかを少しでも考えてみてほしいと思うのだ。

つまり，心理学入門の教科書を書くときのもう1つの問題とは，広さと深さのトレードオフのことである。私としても，トピックすべてについてできるだけ深い記述をしたい気持ちはやまやまだ。特に「感覚と知覚」や「認知」などのように，そのテーマで教科書を書いたことがあるような章では，この気持ちはとりわけ強くなる。どうすれば感覚と知覚のことを40ページ以内に凝縮することができるのか。私がとった妥協案は，百科事典的にするよりは，思い切ってトピックを削ることだった。たとえば，私は心理学入門の教科書の感覚と知覚の章では，内耳前庭と筋運動感覚の説明を省いている（もちろん，『感覚と知覚』の教科書の方では，これらについてのまとまった説明がある）。教科書に深さを与えるために，私は1つの章につき，1つのトピックを選んで詳述している。たとえば私の入門教科書の第2版では，「より突っ込んだ議論（In Depth）」のセクションとして主観的輪郭線を取り上げている。このセクショ

ンでは研究の側面を強調し，特定の問題について探求しようとする。たとえば，学習の章の「より突っ込んだ議論」のセクションでは，テレビの暴力場面が子どもに与える影響についての3種類の研究方法について吟味し，それぞれの方法の長所と短所について議論している。

　心理学の核心を伝えるという私の目標の1つとして，学生に彼ら自身の価値観について，改めて考えさせるような情報を提供するということがある。たとえば，子どもの発達の章では1990年代の北アメリカにおける児童福祉についての厳然たる事実を載せている。こうしたトピックについては学生たちは高校ではあまり学んでいないと思う。私の娘が高校の社会科の教科書を家に持って帰ってきた。その表紙にはアメリカの紋章である白頭鷲があしらわれていたのだが，この教科書が強調していたのは，世界の民主主義と正義を守るアメリカ政府の，すばらしく慈悲深い姿勢である。「私たちこそナンバーワンである！」というのが明白なメッセージなのだ。私は，私の教科書の読者が，この国で貧困とホームレスがどれほど広まっているかについての情報を知り，それについて考え，私たちの国がやっていることすべてが正しいことなのかどうかについて考えてほしいと願っている。また，社会心理学の章で解説しているのだが，第2次世界大戦の間に政府が日系アメリカ人をどのように扱ったかという問題について吟味してほしいと願っている。大部分の高校生は，政府もあやまちを犯しうるものだということを学んでいない。

　しかしながら，教科書の著者として私たちは研究結果について誠実でなくてはならない。たとえば私はメディアにおける暴力表現の問題について強い関心をもっている。実際，私たちの地域の平和グループはニューヨークのジェネシオの玩具店で，休日に来ていたお客さんたちにビラをまいて，暴力的なおもちゃやテレビ番組が子どもに与える影響について真剣に考えてほしいと訴えた。しかし，私は教科書の中でメディアの暴力表現について議論した部分では，メディアに接している時間と暴力行動との相関は中程度のものであり，強いとは言えないことを指摘した。責任ある心理学者の一人として，研究をねじまげて紹介するわけにはいかない。

4節 クリティカル思考を伸ばす

　私は実験心理学で博士号を取り，また最初に書いた教科書も『人間の実験心理学』だった。私はいつも授業で研究デザインについて教えるのが楽しみだった。というのは，研究デザインについて議論することは，単にその研究の結果だけでなく，どのようにして研究が実施されたのかについてクリティカルに考えることを学生に促すからだ。

　研究デザインの問題は非常に重要であり，心理学入門の教科書では1つの章を割くに値するトピックだと思う。学生はさまざまな研究方法について，その長所と短所を知っておく必要がある。たとえば，相関的方法についてはたくさんの例を示してやることが必要であり，なぜ相関関係が必ずしも因果関係を意味しないのかということをよく理解しておく必要がある。適切な統制群が設けられていない研究や，偏りのあるサンプルを含んでいる研究については懐疑的に見ることを学生は学ぶべきであるし，また，統計的な有意性と現実的な意味との違いについても学ぶべきだ。方法論についての章を心理学入門の教科書の先頭に置くことによって健全な懐疑的態度を育成することができるだろう。

　学生は研究に対するクリティカルな態度を初めから終わりまで，ずっと保ち続ける必要がある。そのため，私は教科書で方法論的な問題について言及するに値する箇所ではいつでも言及している。たとえば，生物学的な章で，視覚的失認識の研究について議論するとき，一見解釈のむずかしい結果を変数の交絡によって説明できないかどうかを検討させる課題を出している。子どもの発達の章では，乳幼児の知覚能力を評価しようとするときに，従属変数の測定がいかにむずかしいかという問題を取り上げる。心理的障害に関する章では，心理的障害の治療について研究を行なう際に，偽薬投与群を設けることがなぜ必須事項なのかについて検討している。執筆中の教科書の第3版ではクリティカル思考の練習問題をそれぞれの章に6個から8個入れようと考えている。

　クリティカル思考のスキルは特に重要なものである。というのは彼らがテレビや雑誌でよく見聞きする心理学的研究について分析できる力を伸ばすことが，

大学生としてだけでなく，大学を卒業したあとも大切になってくるからである。メディアから伝えられる研究報告の要約を批判的に読み，研究が適切に行なわれたかどうかを判断するために必要な実験環境や条件をチェックする必要がある。また彼らは広告の主張内容を吟味できるようになる必要がある。したがって，私の教科書の研究法の章では，いんちきな主張がなされている広告例を挙げている。たとえばサブリミナル・テープの効果を示す「研究」では統制群（サブリミナル・テープを聴いていない群）が設けられていない。心理学の研究内容に関する情報は，どんなに教材を記憶に残りやすいように工夫しても，そのほとんどは学生たちの記憶から消え去ってしまうだろう。しかし，もし私たちが研究法について力説し，教科書の初めから終わりまで，常に深い分析を促すようにすれば，彼らのクリティカルな思考力は卒業してからも長く残ることだろう。

5節 心理学を毎日の生活に応用する

　心理学入門の教科書はまた，学生が毎日の生活で起こってくる重要な問題を解決できるよう支援するものでなければならない。私は最近ニューヨーク州立大学ジェネシオ校の新入生の会合で話をした。講演のタイトルは「あなたを健康，幸福，賢明にするための心理学からの6つのヒント」というものだった。この6つのヒントはすべて，私自身のアプローチの中で特に強調されることがらであり，心理学という学問領域の最も重要な応用でもある。最も広範囲な1番めのヒントは，頭をフルに活用することである（たとえば問題解決のときに）。私たちは，日頃の習慣に惰性で従っているだけでなく，解決策を見いだすためのより効果的で新しい方法を考え出さなくてはならない。2番めのヒントは，アルコールの乱用や，性行為，エイズのような問題に見られるような，魔術的な思考法を避けるということだ。3番めのヒントはステレオタイプを乗り越えるということだ。これについてはこの章の次の節で詳しく説明することにする。
　4番めのヒントはあまり問題が大きくならないうちに解決しようということ

だ。葛藤を解決することは私の教科書の18章で詳しく論じている。5番めのヒントは，他の人たちとつきあう上においてポジティブでいようということの強調だ。学習についての章では，正の強化の価値を強調している。また，11章と17章では根本的な帰属錯誤をすると友人の行動の動機について過度に懐疑的になってしまうことを論じている。最後のヒントは，適切な勉強の習慣を形成する上において，メタ認知的なスキルが不可欠であるという点の強調である。学生たちは高校で，自分の学習プロセスをどのようにとらえたらいいかということを学んでいない。心理学入門の教科書は彼らにもっと意味のある勉強の習慣を形成させることができるだろう。

　心理学入門の教科書の著者として，私たちは心理学を「贈り物」として渡してあげなくてはならない。そして心理学者たちは，研究事実によって裏づけされた実践的なアドバイスを提供することができるということを指摘すべきだ。私は自分のアプローチが実際に役立つものであるということに自信をもっている。そうでなければ，学生は心理学研究の生態学的な妥当性★6について正当な疑問を投げかけてくるだろう。さらに，もし学生が心理学の原理を自分の生活に適用できれば，自己参照効果によってその原則がより意味のある，また記憶しやすいものになるだろう。

6節 人間の多様性を取り上げる

　「多様性」に関して私が若い頃に経験したことは，おそらく本書の他の著者たちとそう違うものではないだろう。私がスタンフォードとミシガンにいた時期の心理学の先生は，エレノア・マコビー（Maccoby, E.）を除いて全員が男性であった。私は，自分が女性の心理学を教えようと決心する1970年代の初期まで，このことが妙なことであるとは気づかなかったのである。もちろんいまではジェンダーに注目することは，私の心理学入門の授業でも教科書でも重要な項目になっている。

　また，学部でも大学院でも私の先生は全員白人だった。しかし私の一番最初の学問上の師は高校の生物学の先生だったハリー・K・ウォンである。彼は中

国系アメリカ人の経歴を誇りとしていた。私が勤めるニューヨーク州立大学ジェネシオ校は，ニューヨーク州北部の農作地帯の中心にある。最近までその学生のほとんど全員が白人であった。現在では学生の15～20パーセントは有色人種である。私の大学はアメリカ人の人種の混交性を代表しているとはいえないけれども，現在の教室を見る限り，控えめながらその多様性を見いだすことができることを評価したいと思う。たとえば，アフリカ系アメリカ人の女性がいれば，ファッションカタログに登場する黒人女性はみな肌の褐色が薄く，髪の毛が直毛であるのを見ると現実とは違うのでがっかりするというコメントを聞くことができる。エルサルバドルから来た学生がいれば，英語の慣用句を学ぶのにいかに苦労したかを語ってもらうことができる。女性の心理学のクラスに中国の男性がいれば，ひいおばあさんがてん足をされていてほとんど歩けなかったことを話してもらうことができる。もちろんこうした多様性はたまに逆効果になることもある。たとえば，去年ナイジェリアから来た学生は，私の心理学入門の教科書で理解できないことがあるといって私のところにやってきた。私は何かの出来事をソープオペラにどこか似ていると書いたのだが，その学生はソープオペラとは何かと説明を求めてきたのである。★7

　他の文化についてより広範な背景知識を得るために，私は学内のスペイン学生のグループと勉強会をもってきた。今年は，韓国系アメリカ人の学生グループが私にアドバイザーになってほしいと頼んできた。学内でただ一人の韓国系の教授が自国に帰ってしまったからだ。

　私はまた，ニカラグアの人々との家族ぐるみのつきあいを通じて，ラテンアメリカの文化的背景をもった人たちについてもより深い理解を得てきた。私は1990年に，夫のアーニー（小児科医）と長女のベスとともにロチェスターの姉妹都市である，ニカラグアのエルソースを訪問した。ベスは幼児教育について興味をもっていた。私たちはエルソースで共同で，就学前の栄養不良の子どもたち30人に，ヘッドスタート計画型のプログラムを試してみようとした。何回か訪問を重ねるたびに，この子どもたちの情熱と思いやりに強い印象を受けた。アメリカの裕福な家庭の子どもたちとは違って，彼らは仲間どうしで楽しそうに遊び，誰も仲間外れにすることがなかった。おもちゃを公平に使って遊び，先生に見てほしいとせがんだり，泣いたりすることはなかった。こうした体験

で，私は甘やかされたアメリカの子どもたちは，世界の基準からは遠くはずれているということに気づいていったのである。

娘たちから多文化的な見方を教えてもらったことは非常に良かった（子どもが親に教えることもできるという意味で興味深い役割の交換であった）。ベスはいまボストンの幼稚園で教えている。彼女のもっている2つのクラスは全部で50人なのだが，白人は2人か3人しかいない。子どもたちの多くはアフリカ系アメリカ人だが，プエルトリコやカリブ海の島，ラテンアメリカ，ケープベルデ（アフリカ沿岸のポルトガル語を話す島）からも大勢来ている。彼女から子どもたちの話を聞くのは本当におもしろい。4歳の女の子がスペイン語しかわからない子のために通訳として働いたり，スペイン語を話す子がポルトガル語の単語を聞いてわかることを発見して興奮したりするのだ。黒人の母親がよく子どもに気を使って，こざっぱりとした服を着せているという話をベスから聞くと，スラム街で生活保護を受けている女性についてメディアで流されるイメージをそのまま受け入れるわけにはいかなくなる。しかし一方で，幼児虐待や養育怠慢，家庭内暴力を目撃している子どもや，自分のおじさんが路上で殺された子どもたちの話もまた事実なのである。

娘のサリーはラテンアメリカについて私たちが理解するのを助けてくれた。彼女はメキシコ，ニカラグア，ブラジルに住んでいたからだ。彼女がスタンフォードの学生だったときには，ラテンアメリカ人向けの大学宿舎「カサ・ザパタ」に2年間住んでいた。大学3年のときに，彼女は宿舎のグループの一員になってチカーノ（メキシコ系アメリカ人）の女性についてのコースを開いたりした。スペイン文化におけるジェンダーについての彼女の洞察や，宿舎の中に家族的な精神をつくることで相互援助を進めたり，チカーノの学生の母親が自分の子どもにスペイン語をマスターさせようとしなかったことなど，私たちに教えてくれたことに感謝している。サリーは現在ホンジュラス国境近くのニカラグアの田舎に住み，コミュニティ・オーガナイザーとして働いている。彼女は相変わらずいろいろな話をしてくれる。それは私の授業や著作のための情報となり，また，常に私の視野を広げてくれるのだ。

私が重要だと思っているもう1つの多様性の源泉は，性的志向性や好みの問題である。私が教え始めたとき，大学の同僚たちはみんな異性愛者だと信じ込

んでいたのだが，1980年代に女性の意識を高めるグループに入ってからはそうではないことに気づいた。そのグループの4人の女性のうち異性愛者は私だけだったのだ。そこで私は，レズビアンが標準となっているグループの中で，少数派に属するという興味深い体験をすることになった。この貴重な体験が，あとで自分が受け持っている女性の心理学と心理学入門の授業の中で，性的な好みと志向性の問題を取り上げることにしたきっかけとなった。5年の間，私は学内のレズビアンとゲイ，両性愛者の支援グループの教員アドバイザーとして働いた。その時は，学内にいるゲイやレズビアンの教員はそのグループのアドバイザーになることで自分のことを知られるのをこころよく思っている人は1人としていなかった。何十人もの学生が私の研究室に来て，カミングアウトすることのつらさと喜びを語ったり，ホモであるためにクラスメートから毛嫌されていることを語り，学内にこうした支援グループが目に見える形で活動していることを心強く思っていると語った。

　こうした体験によって私は，心理学について本を書くときには，まず第1に多様性について重点を置こうと思うようになった。1960年代，私が学部生のときに使った教科書は白人男性を基準としてモデル化されていて，30年前まではそれでまったく問題がないように見えた。しかしいまでは，このモデルは私たちの学生の大部分の実体験とあわなくなっているのである。

　1992年に出版された私の入門教科書の初版は多様性について強調したものだったが，その当時ジェンダーや民族性，性的志向性などといった問題にきちんと注意を払っていた本はわずかに1冊か2冊くらいしかなかった。多くの書評者はこの問題を強調することに好意的だったが，何人かの書評者は敵意をあからさまにした。私はある人が言った言葉をはっきりと思い出すことができる。それは「著者は明らかに少数派の教員たちに迎合している」というものだった（私は，この書評者が，心理学入門を教えている有色人種の教員がいかに少ないかということに気づいているのかどうか不審に思うのだが）。また，何人かの書評者は，この本の写真や図に有色人種のものがたくさん載せられていることに不満を述べていた。

　現在では心理学入門の中で多様性の問題が取り上げられるようになったことを私はうれしく思っている。事実上どの入門教科書でもこのトピックについて

少なくともいくらかは言及している。しかし，そうした言及の多くは表面的なものであるし，多様性についての議論は本の最後の章で扱われるにとどまっている。このような「お荷物」的な扱いは適切ではないし，さらにはもし時間がなければ教師はこの章を扱うことをやめるかもしれない。そのせいで学生は多様性の問題を取るに足らないことか，あるいはもし時間があればやるくらいのこととして見なすかもしれない。そうならないようにするため，私は，ジェンダーと民族性の問題に関連するトピックがあれば，そのつど取り上げるという方法をとっている。

　私はまた，いくつかの本の中で多様性に関する情報がどのように提示されているかを問題にしたい。たとえば，ジェンダーについてのセクションでは，ギリガン（Gilligan, C.）の道徳的発達に関する本（1982）のように，ジェンダー間の差異について強調する傾向がある。こういう取り上げ方をするとジェンダー間の類似性を示した研究については無視してしまいがちになる。ジェンダーと知能について記述した部分では，男子学生が学業適性テスト（Scholastic Aptitude Test）の計算問題で女子学生よりも高い得点を取るということは強調されるけれども，数学の授業では女子学生の方がよい成績を取るという研究は無視されがちである。民族性の問題については，民族によるIQテスト得点の違いの記述にとどまり，有色民族がいかにステレオタイプ的に誤解されているかということはほとんど触れられない。性的志向性のトピックはエイズに関するセクションの中で言及されることが多い。このような扱い方では，ゲイやレズビアンによる関係は，恋愛というよりも純粋に性的なものであるかのような印象や，また異性愛者がエイズになりにくいのに対して，レズビアンの女性はエイズに罹りやすい危険性をもっているかのような印象を与えがちである。

　私が多様性を取り上げるときに，まず第1に重要だと思っていることは，さまざまな問題について学生がもっているステレオタイプを取り除くということだ。ジェンダーによる差異の多くはごく小さいものであること，多くの民族的ステレオタイプは実際にはほとんど根拠がないこと，レズビアンの子どもはそうでない子どもと同じくらいによく適応していることなどを，学生は学ぶ必要がある。老年期の人々の知覚および認知の能力がいくらか失われてくることは確かだが，しかし，それは全般的なものでもないし，また誰にでもあてはまる

わけでもないことを，学生は学ぶ必要がある。また，敵対する集団のイメージは（高校の教科書が示唆しているイメージとは裏腹に）非現実的なものであり，それは有害なものであることを学ばなくてはならない。

要するに，私のアプローチの第1の目的は，北アメリカ大陸で見られる多様性について理解し，メディアや一般的なステレオタイプによって伝達される誤った情報を減じようということだ。幸運にも，私たちはある程度は成熟し，複雑な思考もできるようになった大学生を対象として教科書を書いているのだ。本を読んだ結果，彼らが自分のもっている信念を疑い，自分自身で結論をくだそうという気になってくれればよい。

7節 最後にいくつかの問題

世紀の変わりめに生きるものとして，私たちは自分たちの未来を考えずにはいられない。心理学入門の教科書は21世紀にはどのようになっていくのだろうか。次の3つの問題が特に重要になってくるだろう。

第1に，増加する一方の心理学関連情報にどのように対処すればよいのかということだ。私が心理学入門の教科書第1版を書いたときの最初の構想では，健康心理学について独立の章を設けてはいなかった。ストレスや喫煙，エイズといった問題は他の章の中で簡単に触れるつもりだった。しかし編集者はこうした問題についての独立の章を設けるよう私に助言をしてくれた。そして，私は喜んで同意した。なぜなら，その章に書かれた情報は何人かの学生の命を文字通り救うことになるかもしれないし，またこの章の内容は他の章で扱ったたくさんの概念のよい復習になるからだ。だが，この先10年間のうちにまた別の章が必須事項として私たちの前に現われてくることだろう。

私がいま書いている教科書の第3版では，多様性に関する2つの問題をより詳しく取り上げたいと思っている。それは社会的階級と文化交差的研究についてである。しかしこうしたトピックを論じるということは，スタンダードな心理学のトピックの一部を捨てなくてはならないということである。伝統的なトピックの中からどれを短縮したりあるいは捨て去ることができるだろうか。古

典的条件づけのセクションを短くできるだろうか。催眠に関する議論を削ったら不満がでるのではないだろうか。情動に関する理論の概観をもっと凝縮できるだろうか。こうした疑問を書いてみると，本書の読者がうろたえて首を振るようすが目に浮かんでくる。どんな心理学者でも，また心理学教科書の編集者でも，それを削除してもまったく問題がないようなトピックのリストをつくることは不可能だろうと私は思っている。

　第2の問題は出版業界が必ずしも健全ではないということだ。教科書をつくるコストは上がる一方で，大学生の数は減少している（これは一時的なものだと思いたいが）。学会の大会で展示場を回ってみると，出版社の数が減っていることに気がつく。経営の見通しが厳しいため，出版社は積極的にリスクを負おうとはしない。私は他の心理学者たちとよく入門教科書の新しいモデルについて話し合ってきた。たとえば何人かの先生は，教科書を社会心理学から始めればよいと提案している。そうしたトピックはすぐに学生の興味を強く引くものだからだ。研究方法論や生理心理学，感覚と知覚といったトピックはもっとあとで教えればよいと言う。私は必ずしもこのモデルがよいとは思わないが，もし勇敢な出版社がこのプランを実行するなら，十分採算がとれるぐらいの支持者はいるはずだ。しかし，経営的な不確実さのために，こうしたリスクを犯すよりは保守的になってしまう傾向が強い。

　最後に，第3の問題は新しい技術の役割である。レーザーディスクや CD-ROM といった新技術は確かに印刷物の限界を超えることができる。バイオロジカル・モーションは CD-ROM のビデオクリップを数秒見せただけですぐに理解できるだろうし，感覚記憶のデモンストレーションをやるには，ローテクの教室内デモンストレーションよりもレーザーディスクを見せた方がよっぽど効果的に伝わるだろう。

　はたして CD-ROM は教科書に取って代わっていくのだろうか。確かにその形態は印刷物よりも柔軟性がある。しかし，学生たちがこうしたニューメディアの形態からどのように学ぶかということについては私たちはまだよくわかっていない。彼らはどのようにノートを取るのか，彼らはあとで復習するためにどんな材料を準備しておくのか，また，どのように試験勉強をするのか。CD-ROM は教材を効果的に提示することはできるだろう。しかし教科書と同じよ

うに効果的に教えることにはならないのでないだろうか。

　いくつかの大学は新しい教室テクノロジーに目を奪われてしまい，授業の目的についての見通しを見失っているようだ。最近開かれた教員の大会で，アンドレオリ-マティー（Andreoli-Mathie, V., 1995）は，彼女がジェームズ・マディソン大学での社会心理学の授業でどのように新しいテクノロジーを利用しているかについて議論した。機器が整備された教室は，魅力のあるプレゼンテーションをするための選択肢を提供していることは明らかだ。しかし，1コマの授業を準備するために何時間も費やさなければならないということを彼女は強調していた。さらに，彼女によれば，ボタンを押したり機器を調整することに時間を奪われ，学生との個人的接触の時間はむしろ少なくなったという。こうした目を引きつけるようなテクノロジーは大人数の授業では確実に有利であるといえる。最も熟練した教授でも600人の学生がいるクラスではこうした視覚的な支援を必要とするだろう。

　私の心理学入門のクラスの学生数は110人に制限されている。もちろんこの人数は理想的とは言えない。生き生きとした討論を行なうには40人以下のクラスでなければならない。それに110人のクラスでは学生全員の名まえを覚えることもできない（小規模クラスでは覚えるようにしている）。しかし，こうした大きなクラスでも本物の学習が起こっていることに私は気がついた。それは，講義，対話，デモンストレーション，学習を活性化するテクニックといった人間的な相互作用を通じて起こるのである。私は情報を効果的に提示する方法の導入を歓迎するけれども，学生はなお，丁寧に整理した学習材料を与えたり，思考を刺激するような質問をしたり，学生が重要な概念をきちんとつかんでいるかどうかを確認したり，学生が良い人生を送ることに気を配ってくれるような教師に教えられることに価値を置いているのである。少なくとも1990年代の終わりまでには，CD-ROMもレーザーディスクも，ただそれだけではこうした人間的な授業の目標を達成することはできないだろう。

5章　註　★は訳者註

- ★1　成績の平均点（GPA）は履修したすべての科目の成績（4−0点）の平均点であり，この学生の場合，ほとんどすべての科目で4点を取っていることになる
- ★2　フラッシュバルブ記憶：強い情動を伴ったできごとが，記憶に焼きつけられたように，詳細に鮮明に思い出される現象。
- ★3　アファーマティブ・アクション：少数民族や女性などの，これまで社会的に不平等な待遇を受けてきた人々に対する格差を是正するために，教育や雇用の機会を一定の比率で優先的に取り扱うなどの優遇措置をとること。
- ★4　自己参照効果：自分自身に関係づけて記憶されたものは，再生されやすいという効果。
- ★5　中等教育における心理学教育（TOPSS）については，2章の註（p. 62）でも言及されているので参照のこと。
- ★6　生態学的妥当性：実験室ではなく，現実の世界で日常的に自然に起こっている行動をどれくらい反映しているかということ。「生態的妥当性」とも。
- ★7　ソープオペラ：主に主婦向けに昼間放送される連続テレビドラマの総称。番組のスポンサーに石鹸会社がつくことが多かったから。
- ★8　バイオロジカル・モーション：人間の胴体と手足の関節に光点をつけ，それを暗闇で見るとき，静止していると単なる点にすぎないが，その人が動き出すと人の動きを知覚できる。

5章　引用文献

Andreoli-Mathie, V. (1993). Promoting active learning in psychology courses. In T. V. McGovern (Ed.), *Handbook for enhancing undergraduate education in psychology* (pp. 183–214). Washington, DC: American Psychological Association.

Andreoli-Mathie, V. (1995, October) *Teacher or technician? Teaching in the 21st century.* Paper presented at the Northeastern Conference for Teachers of Psychology, Ithaca, NY.

Austin, J. (1961). *Emma.* London: J. M. Dent. (Original work published 1816)

Gilligan, C. (1982). *In a different voice.* Cambridge, MA: Harvard University Press.

Matlin, M. W. (1979). *Human experimental psychology.* Monterey, CA: Brooks/Cole.

Matlin, M. W. (1995a, August). *Invited address: American Psychological Foundation Teaching in Psychology Award. Gardeners, midwives, bankers*

... *and barracudas: Metaphors for college teaching.* Paper presented at the 103rd Annual Convention of the American Psychological Association, New York.

Matlin, M. W. (1995b). *Psychology* (2nd ed.). Fort Worth, TX: Harcourt Brace.

Matlin, M. W. (1996). *The psychology of women* (3rd ed.). Forth Worth, TX: Harcourt Brace.

Matlin, M. W. (in press). *Cognition* (4th ed.). Forth Worth, TX: Harcourt Brace.

Matlin, M. W., & Foley, H. J. (1997). *Sensation and perception* (4th ed.). Boston: Allyn & Bacon.

Nodine, B. F. (1994, August). *G. Stanley Hall lecture series. Students write to learn in psychology courses.* Paper presented at the 102nd Annual Convention of the American Psychological Association, Los Angeles.

これからどうやって心理学を広めるか

chapter 6

チャールズ・G・モリス

> 教師自身が達成しようとする目標こそが教師の指針である。その目標は明らかになっていることもある。しかしどちらかといえばその目標は，きちんと分析されたわけではなく，単にそんなものだと思われているだけということのほうが多いのだが。
> （Wolfle et al., 1952, p.1）

　1960年代，まだイリノイ大学の大学院生だったとき，私は心理学の教授法についての大学院生向けのゼミに出席した。それはコスティン（Costin, F.）先生の担当であった。学期中の課題の1つは心理学入門コースの明示的な目標を作成することだった。

　背景知識として，1960年夏にミシガン大で開かれた大学教育課程についての会議をまとめたマッキーチィ（McKeachie, W. J.）とミルホランド（Milholland, J.）による本（McKeachie and Milholland, 1961）を与えられた。その会議はその10年前にコーネル大学で開かれた同様の会議を参照している（Wolfle et al., 1952）。どちらの本にも大学における心理学教育について慎重に検討した結果が反映されていて，私のつくった心理学のコースに大きな影響

を与えた。驚くべきことに，心理学入門コースに関する私の目標や哲学はそれ以来30年間ほとんど変わっていない。もちろん私が頑固者だから変わらないのだ，と考えることもできよう。しかし私はむしろこう解釈したいと思う。それら2つの会議で議論されている原理には常に変わらぬ価値があるというのが理由の1つ，そして，マッキーチィやミルホランドと同じ心理学科で，この30年の間過ごしてきたからこそ変わらなかったのだ，というのが2つめの理由，という解釈である。彼ら二人は，私が誤って迷い道に入り込んでしまったときには，すぐに正しい道に連れ戻してくれたのだ。これから書くのは，そのような，30年間私を導く指針となってきた原理である。それは私が心理学入門コースを教室で教えるときにも，そして教科書で心理学を説明するに当たっても用いているものなのである。

1節　コースの内容

■入門コースは，可能な限り，さまざまな学生たちのニーズにあわせるべきである。学生のうちの一部にあわせて内容を絞るべきではない　心理学入門コースの教師が直面する最も基本的な問題は，1つのコースをすべての学生のためのものにするのか，特定の一部学生のために仕立てるのか，ということである。先ほどの2つの会議の参加者とも入門コースは特定のグループにあわせるべきではないということで一致したし，私も同じように考えている。ウォルフルら（Wolfle et al., 1952）が述べている。「教育課程において最も重要なコースは入門コースである。入門コースは多くの学生にとって心理学に触れる唯一の機会なのである。だからこそ，できるだけ多くの学生にとって適切な内容としなければならないのだ（p. 13）」，と。心理学の最初の1つのコースしか受講しない学生（そのうちのいくらかは単に単位取得が必須だから受講している）であってもためになるものであるべきだ。心理学に対して適度に興味をもって心理学を副専攻にしている学生であっても，さらにはこれからそれを専攻して将来は専門家になるかもしれない学生であっても，同様に役に立つ，そんなコースでなければならない。教養課程の学生であろうと，教職の学生であろうと，

看護学生・エンジニア等々でも同じように役に立つものでなければならないのだ。さらには、ジェンダー・人種・民族・年齢・文化などについての学生の多様さもまた考慮しなければならない。

　1つのコースに、すべての内容を、すべての人に向けて盛り込もうとすることはけっしてたやすい試みではない。誰に対しても何の足しにもならない授業に終わる危険性とは常に隣り合わせである。それでは、多様な学生グループのニーズにあわせるような心理学入門コースといったときに、私たちはいったい何を教えるべきなのだろうか？

■**入門コースでは、心理学を通して一般教養教育に対して貢献するように重点を置くべきである**　コーネル大学での会議では、学部レベルでの心理学コースすべてに関して、4つの包括的な目標が確認された。つまり、

　　(1)知的発達を促すような教養を身につけさせること。
　　(2)心理学の知識をもたらすこと。つまり、
　　　(a)心理学の研究成果、
　　　(b)心理学が問題としている主要なことがら、
　　　(c)心理学の知見を理論的に統合すること、そして
　　　(d)心理学が行なうことができる貢献について教えること
　　(3)自分や社会の問題に適切に対処できるよう個人的に成長させること
　　(4)知的好奇心を刺激したり、他者への尊敬の念をいだいたり、社会的な責任感をもったり、という、望ましい態度や習慣を育てること

(Wolfle et al., 1952, p.2-3)

である。4つの目標すべてをたった1つのコースで達成することは現実には期待できない。だからこそこのコースをとっている、目の前にいる学生にとって最も適切で現実的な目標を1, 2個選ぶことが必要である。私は心理学を通しての一般教養教育の実現に焦点を当ててきた。コーネル大学での会議参加者も同様である。そのような方針は心理学入門のようなものにはとりわけ向いているようだ。内容が幅広く、多様な学生を対象にしており、さらに授業で扱うようなことについて、学生が前もってふれていることがほとんどない点がこの方針にあうのである。

ではこの「教養教育の目標」とはいったいどのようなものだろうか。私（コーネル・ミシガンでの会議参加者も同様だが）が信じているのは，教養教育とは最低限，次のものを含んでいるということである。すなわち，(a)学生に心理学についての知識を提供すること（心理学の基本的な問題は何か，中心的な事実と原理にはどんなものがあるか，心理学を科学として考えること，そして科学の構造と機能は何かなどについて），(b)思考方法を変えること（体系的で偏りのない観察とは，定量的思考について，複雑な因果関係の理解について），(c)価値や態度を変えること（心理学的な事象に関して用心したり責任をもったりするといった，価値や態度としての知識）。これらの目標はどれも私が心に描いている入門コース授業の要諦であり，以下により詳しく議論する。

（1） 重視するのは個々の知識か核となる内容か

入門コースは単に目の前にある実際的な関心に焦点を当てるだけではいけない。また心理学とはどんなものかということについて学生がもっている先入観を利用してそれに訴えかけようとするのもやめたほうがいい。心理学の入門コースは，心理学という「行動と心的過程の科学」の概観について体系的に伝えるものでなければならない（Wolfle et al, 1952）。だから入門コースでは，むしろ心理学において連綿と続く基礎的な問題について言及すべきだ。他の専門分野と共有している問題やトピックだけでなく，歴史や同時代の社会に根ざしている問題を扱うのである。入門コースは心理学の中心的な事実や原理をよく代表するものであるべきだ。そして心理学を科学として（科学的方法の概観を含みながら）記述すべきなのである。そのことを，ミシガン大での会議の参加者がこう述べている。

> すべての心理学の入門コースが試みるべきことがある。それはまず，例を通して「人間の行動は科学的方法による研究に適した対象である」という命題を学生が受け入れられるようにすること，そして，科学的な方法によって積み重なってきた心理学上の基礎的な知見を伝達することである。
> 　　　　　　　　　　　　　　　（McKeachie and Milholland, 1961, p. 41）

このような試みを通して，心理学は単なる常識ではないと学生に意識させるよ

うにすべきなのだ．心理学には学生に伝えるだけの何がしかのものがある，心理学を学べば学生は，「自分は確かにこれまでの人生ずっと実践的な『心理学者』であったけど，自分がまだ気がつかなかった性格や行動を人間はもっているのだなぁ」と気づくようになる，そのようにすべきなのである．

(McKeachie and Milholland, 1961, p. 42)

　それでは，科学としての心理学を体系的に概観する際には何が含まれているべきなのだろうか．

❶入門コースは基礎・中核となる事実や原理を強調すべきである　私自身は教えるときに以下の様なものを集中的に扱う．すなわち，(a)広く（普遍的ではないにせよ）認められている中心的な事実や原理であって，(b)教養あるものにとっては知っておくことが重要であり，(c)この先さらにいろいろな心理学コースを学ぶ際の準備として必要である，といったものである．もし，ある特定のトピックがこれらの3つのうち少なくとも2つの基準を満たさないなら，私はそのトピックを自分の授業や本にはまず用いない．この方針は非常に厳しく，コースの内容はこれによってかなり制限されるので，誰からも支持されるものではないだろう．たとえば，私の同僚にはまったく百科事典的な授業をするものもおり，その授業では学期の間にできる限り多くの教材が詰め込まれている．おそらくそのような教師は，学生があんまりたくさん忘れるので，あらかじめ受け入れ可能な知識の2倍もの知識を注ぎ込んでおくべきだ，と思っているに違いない！　しかし私は別のやり方が好きだ．つまり，中核となる内容に的を絞り，より忘れにくいようなやり方で中核的な内容を教えるというものである．この目的を達成するための私のテクニックはこの章の後ろに述べられている．

　また同僚の中には「優れた学生に教えるときには，授業で扱う事実・原理・理論の数は有意に増やさなければ」という信念をもっているものもいる．この論法に従うなら，ふつうの学生に対しては600ページの教科書が適切である場合，優等な学生や優秀な学校では800ページの本が望ましいことになる．しかしながら，もし600ページの本が基礎的・中核的な事実と原理を効果的に網羅しているのであれば，残り200ページでの目的は何なのだろう．そこで，私はすべての入門コースで同じ簡明な教科書を使っている．大人数の概論のコース

でも，小人数の優等生向けのコースでも，近くの街で開かれる夕方の公開講座でも，全部一緒なのだ。より優秀な学生には単により量的に多い教科書を与えたり教材の数を増やしたりするのではなく，質的に異なった学習経験を増やすようにしている。たとえば，後で述べるようなコンピュータ会議や課外読書計画などのように，である。

　入門コースや教科書には，教師（著者）の個性を表に出すのが重要だという信念をもつ同僚もいる。教師の個人的な態度・価値・問題点が心理学の中核的な内容と混在し，分けることができないようになってしまうほうがいいとそのような同僚はいうのである。いわば「心理学（者である私の思想への）入門」である。これとは逆に，私は自分個人が心理学の内容へと入り込み，人に自分自身の個人的な考えを押しつけることのないように一貫して努力をしている。心理学の各分野や問題点にこそ学生の注意は向けられるべきであって，教師である私や私の個人的な経験・価値・態度に焦点が当てられるべきではない，というのが私の信念である。この信念どおりにいっている範囲内では，私が教えている学生や私の教科書を読んでいる読者は，そのコースの終了時・その本の読了時には，心理学者によって広く共有されている問題点に対してより考えを深めているだろう。それも，他の論争となっている問題について，私個人がどのような立場に立っているかについてはほとんど知らないままで，である。この問題については本章の1節（3）「価値と態度」の項で再び扱う。

❷入門コースは，新たに進展しつつある内容の中で，永く残るようなものを含むべきである　最新の研究や理論も入門コースに入れるべきなのだ。新たに進展し重要になって，かつ永続的価値をもつことも明らかになった，そういうことがらを教師として私たちは扱うべきである。このような試みは，授業を最新のものにするだけではなく，その研究領域が変化していくダイナミックなものであるという感覚を学生にもたらす。しかし，無理に「現代的」にして「新鮮さ」を出そうとして，時の試練に耐えられないような内容を教えるなら，学生をひどい目に合わすことになるだろう。そのような教材を教えたならば，学生はかえって迷惑をこうむることになる。不幸なことに，本当に重要な新しい仕事を見きわめようとすることはとりわけむずかしいことなのだ。教えようとすることがらのうちたいていの部分は，私たち自身の専門領域の外にあるからで

ある。ならば，入門コースの教師や教科書の著者があの魅惑的なサイレンの歌声に耳を貸さず，つまり線香花火的な，一時的に熱中されるだけの研究に注意を逸らされることなく，しかも現代的でなければならないという二律背反をどう解決したらよいのだろうか。1つの優れた方法は，同僚からアドバイスを受けることである。その領域の専門家である同僚に，入門コースでどんな新しいトピックを話せばいいのかを聞くのである。1970年代後半，私が議長をしていたアメリカ心理学会の大学学部教育に関する委員会は，アメリカ心理学会大会においてスタンレー・ホール[*2]（G. Stanley Hall）記念連続講演を創設した。それは，各領域の専門家たちが入門コースの教員に対して，その領域で何が新しくて重要なのかについて話すフォーラムであった。そしてその連続講演は本来の目的を十分に果たすまで続いた。加えて，『Current Directions in Psychological Science』，『American Psychologist』，『Annual Review of Psychology』，そして最近発刊された4冊組の『Encyclopedia of Human Behavior』（Ramachandran, 1994）は領域全体にわたる重要な動向や新しい発展についての情報源として優れたものである。

❸入門コースは，その領域が歴史的にどう発展してきたか，そして現在の知識がどのような変遷を遂げたのかについて教えるべきである　上に述べたように，その領域が現代においてどのように発展しているかについて扱うのは重要ではある。しかし私は「今日の心理学」だけをあたかも過去がないかのごとくに教えるのは誤りだと思う。確かに過去の心理学の考え方の中には，現在では妥当でないものも含まれている。とはいえ，心理学がいかに誤りを克服して発展してきたかについて，学生もある程度までは理解することが重要であると私は信じているし，コーネル・ミシガン会議への出席者もまた同様なのである。

❹入門コースは心理学を科学として教えるべきである　数十年前のミシガンの会議出席者は「入門コースでは，専門科目とまったく同様に，科学としての心理学の本質的な性格を保たなければならないという視点を強固に保っていた」（McKeachie & Milholland, 1961, p.52）。その目標は1960年代と同様に今日でも重要である。入門コースは，心理学イコール臨床心理学という通俗的なイメージを体系的に揺さぶりにかかるべきである。そしてそのイメージを置き換えて，心理学は実際には科学を通して行動への洞察を得ようとする試みである

ことを理解させるべきなのだ。入門コースの授業は，心理学が問題を取り扱うときにどのように科学的方法を用いるのかとか，心理学的な知見がいかに時を重ねた研究を経て蓄積されてきたかなどを示すべきである。1つのトピックについて，常識的な立場から行動を眺めてみる。それは体系的な研究の結果と対照させてみたときとはしばしば異なるのだが，その食い違いを知って驚く。そのような体験をするのがよい。いかに心理学者が，実証的研究によって理論をつくり変えてきたかを学生は知るべきである。それと同時に学生も，実証研究を知ることによって自分自身のものの見方を変えるべきなのである。

入門コースの「個々の知識か核となる内容か」の議論に多くのスペースを費やしてきたが，それはたいていの入門コースや教科書では，その両方を強調する必要があるからである。コーネル大学での会議参加者はこの点について以下のように指摘している。

> 考えることに価値をおくこと，考える態度を身につけること，そして考えるように習慣づけること，これらはどれも当然の目標である。しかしながらこれらはまた，どちらかといえば，学生の個人的な属性でもある。個人的な習慣や態度は，正面きって変えようとはしない方がいい……（さらにいえば，）もし教師が自分が教えようとしている内容が重要だと信じることができないくらいならば，その教師は教えない方がよい。そして学生は聞かない方がよい。
> (Wolfle et al, 1952, p.10)

このように，これから述べる習慣や態度も心理学入門の授業にとって重要ではあるけれども，これまで述べてきた目標ほどには重要ではない。私が授業をしたり教科書を書いたりするときには，これらは授業内容ほどは重視しない。

(2) 考えるという習慣

入門コースでは，考える習慣をきっちりと身につけるさせるべきである。心理学入門コースでは学生がある心理学上の情報を取り入れる方法と，その情報について考える方法とを，きっぱりと分けるようにするのが当然だ。さらに，心理学における入門コースを取った学生は，行動をより洗練された方法で観察

するようになるべきである。そして，たとえ実験的に統制されていない状況で自然に起きる行動を観察・解釈するときであっても，どのような落とし穴の可能性があるかを理解できることが期待される。また，尺度の性質，正確な測定の必要性，統計的推論についての基本的な論理，標本抽出の論理などの定量的な思考の技能についてもいくらかは身につけているべきである。注意深く証拠を評価し，非論理的な思考を意識でき，何が過度の一般化なのかを認識し，因果と相関を弁別するといった考え方ができる，つまりは，クリティカル（批判的）に考える能力を身につけているべきなのだ。たいていの行動には複数の原因が関わっていると認識して，複雑な行動を過度に単純化して説明しないことも期待される。行動について推論するときでも慎重になり，自分の知識を制約するようなもの（仮定・バイアス・限界・確率）をより意識するべきだし，自身の行動をより客観的に判断できるようになるべきである。手っ取り早くいえば，より科学者に近いようにして考えるようになるべきなのである。

(3) 価値と態度

　心理学の入門コースは，心理学的な知見と一致する態度や価値を助長すべきである。すべての人が是認する価値や態度が何かということについてここでは敢えて同定はしないが，「知的な好奇心に対する態度，他者への尊敬の態度，社会的責任の態度（Wolfle et al., 1952, p. 3）」を育て，助長するのが心理学における最初のコースとしては正当だというのが一般的な合意になっていると私は思う。知識を増やすことが価値あることだと考える学生にはその通りだと言ってあげること，自分自身のために考え，学習することに価値をおく学生に対してそうだと支持してあげること，ものの「価値」は常にその「報酬」によってのみ測られるわけではないということを理解するように学生を奨励したりすること，これらはどれも適切なことだ。心的な不健康を予防したりそれに対処したりするのは適切な行為であるが，それと同様，心理学自体に対する純粋な関心に気づかせたり発展させたりしようとすること，心理学と心理学者に対する理解や尊敬をつくり出すこと，科学的・学術的な心理学研究へのサポートを増加させることもまた適切な行為なのである。さらにいえば，もっと積極的に心的な不健康への耐性を育てようとしたり，人間の多様性について理解を深め

ようとしたりすることもまた，入門コースでは理に適ったことなのだ（McKeachie & Millholland, 1961）。

2節 教授法のテクニック

コースの目的や適切な内容を決めることと，望ましい結果を達成することとは，まったくの別物である。後者は「教授方法方略」の要素なのである。ここで述べる方略（あるいはテクニック）は私の入門コースで教授の目的を実現するのにずいぶんと役だってきたものである。

(1) 教科書を使うこと

ここまで心理学を体系的に提示することを強調してきたので，私が教科書にかなり頼っているといっても読者は驚かないだろう。それについては1つ話がある。私が最初に心理学入門コースを教えた1960年代の半ばから後半にかけては，自分のニーズをすべて満たす教科書がなかった。レベルの高い優れた教科書もあったが，それらはあまりに百科事典的でありすぎて，読みたくなるようなものではなかったのだ。数多くあったのは「大衆的心理学」の本だった。それらは初めは学生の興味を引きそうではあった。人気を呼びそうなトピックとそれに関連した内容，そして見え透いた仕掛けからできていたのだ。これらの本はそれなりに興味深く，読むにはおもしろいこともしばしばあったが，それと引き替えに失っていたのがしっかりとした内容であった。

私にしてみれば，教科書の内容は「多すぎ」か「少なすぎ」のいずれかだった。そこで私は教科書出版社に，しっかりとして，一定の水準にあり，包括的だが比較的簡明な教科書をつくるよう懇願した。その教科書はまた，心理学の中核的な原理や発見を公平に扱い，読みやすく，小手先の仕掛けなどに頼らなくても十分に学生にとって興味深いものであってほしかった。しかし当然ながらたいていの場合出版社の答えは，「そんなものはありませんよ。ご自分で書かれたらいかがですか？」というものだった。私が初めて書いた教科書は『心理学入門（Psychology : An Introduction）』で，現在9版が出ている（Morris, 1996a)。何年もの間に，この本を真似した本も出てきているので，私と同じ授業哲学をもつ教員は複数の選択肢から好きな教科書を選ぶこともできる。30年前に同じような幸運があったらなとも思う。

　どんなときでも，教科書は私の入門コースの中核であり，教科書の内容を習得することを学生に期待しているのだということを私は学生に明確に伝えている。そして学生がその内容を習得するのを援助するため，私はいくつかの教授テクニックを用いるのである。

（２）　教材の提示

　自分で書いた教科書と同様に，授業の場においても私は学生が現在いる地点から話を始め，私がここまで連れてきたいと思う内容のところまでゆっくりと引き上げることにしている。そのように徐々に引き上げている途中で，アプローチの違いでどれほど事実の意味づけが変わるかということをしだいに学生に見せるようにしているのである。常識や自明と考えられた答えであっても詳細に検討すると破綻することがある，とプラトン流の対話で示すこともある。研究データと学生の先入観とを対比させることもある。いずれの場合も，目標は具体的な１つの事象からより一般的な原理をつくり出すことであり，単純なものからより大きな複雑さをつくり出すことである。ピアジェ流にいえば，経験によって思考が調節されるのである。

　しかし，たいていの場合私は，ありふれた例やケーススタディ，デモンストレーションを用いて学生の興味を引くのと同時に，より洗練された理解をつくり上げる基礎とする。たとえば，授業中に私は「サムの息子」ニューヨーク連続殺人事件を議論の基礎としてかなり詳しく取り上げる。そしてそこから精神分裂病について考えたり，法的な概念としての能力や狂気と，心理学的な概念としての精神的な不健康との違いについて扱ったりする。多くの錯視のスライドを続けて見せて錯視が視覚系のさまざまなレベルで生じることを劇的に示すこともあるし，学生がふつう認識しているよりずっと知覚が動的・創造的過程であることを例示することもある。学生にさまざまな種類の情報を記憶させて記憶が体制化されていることをよく納得させることもある。私たちがあるものを覚えているのに別なものを忘れるのはなぜかということをとりあげ，長期記

憶からの再生における再生手がかりの役割や，系列位置の効果，順行干渉や逆行干渉などがしばしば見られることなどを理解することが，この現象を説明する上で重要だ，などということも同様に学生に教えている。

　ものを書くときのアプローチも同様である。たとえば，私の教科書各章の冒頭は単なる飾りではない。それは章内容のキーポイントを簡潔な言葉で提示しているが，それによって，続く議論の場を用意するはたらきをしている。動機づけの章では体重を減らすことについての議論から始め，飢えや食行動の規定因について心理学がどのようなことを発見してきたかを強調している。認知の章では，読者が解かねばならない多くの問題を入れて，それぞれに教科書中で詳細に論じられている重要な原理を例示させている。知能の章はいろいろな知能テストに含まれている質問から始める。それは，知能の本質についての議論に対する読者の興味をそそるだけでなく，知能テストについて読者に経験させ，その章の後半に出てくるテストの信頼性と妥当性に関する議論の基礎とすることを目的としている。どの場合でも究極の目標は心理学がどうすれば人間の行動に関して学生がすでにもっている知識に上積みしていけるかを例示することであり，さらには科学的な方法がいかに学生自身が自分の生活で使っている方法と異なるか，そしてその方法がいかに生活で使っている方法を補完するかを示すことである。

　この「学生がいまいるところから出発する」という方略は人間の記憶の精緻化リハーサルと一致している。新しい教材をすでに知っていることがらに体系的に関連づけるということは，新しい教材が再生されやすいように長期記憶に埋め込むことだからである。この技法の価値は現代認知理論が出るよりも先に認められていた。数十年前，コーネル大学の会議の参加者は次のように述べている。

　　　学生が何を期待しているか，心理学について何を知っているか，自分のニーズを何であると感じているか，などを知ることは教師のためになる。学生についてのこのような知識は，教師自身の研究領域で何が重要かということについて，教師自身の見解を変えるようなものではないかもしれない。しかし，教育課程における目標になるべく近づくように学生を引き上げるには，学生がいまいるところについて知っていた方がよいのである。　　（Wolfle et al., 1952, p.1）

ここで，警告を2つほど述べておこう。まず，学生の関心は心理学の中核的な原理を教えるための手段として用いるべきである。学生の関心をひくこと自体を目的とすべきではない。ミシガンの会議参加者が述べているように，「もし私たちが具体的な1つの事象からより一般的な原理をつくり上げていないなら，まだその教え方は不十分なのだ」(McKeachie & Milholland, 1961, p. 28)。第2に，「うまくいく授業では，学生が自発的に示している関心以上に学生は刺激される」(Wolfle et al., 1952, p. 14)。この章にもすでに書いたように，私たちの教師としての仕事の一部は心理学に関する純粋な関心を呼び覚まして育てること，それまでは必ずしもあったといえないところに新しい関心をつくり出すこと，そしてこのようにして学生の態度や価値を変えていくことなのである。

　学生がすでにもっている関心や知識を基礎にすることに加えて，教材を興味深く，魅力的にすることにも私は熱心である。私が学部生の頃は，授業をしている教授は「より重要なことを教えるときほど，より学生にとってわかりにくくすべきである」と考えているように見えた。私はそのようなわかりにくい授業をする先生に対しては常に欲求不満をもっていた。その授業では先生が，「この概念はたいへん重要なので，簡にして明に説明することなどできない。実際のところ，もし私の言っていることがわかったというのであれば，それは単なる誤解であり，けっしてこちらが伝えたい重要なことに気づいたわけではないのだ」と言っているようにすら見えた。まるでそのようにむずかしく言わなければならない不文律があるかのようにすら私には思えたのである。しかし，私は教師として経歴を積むうち，心理学の入門コースではどんなに複雑な教材であっても明快でわかりやすく教えることができる，という確信をしだいに強めていった。もちろん，明快な教え方が思い浮かばずに頭をかきむしることもたまにはあるけれども。数十年の間，私の役に立ってきた単純な技法がある。何かあるトピックについて教えたいときには，いろいろな状況を想像してみるとよい。たとえば，地域のボランティアグループに対して，昼食後のスピーチとしてそのトピックを話したいときには，どのように提示すればよいだろうか，とか，そのトピックを心理学の背景知識をまったくもっていない親戚や友人に対してどのように説明すればわかってもらえるだろうか，などという想像であ

る。授業を準備している間や原稿を書いている間，常にそのように空想していれば，聞いている人が眠くならないようにあるトピックを提示するのもずっと容易になることがわかった。そういう方法を採らないと，大学に収まっている私たちは，どうしても眠たくなってしまうようないいかたをしがちなのである。

(3) 学習の目標

　知識の習得に関連した技法のうち非常に有効だとわかったものに，教科書の各章での学習目標を詳しく学生に伝える，という技法がある。私は教科書内容の習得が重要だと考えているのだが，学習目標の全体がまさに私の考えている「習得」すべきもの全体を表わしているからである。たとえば，1章の中で実験的な方法に関して扱っているセクションについていえば，学生の学習目標は次のようである。

　　　　実験的方法の主な特徴と長所・短所を理解せよ。独立変数と従属変数の区別や実験群と統制群の区別が確実にできるようにせよ。なぜ統制群が実験で使われるのかを説明できるようにせよ。

　学習の章で，オペラント条件づけに関する学習目標は以下のようである。

　　　　「強化」という言葉が意味するものを理解し，正の強化と負の強化，一次的強化と二次的強化を区別できるようにせよ。オペラント条件づけにおける強化の遅延の効果と強化スケジュールの違いによる影響を説明し，どの例がどの強化スケジュールの例か再認できるようにせよ。消去，自発的回復，般化，弁別を理解して再認できるようにせよ。消去抵抗に影響する要因を記述できるようにせよ。

　大ざっぱにいえば教科書各章にこのような学習目標が1ダースほど，全体では150以上がある。
　私の用意した学習目標をすべてみたことのある同僚はしばしば，学生がすべての教材を身につけるなどとは期待できない，という。しかし実際は，私が教えている学生は概してこの目標を達成してのける。なぜそのようなことができ

るのか，そのいくらかは，おそらく私が学習のやり方をきちんと教えることによっているのだろう。私はコースの最初に学習目標を配布する。次いで人間の記憶における精緻化リハーサルがいかに重要かについて簡単に講義して，各章の内容を効果的にリハーサルするには，いま配った学習目標をどのように使えばいいかをきちんと順々に教えていく。その使い方とはつまり，

(1)該当部分を読む前に学習目標を読むこと，
(2)本を開いてその章の最初の学習目標に対する答えを考えてみること，
(3)本を閉じて，答えをリハーサルし，正解かどうか再び本を開いてチェックすること，
(4)次の学習目標へ進み，(1)～(3)の手順に沿って章末までいくこと，
(5)章の終わりで本を閉じ，記憶だけから章のすべての学習目標をリハーサルして，ちょっとでもむずかしいと感じたものについては再学習すること，
(6)その後何週かは(5)を繰り返し行ない，特に前回問題となったところに焦点をあてること，

以上のような方法である。私はまた授業中の討論でも学習目標の重要性を強調する。たとえば，無作為に指名した学生にいくつかの学習目標について質問してみたりもする。さらに試験の問題もまた学習目標にあわせてある。すべての教育目標が少なくともどれかの試験では現れるようになっているのだ。

(4) 練習問題

役に立つ教授法テクニックの4番めは，私が用意しているテスト問題集からいくつかを，あらかじめ学生に教えるというものである。過去において，私はテスト項目ファイルの中から半分を学生に示して（正解なしで！），テストの半分はここから出ると約束したことがある。このとき学生は概して各々の問題の正解を出そうとして共同で勉強した。そのとき私は，学生だけでは答えが一致しない問題については援助したが，単に答えだけを教えることは拒否した。

いまでは同じテクニックを幾分違う方法で行なっている。前年，あるいはその前くらいに使ったテストの問題をすべて一列にならべ，章や学習目標ごとにまとめて，答えのヒントとともに各章の「自己診断テスト」として渡すのであ

る。学生がまず章ごとの学習目標を使ってその章を学び，次いで章ごとの診断テストを受けて自分で採点することで，どの程度教材を習得したかをみて，さらにどこを学ぶべきかを決める，という使い方をしてほしいと私は思っている。そして，学生が正解を理解していないような問題を使って勉強する，そのような勉強の手助けに私は授業の時間をいくらか割いている。

　練習問題の出どころにはもう1つあり，そちらはテスト問題をあまり公表したくない教員にとって役に立つ。たいていのテキストにある学生のための学習の手引きには，ふつうテスト問題が含まれている。また多くのテキストにはさらに章末に自己採点式のテストが載っている。これらを使って効果を上げることもできる。もちろん，鍵となるのは練習問題を学習目標や実際に試験に出てくる問題ときちんと対応させることである。

　私の経験では，見たことのある問題は見たことのない問題よりも5%から10%成績がよい。つまり，見たことのない問題での平均正解率が75%であるならば，過去に見たことのある問題なら80ないし85%の正解率になる。練習問題を使うと，このようにコースの内容に関して習得が進むが，それだけでなく，多くの2次的な利益をもたらす。「この項目について勉強しておいた方がいいかな？」とテスト勉強中に疑問に思った学生は，練習問題を見ればその答えを知ることができる。それに，なじみ深い問題が多く試験に入っているとわかると，学生の不安がかなり低減されるようだ。最後に，ある学生が試験ができなかったとして，なぜできなかったのか教師が知りたいときに都合がよい。その学生の試験での解答のうち練習したことのある問題となじみのない問題とでどう成績が違うかを見ることを比べてみると，それがなぜなのかを理解するのにたいへん役に立つのだ。

（5）　研究への参加

　学生は学期中に5時間は実験に参加することが要求されていて，その後実験者から口答と書面により実験目的や結果に関してのフィードバックをうける。[☆4]私の所属する学科の「人間を対象とする実験に関する委員会（Human Subjects committee）」は，「実験参加者としての学生が体験することが必ずや本当の意味で教育的な価値があるものとなるようにせよ」という要求をしている。

その要求の周知徹底具合は，伝統的にいささか度を超しているともいえるくらいである。実際，私がその委員会の委員長をしていた間にも，同僚の一人が私のオフィスにきて信じがたいといった面もちで尋ねた。「もし私の研究がほとんど，あるいはまったく，教育的な価値がないならば，私は学科の被験者プールを使えない，ということなのでしょうか？」と。答えはもちろん，「そのとおり。使うことはできない」というものでしかありえない。私はかつて他の場所で述べておいた（Morris, 1990）。学生が調査に参加するということには潜在的な教育上の価値がどれほどあるのかということについて。「被験者プールでの体験は必ずや実際に教育上の価値をもつようにしなければならない」と決定したミシガン大学での会議について。そして，何年にもわたり学生を評価してわかった，体験は実際にかなりの教育的効果をもっているということについて，である。

（6） 正課以外の読書計画

　私は心理学の中核的内容をカバーしている教科書を使っているが，簡潔な教科書なので，優秀な学生には時間的な余裕がある。そこで学習体験をより豊かにするため，別の課題も課している。たとえば，私は学生に心理学の有名な本を300冊以上載せた目録に注釈を添えて与えている。そして各々の学生はそのリストから1冊以上を選んで自分のための読書計画をつくるのである。また学生は学術雑誌を読んで，学期の間に2回それを提出することになっている。それを成績評価に使ったり，それに対して教師側からコメントをフィードバックしたりするのである。その正課以外での読書はその質と量に応じてコースの単位認定に20―50％くらい計上される。雑誌を読んでいるときの注意について，シラバスには次のように書いておいた。

　　雑誌を読んでいるときは，自分がいま読んでいるものに対する自分の考えを記録しなさい。自分から進んで能動的に読みなさい――述べられていることのうち1つのことを取り上げてそれだけを問題にするのも，ノートを取ったりするのも，受動的にやったのでは意味がないのだ。読んでいるときには，いろいろなことが必要になるだろう。そこで議論されている考えと取っ組み合うこと。どこか別の本や論文で書かれていることと比較すること。自分自身の体験と突

き合わること。つじつまが合わないところや例外・限定条件を見つけだすこと。著者に挑戦すること。友人・ルームメイト・家族とその考えについて話し合い，検証すること。つまりまとめていえば，能動的に，よく考えながら著者と対話しなさい。

なお，これに関心をもったならば，文献目録は以下のウェブページで手に入る。

http://www-personal.umich.edu/~tmorris/goodbook.html

（7） コンピュータ会議

　この教育テクニックは言及するだけの価値がある。それは単にうまくいっているからだけでなく，先に述べた教育目標の2番めと3番め（思考の方法を変える，態度と価値を変える）にもかなうからである。私は刺激的で，論争を呼び，結論が出ないような議論のトピックを150近くも集めているが，それらはコースの内容のほとんど全般にわたっている。私がしているのは，そのような質問をコンピュータ・ネットワーク上の掲示板に投稿することである。そして，学生にコンピュータの使用許可を与えて，最低限週に3回，少なくともそこに載っている質問の半分以上に対して，積極的に議論に参加するように求めている。このオンラインのコンピュータ会議は唖然とするほどの成功を収めている。最近この方法を用いたときには，半期の授業に参加した学生30人の討論がダブルスペースで印刷すれば4000ページ（学期末レポートの300～400人分，この本10冊分！）に及んだ。平均的な学生で半期の間に60時間を議論に費やした。あるときなどは，自分の関心ある話題についてのオンライン討論を見逃す心配をしないで他の授業に出られるようにと，2週間この会議を中断することを全会一致の投票で決めたことすらある！　それもこれも，そうでもしない限りは他の授業に出ることすらできないという，半ばやけっぱちの自己防衛の手段だったのだ。

　このようなコンピュータ会議では，参加している学生は他の人が投稿したコメントを注意深く検討し，自分の返答を投稿する前には注意深く考える（そして前のコメントにフォローするためにさらに前に戻る）。そのため，議論は同

じトピックについて教室でするよりもより深くなりかつ洗練される。曖昧な思考・重要でない仮定・過度の一般化などは，他の参加者がすぐにそのようなあやまちを犯していることを指摘する。学期が進むにつれ，著しく注意深く科学的な思考をするようになってくる。さらに，議論のトピックの多くが，重要な態度や価値に触れているからこそ選ばれたものである。その結果，たとえば，本人が望まないのに精神病院に入れること，心理学研究に動物を使うことの是非，体罰の効果，性差別語や人種差別語の意義，人間に対するレッテル貼りの効果，子どもに対するテレビの影響，などについて学生は，自分の信念とむきあうことになる。最後に，授業中に発言することに尻込みする学生でもオンラインでは同じような問題をかかえることがほとんどない。実際，そのような学生の多くが言うには，自分が自由に他人と意見をともにできるという気分になったのはこれが始めてのことであり，他の人が自分の意見を聞いたり，自分から学んだりしていることを嬉しく思ったということである。

　この会議のテクニックは現在は手直しされて私の教科書に組み入れられている。各章には「オンライン」という見出しの部分があり，そこにはその章で扱っているトピックに関連した議論が1つ記されている。また，それに関して興味をそそる質問がいくつか提出されており，さらにそのトピックについて学生が以前書いたコメントが引用されている。読者はその問題について熟考して自分の立場を明らかにし，コンピュータ・ネットワーク上で広く他の読者と交流し，その問題や他の論争を引き起こす問題についての討論に入っていくのである。

3節　新しい千年紀へ向けての心理学

　ここまで書いてきた入門コースには，私はまずまず満足している。しかし稿を終えるにあたって，是非もう1つ提案してみたい。まったく異なるアプローチによる心理学入門コースについてである。ここで，頭の中に表をつくってもらうことにしよう。表の横方向の見出しには標準的な教科書の章をならべたところを想像してご覧なさい。それができたら，今度は心理学において興味をひ

くいろいろな問題を想像して，表の縦方向の見出しをその問題で埋めていってご覧なさい（たとえば，睡眠と夢・記憶・怒りと攻撃性・心的能力・愛・ストレス・態度と価値・異常行動・個人差など）。心理学入門コースを，従来通りにこの表の横方向に沿った体系から教えるのではなく，縦方向に沿った体系に従って教えるとしたら，おもしろい内容になるのではないだろうか。たとえば，睡眠と夢を論じるのに1～2週間かかるかもしれない。そこでは心理生物学・認知心理学・発達心理学・人格などから言えるさまざまなことについて話すことができるだろう。同様に，1～2週間を使って怒りと攻撃性について扱えば，心理生物学・学習・発達・動機づけと情動・人格・異常心理学・社会心理学についての研究に関する話をすることができるだろう。愛と親密さも同様に複数の視点から検討できる内容である。このようにすれば，そのコースが終わったときには，学生は標準的な入門コースのほとんどの内容に接しているだろう。しかし，現在のやり方と違うのは，そのやり方では教えるべき内容がより凝集し，関連づき，意味があるように見えるような，そういう文脈の中で提示されているはずだ，ということである。学生がそのようなコースを終了すると，心理学の各分野に対する把握はいまより百科事典的ではなくなるかもしれない。しかし，重要で興味深い問題について，心理学を学ぶことで価値あることを言うことができるようになる，という認識は増えるだろう。ことによると，この本を読んだ人の中にはそのようなコースの教材つくりにひらめいた人もいるかもしれない。そして心理学を社会に還元する新しい道へと出発した人もいるのではなかろうか。

6章　註　　☆は原著の註，★は訳者註

- ★1　サイレン：ギリシャ神話で，海に棲む半人半鳥の魔女。その美声で船人を魅惑し難破させるとされた。転じて，破滅をもたらす誘惑の意。
- ★2　スタンレー・ホール：アメリカ心理学会初代会長。アメリカにおける心理学の創始者の一人。
- ★3　ニューヨーク連続殺人事件：1976年から1977年にかけて合計6人が犠牲

となり7人が負傷した，ニューヨークでの連続殺人事件。犯行現場に「私はモンスター，私はサムの息子」というメモが残っていたことからこの名がある。精霊による命令でこの犯行が行なわれたという主張がなされた。

☆4　あるいはアメリカ心理学会が出している学術雑誌に掲載された論文5本の要約をもらうこともできる。

★5　実験的な心理学の研究においては，その研究に被験者として参加してくれる多数の参加者の協力が是非とも必要になる。そのため，協力の要請が心理学の授業中に行なわれるし，ここにあるように一定以上の参加を単位取得の条件とすることも多い。そして，名簿に登録された後は，個別に実験室に来てもらって実験を行なうという形を取ることがふつうである。この大学の場合，名簿への登録・管理を大学の研究室単位で一括して行ない，それを被験者プールと呼んでいる。参加者の権利に配慮して，倫理面・教育面などの基準を満たしていることが委員会で認められない限りは，学科所属の研究者はそのプールに対する研究参加の要請ができないようになっているのである。

6章　引用文献

McKeachie, W. J., & Milholland, J. E. (1961). *Undergraduate curricula in psychology.* Chicago: Scott, Foresman.

Morris, C. G. (1990, August). *Improving the introductory psychology subject pool.* Poster session presented at the 98th Annual Convention of the American Psychological Association, Boston.

Morris, C. G. (1996a). *Psychology: An introduction* (9th ed.). Upper Saddle River, NJ: Prentice Hall.

Morris, C. G. (1996b). *Understanding psychology* (3rd ed.). Upper Saddle River, NJ: Prentice Hall.

Ramachandran, V. S. (Ed.). (1994). *Encyclopedia of human behavior* (Vols. 1–4). San Diego, CA: Academic Press.

Wolfle, D., Buxton, C. E., Cofer, C. N., Gustad, J. W., MacLeod, R. B., & McKeachie, W. J. (1952). *Improving undergraduate instruction in psychology.* New York: Macmillan.

情熱をもって心理学を教える

chapter 7

✱ デビッド・G・マイヤーズ

　仕事にはいまもなお2つの種類がある。1つは、「仕事はする価値があるからするのだ。たとえ誰も給料を払ってくれなくても。しかし、自分には財産もないし、雨風をしのぎ、衣食をまかなわないといけないので、働いた分の給料をもらうのだ」というものである。もう1つは、「人々が働くのは単に金を稼ぐことが目的なのだ」というものである。仕事は、給料が支払われない限り、誰もする必要はないし、しないのももっともだし、きっと誰もしないだろう。
　　　　　　　　　　　　　　　　　　（C・S・ルイス"The World's Last Night"）

　幸いなことに、心理学を教えるという私たちの仕事は前者である。私たちの専門分野を次の世代に示すこと、心理学の諸概念がいかに有効なものかを伝えること、学生がもっとクリティカル（批判的）に考え、毎日の生活の中で起こる諸現象を洞察することを助けること、超常現象は何の不思議もない現象から生ずることに気づかせること——こうしたねらいは、私たちの仕事を意義のあるものにする。そして、このようなねらいを考えると、「心理学を人々に還元せよ」というミラー（Miller, 1969）の忠告に従おうという気にさせられる。[★1]
　教養学部——ここには哲学者、社会学者、生物学者、文学者を含めた私の友

人と同僚がいるのだが——で30年近くすごしてきて，私は（他の人たち以上に）信号検出理論を教えるようなことよりも，もっと大きな概念を教えて，心理学を教養の伝統の中に位置づけることに関心を向けるようになってきた。文学，哲学，自然科学，そして心理学といった教養を学ぶことで，私たちの思考や意識は拡げられる。たとえば，どのように体と心はつながっているか，どのように子どもの心は成長するか，どのように心は知覚，記憶，信念をつくり出すか，世界中の民族のどこが似ておりどこが異なるのかといった，心理学の概念をいったん認識すると，人の心はけっして元にはもどらない。詩人のオリバー・ウェンデル・ホームズ（Oliver Wendell Holmes）が記したように，心は「いったん大きな考えの次元に広がると，元の大きさにはもどらない」のである。私のねらいは，教えるにせよ書くにせよ（書くということは広い教室で教えるようなものだ），科学的でありながらもあたたかく人間らしい，また，事実に基づき厳密でありながらも挑発的な理論がある，そのような心理学を示すことである。私は通常，心理学を専門としない教養の学生に教えるので，人間的見地から見て重要な問題に特別に焦点をあて，心理学の広がりを示すことをねらっている。

大学という学生のための機関で働く者として，また大学生の子どもをもつ親として，私は，同僚のためではなく，大学生のための講義を行なっている。私は自分の専門分野を，自分たちの目標やアイデンティティ，価値観，態度を模索している学生に対して教えている。作家のハイム・ポトク（Chaim Potok）は，母親に作家になるのをあきらめるよう次のように言われたという。「脳外科医になりなさい。そうすれば多くの人を死から守り，多くのお金を稼げるでしょう」。それに対してポトクは次のように答えた。「ママ，僕はみんなを死から守りたいんじゃない。生き方をみんなに示したいんだ」（Peterson, 1992, p. 47）。

多くの心理学の教師と教科書執筆者は，単に心理学を教えることへの愛情だけでなく，学生がよい人生——賢く，より充実し，思いやりのある人生——を送ることを助けたいという願いによって突き動かされている。この点では，我々は他の領域の教師や教科書執筆者と似ている。「なぜ私たちは書くのだろう」と論理学者のロバート・マカフィー・ブラウン（Robert McAfee

Brown）は問う。「私はあらゆる報酬を超えて，"私たちは物事を変化させたいがゆえに書くのだ"と答えたい。私たちは変化を生み出すことができる（という確信の）ゆえに書く。その"変化"とは，新たな美を知覚することかもしれない。新たな自己理解かもしれないし，喜びの新たな経験や，革命に加わる決定かもしれない」。

1節 価値，教えること，教科書

　教師として教科書執筆者として，信号検出理論などを教える以上のことをめざすときには，何らかの価値観が必要になってくる。私はポストモダン主観主義者というよりも経験主義者だけれども，ポストモダン主義者はきっと，価値観というものが私たちの研究や論文を必然的に導いていると主張するだろう。皮肉にも，厳密な研究はこれを立証する傾向にある。「確証バイアス」や「信念維持」，「心的構え」，「過信現象」などの実験は，信念がしばしば知覚を誘導することを示している。さらに，隠そうが明示しようが，私たちの価値観は教えるトピックや例，強調する点，現象の命名法を通して伝わってしまうのである。

　私たちの専門用語に隠されている価値を考えてみよう。性的行動が控えめな人を，「色情恐怖」と呼ぶべきなのだろうか，それとも「性的保守主義」と呼ぶべきなのだろうか。性格検査で自分のことをよくいう人は「自尊心が高い」のだろうか，それとも「防衛的」なのだろうか。他人に対して応答性の高い人を，「社会的に敏感だ」と誉めるべきなのだろうか，それとも「服従しているにすぎない」と軽んじるべきなのだろうか（アメリカでは独立した自己を尊重するが，反対にアジアでは相互依存的な自己を尊ぶ）。科学的厳密さを保っていても，心理学が背負っている価値観は，私たちが教える際に明らかになるだろう。

　したがって，心理学の研究も論文も価値中立的であるとは言えない。私たちがあらかじめもっている考えや価値観——私たちのスキーマ——は，私たちの理論の展開や解釈，トピックの選択，そしてその言語そのものを導いている。

真実の探求においても，私たちはみずからの予感やバイアス[★3]，内なる声に従っている。

そのため，教科書を執筆するときには，価値観を置き去りにしてしまうことはありえない。「何をどのように」書くかを決めるとき，自分の共感によって，方向が定められる。だとすると，心理学の教科書を書くことは喜びであるだろう。なぜなら，科学とジャーナリズムを結婚させるだけではなく，事実と価値を結婚させるからである。

私が学生に，驚きの感覚，すなわち人類を尊重し，畏敬の念をもって見る態度を養おうとすると，それを通して私の価値観がもれ伝わる。また，文化差や性的人種的偏見，愛他主義，暴力，個人主義，平和の形成，プライド，悪意，性と人間の価値のようなトピックにページを割こうとするときにも，伝わる。もしこれらのトピックを避けても，私はまた価値観を含んだ決定をするだろう。教科書執筆者や教師が何らかの選択をするとき，しばしば絶対的中立性は破られる。

信念や価値観をもつことは悪いことではない。なぜなら価値観とは努力を喚起し，指向するものであるからである。教えることや書くことを持続させるよう私を駆り立てるものは，物事を伝えようとする情熱である。これは「負の強化」を正しく定義するようなことよりも重要である。人がクリティカル思考によって直観を抑え，思いやりによって判断先行を抑え，理解によって錯覚を抑える手助けをする以上に重要な人生の使命はあるのだろうか。

ただし，価値観を切り離すことはできないとしても，教科書執筆者は，教科書をあるイデオロギーに導くために利用することには用心深くなければならない。昨年，編集者の1人と，子どものストレスが個人主義の勃興や父親の世話の減少と関係していることを教科書に載せるか載せないかでひどくやりあったことがあったのだが，そのとき，私は次のように説明した。教卓は説教台でもないし，教科書は特集コラムでもないと。講義や教科書には，無責任なイデオロギーによる学問の乱用をチェックする義務があるのだ。しかしながら，

> 私は，価値観から独立した心理学の教科書を与えることはできない（他のどんな教科書執筆者にもできないだろう）。私が埋め込んだ価値観は，あまり気づ

かれないのではないかと思う。特にあなたの価値観や学問の価値観と一致するときにはそうだ。でも，価値観は埋め込まれているのだ。そして，私が，私の仕事の中にやりがいを見つけるのは，この仕事が価値観を背負っているからである。あなたは，私の価値観に反発するかもしれないが，私を書くことに駆り立てる情熱を骨抜きにしようとまでは思わないだろう。

物議を醸すような問題に関連する研究結果を報告することは，編集者をひるませる（教科書を採用する可能性がある人たちもひるむわけだから）。そんなとき，読者は私たち教科書執筆者による厳しい挑戦をまのあたりにするだろう。つまり，編集者と査読者の助言に耳を塞ぐことなく，私たちの専門分野と私たち自身にとって真実のあり方を見つけるという挑戦である。編集者のアドバイスに耳を傾けることといいなりになることの境界線，また，同僚の意見に対してオープンであることと彼らに教科書を気に入られたい（採用してほしい）と思うことの境界線はどこにあるのだろうか。心理学が主張する，人間にとって重要な問題は，ときには教師を――そして教科書執筆者を――苦境に導くことになる。このことを，最近私は出版社に次のように説明した。

　私の何よりも重要なねらいは，真実を見抜き，それを効果的に伝達することである。そうすることで，たとえ性的態度に関するデータが保守主義者を不快にさせようとも，たとえ性的暴力場面を視聴することに関するデータが自由主義者を不快にさせようとも，また，たとえ超心理学の検査のデータがニューエイジ精神主義者を不快にさせようとも，私はどんな結果になろうともかまわないという勇気をもちたいのだ。すべての領域において，私のねらいは，ニュースをつくることではなく，できるだけ公平に誠実に報告することであり，クリティカル思考をうながすことである。私は，物議を醸すようなトピックに関する研究結果について自己検閲をしてしまうかもしれない。しかし，もし研究を報告することが少しでも議論を刺激し，そして，書くことによって個人の意見表明ができるのであれば，それは望ましいことではないだろうか。

2節　教える目標

以上述べたことが，私が教えたり，書いたりすることに力を与えてくれる重

要な動機づけと価値であるとすれば，教育目標とその戦術はどういうものになるだろうか。

❶探求のプロセスを例示すること　私は，学生に研究の結果ではなく，いかに研究が進んでいくかを示すことに心を砕いている。私は学生の好奇心をかきたてたいのだ。彼らには知識を獲得するだけでなく，学ぶことを愛してほしい。そのため，私は学生に古典的な実験の参加者となった状況を想像するようにうながし，次々と登場する手がかりを元になぞを解くようなミステリーとして研究のストーリーを導入することがある。

❷クリティカル思考の方法を教えること　知的な推理課題として研究を提示しながら，私は探求的で分析的な思考態度の有効性を例示することをねらいとしている。学生が発達，認知，統計のどれを勉強しようと，私はクリティカルな推論ができるようになることとそのメリットを示したいと思っている。そのため，最初の授業では，いかに心理学が直観の落とし穴に対する防御手段となりうるかを強調している。授業を通じて，学生に，広く知られた現象——たとえばサブリミナルによる説得，ESP（超感覚），占星術に簡単に頼ってしまうこと，バスケットの連続ゴール，抑圧され，回復された記憶などに関する互いに矛盾しあう考え方や主張を評価するのに，いかに経験主義的アプローチが役に立つかを伝える。もしタブロイド紙が私の授業を取材したなら，私は次のような見出しをつけるだろう。「心理学を学んで賢く考えよう！」と。

❸概念の助けを借りて事実を述べる　私のねらいは，学生の知的な引き出しに事実を詰め込むことにではなく，心理学の主要な概念を明らかにすることにある。すなわち，学生にどのように考えたらいいのかを教えることと，考える価値のある心理学的概念を提供することである。最初の授業は「後知恵バイアス（別名「そんなことは前から知っていた」現象）」のデモンストレーションで始め，授業が終わった後もずっと覚えておいてほしい概念を強調する。

❹原理を日常に適用すること　私は，授業中にエピソードや事例研究，仮想状況を提示することによって，基本的な研究の知見を日常生活に対して適用してみる。それは，学生の日常生活は，心理学を知ることよりも重要であり，また日常生活と関係づけることで，心理学に対する興味がわくと思うからである。

エピソードは，データとしては誤った方向に導くことも多いが，重要な原理を覚えやすくしてくれる。心理学が解明できる，人種差別や性差別，健康と幸福，暴力と戦争といった人類にとって緊急の問題にこそ，私は躊躇せず光をあてたい。

5 連続性を示すことで理解を深める　私は，個々のトピックをつなぐ重要な問題やテーマを授業や教科書の中にちりばめて，全体を一枚の布として織り上げたい。「錯覚的思考」の授業では，人間の合理性と非合理性の問題を提起したい。心理障害の授業では，困惑に満ちた人生に対する共感と理解を伝えたい。また，授業を通じて，遺伝と環境の相互作用や文化差といった問題を織り込んでいきたい。歴史家エドワード・ギブソン（Edward Gibbson）によれば，作品に統一性があることは，一人の芸術家の腕前の良さを表わしている。おそらくたった一人の教師によって教えられる授業についても同じことが言えるだろう。

6 人間の統一性と多様性を尊重する　私は，何度でも人間の類似性に関する証拠を学生に示す。たとえば，私たちが共有している生物学的な特性，見ることと学ぶこと，熱望することと感情をもつこと，愛することと憎むことの共通したメカニズムである。また，私は私たちの多様性についても示す。たとえば，私たちの発達と素質，気質と性格，病気と健康における多様性，また，態度や表現スタイル，子どものしつけ方や年長者の世話，人生で何を優先するかなどについての文化的多様性である。私の学生はさまざまな国から来ているし，アメリカの学生もまた，こうした世界的な意識をもつことから得るものがあると信じるので，私は世界中の研究の知見や統計的情報，文化的な例などを含めた世界感覚の心理学を伝えようとしている。

7 興味深いデモンストレーションやビデオを使って学生をひきつける　学生に原理や知見をじかに体験させることによって，私は生活の中に心理学をもちこむことをめざしている。29年間の経験の大半で，私は毎年複数の心理学入門の授業を受け持ってきた。その中で私は，(a)すぐにでき，(b)絶対確実で，(c)劇的（効果を見るのに統計的測定は不要）で，(d)教育的効果があり，(e)単純に楽しめるような一連のデモンストレーションを工夫したり，集めたりしてきた。たとえば，私は，学期中ときおり，学生たちに次のようなことをさせる。

- お互いどうしで肩と足首をきつく握る（神経を伝わる速度を測ることで，心理学的測定原理をデモンストレーションする）
- まるで超能力のように見えるトリックで惑わせる
- 反転メガネをかけることにより知覚的適応を経験する
- 誰もが持っている錯覚的思考の傾向を明らかにする
- 小集団でディスカッションしたあとに起こる集団成極化現象を例示する

　また，授業のほとんど毎回に1，2本の短いビデオを見せて，そのテーマに実感をもたせることで，講義をいきいきとさせ，討論を刺激する。たとえば，分離脳の研究を考えたいならば，その分離脳患者が検査されている場面を見せる。もし錯覚的思考の原理を示したいのなら，それを研究しているダニエル・カーネマン（Kahneman, D.）とエイモス・トバースキー（Tversky, A.）をスクリーンに映す。

　最後に，私は同僚のトマス・ルートヴィッヒ（Thomas Ludwig）がつくってくれたコンピュータシミュレーションを使って，学生たちに活動的な作業をさせる。これは学生を実験者として（ラットを訓練する），被験者として（記憶や錯覚の課題を行なう），ダイナミックな個別授業の生徒として（神経伝達のような概念を教える際にコンピュータグラフィックスを使う），参加させるインタラクティブなプログラムである。

3節　時々出会うコメントと質問への回答

■**今日の心理学入門の教科書はみな似ている。出版社は，すべての教科書執筆者を同じ鋳型にはめようとする**　教科書を書くことは，ソネットを書くのと同じく，ある決まった構造の中での自由しか許されない。ソネットは〈弱強五歩格〉と呼ばれる厳格なリズムに従って14行で書かれる詩である。この形式の中で，詩人は言いたいことを自由に言える。教科書執筆者はこれほど厳密な形式には制約されない。しかし，心理学の方法と生物学的基礎から始まって，社会心理学でしめくくる15〜20章の本をつくるというしきたりや期待がある。たとえば学習の章ではパヴロフ（Pavlov, I. P.）とスキナー（Skinner, B. F.）の業

績について触れるなど一定の内容を含まなければならない。こうした全体的な構成に制約されつつも，それぞれの教科書は独自の口調，レベル，強調する点，例，そして潜在的な価値観を提示しているのである。

　もしこのような章立てが嫌いでも，出版社を責めるべきではない，と私はよく同僚たちに話す。ポゴ（Pogo）★6が言うように，「私たちの敵は私たち自身である」。出版社はマーケット（つまり私たち）が望んでいるものを調査し，それを商品化するにすぎない。私が『社会心理学』の初版の草稿をまとめているとき，私はアメリカ心理学会の引用スタイル（括弧の中に著者名と年号を入れる形式。文に埋め込まれるので読むのにはじゃまになる）は教科書よりも学術雑誌にむいていると思った。そこで，私は，より読みやすい教科書をつくるため，小さな脚注を使って出典を示そうとした。この引用スタイルに編集者が心配したので，私たちは7人の社会心理学者に，どちらの引用スタイルがいいと思うか意見を聞き，それに従うことにした。残念なことに，一人を除いて全員が伝統的なスタイルを強く好んだため，古いやり方を変えようとした私の努力は実らなかった。編集者は先鞭をつけようとする私のささやかな努力を押しつぶしたが，彼女は単に私の同僚たちの代弁者にすぎなかったのだ。

■**教科書の出版はがめつい商売である。出版社は高すぎる本で莫大な利益をあげ，それらの多くは古い版に新しいカバーと写真をつけて焼き直すだけである**
これに対し出版社はこう答えるだろう。「内容を作成し，無料の補遺作成と献本のために投資する額を考えると，平均的な儲けは他のビジネスに比べればとても少ないものだ。」確かに，常に競争してより洗練度の高いものをめざすのは，資本主義の最もよい形態だろう。新しい版を計画するときは，編集者と筆者たちが，心理学を伝達するためのより魅力的な方法を探るブレインストーミング★7をまず始める。一方，筆者たちはまず資料の収集を行ない，そのあとで何百時間もかけて最新の内容に書き直す。とりわけ，心理学の教師たちが望んでいる最先端の内容を提供するために，何百もの新しい引用を盛り込むことに時間をかける。この競争過程によって最後に利益を受けるのは，もちろん学生である。それを疑う者は，現在の教科書およびそれをサポートする教師用ガイドと30年前に出版されたものとを比べてみればよい。

■**今日のやさしすぎる教科書は，賢くて好奇心のある学生を刺激しない**　確か

に今日の教科書はさまざまな学生にあわせてある。かつてウィリアム・ジェームズ（Wiliam James）の有名な教科書『心理学の原理』の完成百周年のとき，私は夏休みの何週間かをかけてこの先駆的な教科書を初めから終わりまで読んだことがある。何度も何度も，私はジェームズが見事に現代の知見を予測していることに感動し，彼の優雅な言葉使いを楽しんだ。しかし，私の学生はこれを歓迎しないだろう。その分量が膨大なだけでなく（約1400ページ），難解でもあるのだ。ランダムに選んだ6つの節に対して，私のコンピュータは15.0というフレッシューキンケイド学年レベル得点[★8]をはじきだした。ちなみに，今日の心理学入門の教科書の平均は約11.0で，1文中の単語はより短く，少なくなっている。ただし，これはただちに内容が浅いことを意味するものではない。読みやすさの計算式は，アイディアそのものやその深さを数量化するものではなく，ましてや言葉のリズムや鮮やかさを数量化するものでもないからだ。偉大なアイディアは明快な文章で伝えられるべきものであり，受動態の学者ぶった文体では伝わらない。「どんなものでも，身近な言葉で平易かつ自然に表現される」と随筆家ソロー（Thoreau）は言っている。

■**どのようにして情報を集め，その中から何を書くかを決定するのか**　学術雑誌や大会発表論文，私信，全国紙から選んだ2〜3000の情報（抜き刷り，原稿，要約，切り抜き）をファイルした後，私はその章にあてはまる新しい題材を取り出し，トピック別に分類する。そして，それらについて，次のように問う。「これはこの領域にとって重要なものであり，教育を受ける者が知っているべきものであるか？　私の限られたスペースの中で，学生に効果的に伝達できるか？　位置づける適当な場所があるか？」もし私が3つの問いにすべて「イエス」と答えたなら，それを採用する。しかし，1つでも「ノー」だったらおそらく採用しないだろう。

　2000以上の引用文献リストで膨れた分厚い教科書を広げる人たちはかなり強い印象を受ける。この本を見た学生や友人に，教科書執筆者は書いたことすべてを知っていると思い込まれてしまうと，教科書執筆者はまるで自分が詐欺師であるかのように感じるのではないだろうか。このように思い込んでいる人々が，本を書くことは自分では絶対できないとおじけづいているのを見ると私はいささか困惑してしまう。なぜなら，私たち教科書執筆者は自分たちがそうで

はないことを知っているからである。私の教科書は，実際は元々の草稿とはまったく違ったものになっている。査読者や編集者，本の制作の専門家からなるチームのおかげで（そして私の場合は詩人である同僚が作文の先生だ），完成品は一人の教科書執筆者がなしうる以上のものになっている。1200ページ分の原稿はものすごい量になるが，1日に3ページの努力（400日を掛ける）だと思えば，おじけづくこともない。私たちは1日でどのくらいできるかについて過大評価することが多いが（そのため1日の終わりにはいらいらする），毎日の少しの努力が1年や2年ではどれだけのものになるかについては，過小評価することが多い。

■**宣伝パンフレットに引用されるような熱烈な書評をいつも手にするのはさぞかし気持ちがよいでしょう**　本当のところは，それがすべての書評ではない。あなた方がけっして目にすることのない私の教科書に対する書評をここでお目にかけよう。私の『社会心理学』初版の査読者は，楽しさや親しみやすい口調を導入した私の努力に対して，軽蔑をもって「社会心理学はふざけ半分でやるものじゃない」と言った。私の入門教科書の査読者は（後に教科書を採用してくれたのだが），1章を担当して以下のような「賛辞」の言葉を贈ってくれた。

> この本の英語はひどい。誤った文法，構文，不明確な意味，用語の誤用など，山のようにある。学部生が書いたものではないかと思ったほどだ。この本を査読していると，学部生の期末レポートを修正している気になることがしばしばあった。

他の章については，彼は「この教科書はまるでドイツ語からの翻訳ではないかと思わせる」と書いている。

また，次のように書いた査読者もいた。この本は「非常に偏っており，独断的だ。筆者にはあまり能力があるとは思えない。私は自分で教科書を書こうかと考えていたが，ますますその気になってきた」と。本当に彼はすぐに書き始めた。

私たちプロフェッショナルとしての最も困難な課題の1つは，同僚からの批評であろうと学生による評価からの批評であろうと，それらに直面して打ちの

めされたと感じることなく,どんなに批判が殺到しようともそれに対してオープンであることである。批判や拒絶にがっかりしたときには,最初は評価されなかったけれども最後にはすばらしい仕事になった例を思い出すことにしよう。人々はロバート・フルトン（Robert Fulton）が発明した蒸気船を「フルトンの愚挙」と言ってあざけったものだ。のちにフルトンはこう言っている「たった1つの激励も,輝かしい期待も,あたたかい祝福も,私は出会ったことがなかった」。同じような反応は,印刷機や,電報,白熱灯,タイプライターのときにも見られた。ジョン・ホワイト（John White, 1982）の『拒絶』★9という本には,ミケランジェロやベートーベンからアメリカの詩人A・ウィルバー・スティーブンス（A. Wilber Stevens）——彼は期待していた出版社から灰の入った封筒を返送された——までの人々の仕事がいかに軽蔑とあざけりで迎えられたかという話が次から次へと出てくる。絵本作家 Dr. スース（Dr. Seuss）は,最近その業績がたたえられつつ死んだのだが,自分の作品を2ダースもの出版社から拒否されていた。アーヴィング・ストーン（Irving Stone）のゴッホについての本『炎の人ゴッホ』について出版業者ダブルディ（Doubleday）は,「無名のオランダ人画家について書かれた本を売る方法などない」と言った。この本は,15回も出版拒否されたのち,25万部を売ることになった。真偽は疑わしい話だが,『ピーターラビットのおはなし』を出版拒否した7つの出版社の1つは,これを「くさったにんじんのような匂いがする話だ」と言ったという。

　私の経験とこれらの事例から私は1つの教訓をひきだした。批判を聞こう。どこにも受け入れられないような作品を始末してしまうためには,批判と拒絶は必要なのだ。しかし,もし批判をじっくり考えたあとで,それでもあなたに1つのビジョンが残っているのなら,あなたはその目標に向かった方がよい。エリス（Ellis, A.）が言っているように,私たちのすることは必ずしもすべての人にいいと言ってもらえるわけではないし,それでいいのだ。私は,賞賛と批判の山が蓄積されていくにつれ,賞賛を受けても得意がったり,うぬぼれたりすることは少なくなったし,また,批判を受けても絶望したり,自分を卑下したりすることも少なくなった。振り返れば,私は批判を受けたことをうれしく思う。それと同時に,おどされて批判に従ったわけではなかったこともまた

うれしいのだ。

■**今日の心理学の教科書の短所はどこか**　短所の1つは1章が長すぎることである。平均的な教科書は40ページの長さの15章からなっている。これはちょっと座って読むには長すぎるので，目は疲れ，心は集中できなくなる。経済学や生物学の教科書のように，読みやすい長さの章にしたらどんなにいいだろう。つまり，15ページの長さの40章という構成にするのだ。

しかし悲しいかな，私たちはソネット作家のように伝統的な構造に縛られている。章を短くしようと少し努力しただけでも（たとえば児童期と青年期，感覚と知覚，動機づけと情動を別の章に分けるなど），次のような不満をぶつけられる。「私の授業は15週で終わってしまうし，週に1章以上進むこともできない」。もちろん，これは章の長さを無視している。また，授業の単位として，週を使うことも根拠のないことだということを無視している。もし，15週のセメスターで，45時限あるのならば，40時限は授業に使える。なぜ600ページを各15ページの40章（1時限に1章），あるいは，各30ページの20章（2時限で1章）に分けられないのだろう。繰り返すが，出版社が一定の構造を要求してくるのは，私たち教員が出版社に要求していることなのだ。改革の敵は私たち自身なのである。

■**今日の心理学の教科書の長所はどこか**　講義中心の指導（およびそれに関連した基本文献の講読）と比べると，教科書を用いれば，幅広く，偏りがなく，代表的で，精選された内容を学ぶことができる。この本の筆者たちが書いているすべての入門教科書は，教科書がない頃の講義よりもはるかに優れたものだ。たいへんな努力と徹底的な品質チェックのおかげで，教科書は，よりわかりやすくなり，しっかりとした構成になり，注意深く概観され，労を惜しまず編集され，効果的に提示され，そして魅力的なものになった。それはどんな教師も，教師グループもWebサイト管理者も，これ以上のものはつくり出せないほどである。ウィンストン・チャーチルが民主主義について言った言葉を借りて言えば，こう表現できる。「教科書は情報を伝えるには最悪の形態である，他のあらゆる方法を除けばだが」。

ある学問領域の情報をすべての人に利用可能にすることによって，教科書は民主主義社会を支えることにもなる。すなわち教科書を読む学生は，スタンフ

ォード大学だろうがサムフォード大学だろうが，ワシュタノゥ短期大学だろうがワシントン大学だろうが，同じ心理学にアクセスできる。『いかに大学は学生に影響を与えるか』という大規模な研究レビューで，パスカレラとテレンジーニ（Pscarella & Terenzini, 1991 ; 1994）は，学生の能力を考慮に入れれば，学生の学習は，大学のレベル，図書館の規模，学生1人当たりにかけられる額によってほとんど影響を受けなかったことを見いだした。大学の影響力はどれも似ており，違いはほとんどない。1つ確かな理由は，教科書がそれを読む人全員に学問領域の知識を与えることにより，強力な平等化装置として働いていることである。

　ところで，私たちは，教科書を当たり前のものだと思っていた。しかし，私は，1通の手紙を受け取ったあとはそう思えなくなってきた。その手紙は，ある大学院生がソ連崩壊の直前のミンスクにいたアメリカ人の旅行者に手渡したものである。私の社会心理学の教科書——それ以外の西側の教科書でも同様だったと思うが——を手に入れて，その人はクリスマスツリーの下で初めて自転車を受け取った子どものような興奮とともにこのように書いたのだ。

　　　偶然，本物のアメリカの本を見つけました。私の下手な英語ではすべてを理解するのはむずかしいので，私はゆっくりと，注意深くあなたの本を読み始めました。少し読んだだけで，私は宝物を見つけたと思いました。それだけではありません。たとえば，私の指導教官のコロミンスキー（Kolominsky, Y.）教授——ソビエト心理学会の副会長——は，私がこの本を見せたとき，思わずその本を高々と振りかざして，叫びました。「みんな見てごらん。なんて美しい本なんだ！　ほら！」。私の同級生はこう言いました。「うらやましいな。その本を盗んじゃおうかな」。もちろん冗談でしょうが，私は念のため，この宝物を隠しています。私は，大好きなおもちゃで遊ぶ小さい子のように，『社会心理学』を毎日長い時間読んでいます。もちろん私は子どもではありません（24歳です）。あなたのすばらしい本によって，私は心理学をより深く理解し，科学的な思考方法を高めることができるでしょう。私は神にこの幸運を感謝します。

　数年後，私は彼の指導教官で，当時ソビエト心理学会の副会長であったコロミンスキー氏を4日間接待した。そこで，私はショックを受けた。それは無視のカーテンが東西の心理学を分断していることや，彼らが西側との研究上の交

流や情報交換に飢えていることにである。それだけではない。アメリカでは，すべてのものに恵まれており，自由かつ容易に情報へアクセスでき，生活必需品を得るために毎週何時間も費やされることがないという，ものすごい幸運に私たちが恵まれていたことにもまたショックを受けたのだ。

　心理学を教えることは，確かに高度な仕事である。私たち人間自身の活動を教えたり学んだりする以上に魅力的なテーマはあるだろうか。心理学が扱うトピック以上に，クリティカルな分析が必要とされるトピックがあるだろうか。若い学問である心理学以外に，価値やライフスタイルを形成するのに影響力のある学問分野はあるのだろうか。心理学を教えること以上に，心を広げ，新鮮な驚きでいっぱいにし，人間にとって重要な問題に焦点をあてる仕事があるだろうか。私たちの仕事，報酬システム，学生について不平を言おうとするとき，ちょっと待って次のことを思い出そう。立派な教科書があり，自由に情報が手に入るいまこの場所で心理学を教えられることは，けっして当たり前だと思ってはいけない特権なのだ，と。

7章　註　★は訳者註

- ★1　ミラーの忠告：4章8節（p.90）を参照。
- ★2　信号検出理論：選択行動の理論であるが，感覚強度などの測定の際にもしばしば用いられる。ここでは，非常に専門的な理論の1例としてもち出されている。
- ★3　バイアス：思考のクセのこと。
- ★4　サブリミナルによる説得〜回復された記憶：これらの例は，いずれも一般の人が誤った解釈を導きやすいもの（＝直観の落とし穴）である。
- ★5　後知恵バイアス：結果を見てから，自分は最初からそれを予測していたかのように思うこと。誰もが陥りやすい思考のクセの1つである。
- ★6　ポゴ：アメリカでは有名なコミックで，本文の格言の出典元。
- ★7　ブレーンストーミング：創造的なアイディアを生み出すためによく用いられる集団思考法の1つ。
- ★8　フレッシューキンケイド学年レベル得点：読みやすさの指標の1つで，1文中の平均単語数と1語あたりの平均音節数に基づいて算出される。算出された得点は，その文章は，どの学年の生徒が読むのに適しているかを表わ

す（たとえば7点の文章は，第7学年，すなわち日本でいう中学校1年生が読むのに適当ということになる）。

★9　この本は『人生憂楽帖』（TBS・ブリタニカ）という題で邦訳されている。

7章　引用文献

Marty, M. (1988, December 1). Graceful prose: Your good deed for the day. *Context*, p. 2.

Miller, G. A. (1969). Psychology as a means of promoting human welfare. *American Psychologist, 24,* 1063–1075.

Pascarella, E. T., & Terenzini, P. T. (1991). *How college affects students: Findings and insights from twenty years of research.* San Francisco: Jossey-Bass.

Pascarella, E. T., & Terenzini, P. T. (1994, January/February). Living with myths: Undergraduate education in America. *Change*, pp. 28–32.

Peterson, E. (1992). *Under the unpredictable plant.* Grand Rapids, MI: Eerdmans.

White, J. (1982). *Rejection.* Boston: Addison-Wesley.

効果的な教師になるためのモデル

chapter 8

ロッド・プロトニック

　多くの教師にとって，初めて教壇に立つことになった学期は，まるで火の中を歩くような経験の連続である。教師たちは自らの犯すさまざまなあやまちをなんとか切り抜け，手ひどい火傷を負わないようにするだけで精一杯だろう。そして，最初の学期が終わった折には，自分が負った幾多の傷をなめ，犯したあやまちから何かを学び，ポリシーを変え，次回はもっとうまくやるぞと希望に燃えるものだ。教師たちは，このような試行錯誤を繰り返しながら「いかにして効果的な教え方のできる教師になるか」という問題を学習していくのだが，これには数年を要することも多い。というのは，大学院には効果的な教授法を訓練したり指導したりするプログラムがほとんどなく，教授法を実習する機会もまったくと言っていいほど提供されていないからである。

　この「いかにして効果的な教師になるか」という問題が私にとって非常に現実味を帯びたものとなったのは，約15年前，所属学部のティーチングアシスタント（TA）を委嘱された修士課程1，2年生10～12名の監督者に任命されたときだった。TAというのは，通常多くの大学では試験を採点したり集団討議を指揮したりするだけなのだが，私たちの大学のTAたちは2つある「心理

学入門」の授業に割り当てられて，実際に責任をもって授業を行ない，試験を作成し，学生たちにかかわるさまざまな問題を扱うことになっている。私は，まさに自分の犯したあやまちを繰り返さぬよう子どもに手を差し伸べようとする両親のように，これらの新米 TA たちが私と同じあやまちを犯さないように手助けしたいと考えた。しかし，そうするためには新米教師たちにいったい何を教えればよいだろうか。そして，彼らが私のアドバイスに従っているかどうか確認するにはどうすればよいだろうか。これらの問題に答える確実な方策として私が知っているのは，「心理学入門」の教室を「教授法実験室」にしてしまうことである。

1節 教室を「教授法実験室」へ

3つの基本的な疑問から始めよう。

- いかにしてよい教師になる可能性がある TA を選び出すか
- 新米教師自身が授業教材を作成しないで済むように，有効さが証明されている教材を与えることが可能か
- 新米教師が実際に適切なアドバイスに従い，経験が浅いときに犯しがちなあやまちを実際に回避できているかどうかを測定するにはどうすればよいか

　私は，霊長類の社会的・情緒的行動を観察，コード化する研究をした経験があり，観察研究には精通している。加えて，ビデオ録画記録を用いた行動評価の重要性を学んできたので，ビデオ録画の重要性も多分に認識している。しかしながら，初めて新米教師たちにビデオ録画をさせてほしいと頼んだとき，私はいささか驚かされた。前年度から継続して TA をしている修士課程2年の学生たちは，みんなあれこれと理由や口実を並べ立てて，なんとかして自分たちの教室がビデオ録画されることを避けようとした。前年度はビデオ録画などされたことがなかったのだ。一方，修士課程1年の TA たちは，ビデオ録画がトレーニング・プログラムの一部であると思って抵抗せずこれを受け入れた。

これらの1年生 TA は，ビデオ録画されていることに神経をとがらせたが，同時に自分たち自身の姿を見ることに好奇心をいだき，仲間を観察することからアイディアを得たがってもいた。これはたいへん興味深いことであった。

新米教師の教室内での授業内容を評価するために，ビデオ録画の利用に加えて，学生による客観的評価と自由記述を用いた（Marsh, 1984）。これにより，TA の授業風景を録画したビデオテープを見ながら，私の評定結果と学生たちからの評価を比較することが可能になった。私は，一連の観察結果から，効果的な教授法を生み出す実践的なスキル，パーソナリティ特性，教室の雰囲気の多くを同定し，以下に示す3要素モデルにまとめて，通年の授業である「教授法実習」で利用している。

2節　効果的な教授モデル

このモデル（図1）は，効果的な教師になるのに重要な3つの領域における行動のチェックリストである。これら3領域は互いに異なるが，同時に深い関連ももっている。このモデルのすぐれた点は，新米教師にとって訓練が必要な3つの領域を同定し，どの実践的スキルを伸ばしていく必要があるかを特定したところにある。私のように長年の経験から教授法についてもはや知らぬことなどないと信じている者でも，この3要素モデルを用いて思考することにより，新たに改善すべき行動を見いだすことができた。

(1)　要素1：授業教材の準備と教科書の選択

効果的な授業のために教師がなすべきことのうち，約60％は授業教材の準備である（図1参照）。ほとんどの新米教師には時間や知識，経験が不足しているため，うまく計画されていてなおかつ興味深い授業教材を準備することが大きな課題となる。どのようにして興味深い授業教材を準備したらいいかについて，きめ細やかな指導を受けている新米教師でも，ほとんどの場合は，ただだ教科書の中にあることを繰り返すばかりで，ほんの1つ2つの例をつけ加える程度のことしかできないことがわかっている。

▶chapter 8
効果的な教師になるためのモデル

25％の内訳：教材の提示
アイコンタクト
・声の調子を変える
・関心をもたせる
・身振りの調節
・ユーモアの活用

15％の内訳：教室雰囲気の運営・管理
・学生の名前を記憶する
・疑問やフラストレーションに
　対する援助

25%
15%
60%

1．授業教材の準備
・講義
・活動
・例
・事例研究
・デモンストレーション
・質問
・スライド
　など

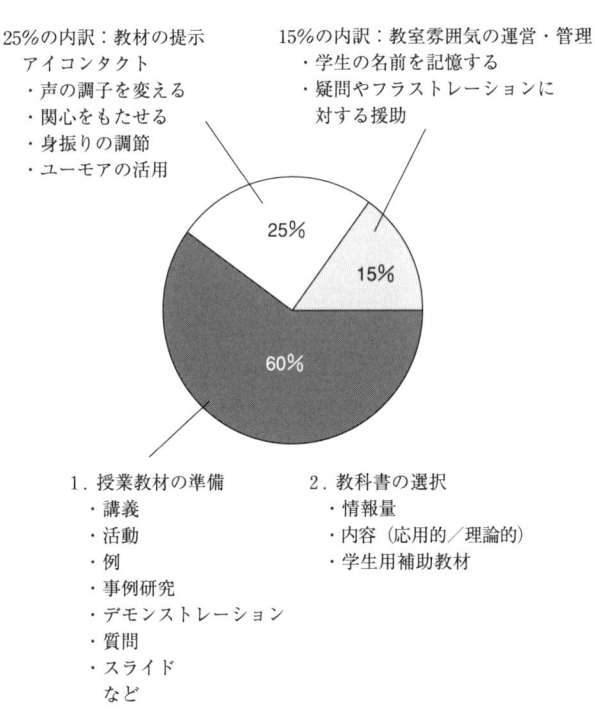

2．教科書の選択
・情報量
・内容（応用的／理論的）
・学生用補助教材

図1　効果的に入門クラスを教えるための3要素モデル

　私は，TAの監督者として過ごした時間の多くを，授業教材を開発，執筆，体系化し，なおかつ教室でテストし，効果が実証されるまで改訂することに費やした。このように授業教材を開発し，テストする際には，例や事例研究，質問，さまざまな学習活動，あるいはビデオ，スライド，OHPなどを教える内容にまぜる必要がある。そのために，かなり時間を消費する。50分の授業に用いる教材をつくり上げ，まとめるためには，通常10～20時間を要する。加えて，もし改訂作業の際に新しい研究知見や例，事例研究，ビデオ，映画，学習活動を発見しようものなら，それらに精通するためにより多くの時間を割かなければならなくなる。いわんや新米教師は，授業準備をするのと平行して自分の研究プログラムを確立しようとしている時期なのだから，すべての担当科目について同じようにすぐれた教材をたかだか10～20時間程度でつくり終えることができるとはどうしても思えない。

この問題の1つの解決法は，経験豊富な教師が新米教師に有効さが証明されている授業教材を与え，彼らがいたずらに時間を浪費しないようにさせることだ。有効さが証明されている教材を利用することほど新米教師の自信や自尊心を高めるものはない。TAにしても，そういう教材の方が，前夜に泥縄式に準備した教材を用いるときよりも，よほど自信をもって授業ができるだろう。

■教科書の選択

　教科書は全体的な授業のトーンや雰囲気を決め，学生たちが授業を通して獲得する知識量を決定する。教科書を選択する際に配慮すべき点は主に(a)カバーされている内容量，(b)内容を興味深いものにするのに必要な時間量，の2つである。

　教科書の果たす役割とはなんだろう？　おそらく心理学入門を講ずる者のほとんどは，教科書が古典的な実験を紹介するだけではなく，その研究領域における最近のエキサイティングな発展も取り上げるべきだと考えているだろう。

　一般的に，教科書は2種類に分類できる。情報（前書きや目次，用語解説，付録，許諾事項，参考文献を除く部分）が約650〜750ページにわたっている分厚いものと，それに比べると薄めの約500〜650ページのものであるが，どちらにも長所と短所がある。

●**分厚い教科書**　分厚い教科書の第1の長所は，膨大な量の情報を扱っていることであり，これまでの授業では論議されてきていないような教材がその教科書の中には網羅されていると思っても差し支えない。もう1つの長所は，これらの教科書が心理学の領域全体に関する適切な資源，すなわち百科事典であるということである。一方，これらの教科書の主な欠点は，学生たちがあまりに多い情報にさらされるために，しばしばそれに圧倒されてしまい，どの情報が最も重要であるかを決定することができなくなってしまうことである（たとえば，シェルドン（Sheldon, W. H.）の体型理論[★1]のように，古典的だがすでに廃れた理論を学ぶことは重要だろうか？）。加えて，半期で650〜750ページもの情報をカバーしようとすると，教材や授業をより興味深くさせるような例やビデオ，事例研究などを併用する時間がほとんどなくなってしまうのである。長めの教科書は通年コースにふさわしく，中には半期あるいは四半期コースにふ

さわしいように簡潔に編集しなおしたものを用意してこの事態に対応している教科書もある。しかし残念ながら，多くの新米教師は，心理学入門の授業から関心や興奮をなくしてしまうのに最も手っ取り早い方法が「学生を莫大な教材責めにすること」であるとは気づいていないようだ。

●薄めの教科書　500〜650ページ程度と比較的薄めの教科書は，あらかじめ扱う領域が抜粋されており，半期あるいは四半期コースで扱いやすくできている。薄めの教科書の主な長所は，情報量が学生を圧倒してしまうことがなく，重要な点を不明瞭にさせてしまうことがないところである。加えて，薄めの教科書を使えば，例やビデオなどの学習活動を併用する時間が十分残され，学生の教材への関心を高めることができる。一方，薄めの教科書の主な短所は，扱っている領域が限定されているがゆえに，教師の得意分野の研究をカバーしていない可能性があることである。

■「広く浅く」か「狭く深く」か？

　心理学入門を教える際の主要な問題の1つは，学生に与える情報を興味深いものにするために，どのくらいの領域をカバーするか，そしてそれぞれにどのくらいの時間を費やすかを決定することである。私たちは，学生も教師と同じように概念や理論，実験を知れば知的興奮を覚えるだろう，あるいはそうあるべきだと想定しがちだ。しかし，現実には多くの学生は単に概念を知っても興奮などせず，むしろ概念に生命を吹き込むための魅力ある例を聞きたがっている。心理学を学んだ経験のある学生が，ある概念や観念を説明するために用いられた興味深い話や例を後々までずっと覚えているのはそれほどめずらしいことではない（Bernstein, 1994）。教科書の著者にとって最も大きな挑戦の1つは，学生たちが教材のことを思い出せるように，例と教材を結びつけられるようにすることである。

　ともあれ，あなたが教科書の果たす役割に関してどんな哲学をもっていようとも，現在の市場は非常によい教科書を数多く提供してくれている。

(2)　要素2：教材提示法

　「より効果的な授業をする」という課題のうち約25%を構成しているのは教

材提示法である。具体的に言えば，熱心であること，声の調子を変えること，ゆっくりしゃべること，アイコンタクトをすること，本題と関係のない，あるいは学生の注意を逸らすような身振りをしないこと，例やケース，話に真実味をもたせることができるようにすること，そしてユーモアのセンスをもつ（磨く）ことである。教師の中には，大学の授業ではプレゼンテーション・スキルなど云々する必要がないと考えている人もいるが，ビデオテープの内容や学生の評定を見る限りではけっしてそんなことはなく，むしろ逆である。いくら最善の授業教材であっても，下手に提示するとすみやかに学生たちの関心が失われ，効果を失ってしまう場合もある。新米 TA が最も犯しやすいあやまちは，このプレゼンテーション・スキルの効果を軽視することである。提示した教材に対して学生から関心なさそうな反応を受けると，新米 TA たちの自信と自尊心は急降下する。このプレゼンテーション・スキルの優劣はパーソナリティ特性と密接な関係をもっているので，「TA の中から教師に適した者を選択する」という問題が出てくる。

　エネルギッシュで社交的，そして親しみやすい新米 TA が，ぐんぐん効果的な教師に成長していくのは当然であり，学生の評価とビデオテープ両方のデータが示している通りである。はずかしがり屋で無口，そして非社交的で控えめな新米 TA が，前者と同じ期間内に同程度の成功を収めることはめったにない。もし教師を選択することが可能ならば，動機づけが高く，行動力と意気込みに満ちた人物が，授業教材に生命を吹き込み，多くの学生の関心を喚起させるであろう。

（3）　授業実践をビデオ録画してフィードバックすることの重要性

　仮に行動力があって社交的，そして親しみやすい新米教師を選び出せたとしても，そのプレゼンテーション・スキルを上達させるためには，なお少なくとも1年間は授業実践状況をビデオ録画し，フィードバックすることが必要である。

　前述のように，新米教師には最初の 5，6 回の授業については，有効性が証明されている教材を与えることが重要である。しかし，ただそうしただけではこれらの教材が効果的な方法では提示されないこともわかっている。そこで，

私はまずTAに1回めの授業用の原稿を渡す。提示に15～20分ほどを要するこの原稿は，心理学の主要領域を紹介し，かつ学生の興味をそそる内容となっている。私は，TAにこれらの原稿を暗記し，興味と熱意をもってそれらを伝えられるように準備せよと命じる。また，ゆっくりとしゃべり，特定のフレーズを強調し，興奮をつくり出し，アイコンタクトをし，後ろや前にあまり歩き回らないようにも指示する。しかしここまで言ってもなお，同僚たちの前での初回のロールプレイでは，指示した通りに演じられる者はいない。

そんなとき私は，親しみをこめた支持的態度でもう一度トライするよう告げ，今回はもっともっとゆっくりしゃべり，もっともっと熱心な態度を示し，アイコンタクトをし，歩き回らないように言う。しかし必ずと言っていいほど，2回めのパフォーマンスでも1回めのあやまちがそっくりそのまま繰り返されるのだ！　そしてきまって彼らは「でも，僕は先生のおっしゃるとおりやりましたよ」と主張するのである。ビデオを再生すると，ようやく彼らは自分たちがやっていたことを自覚する。ビデオを見てようやく「わかりました。早くしゃべりすぎだし，アイコンタクトをしていませんね。退屈に感じられます」と釈明することがたびたびである。

新米TAのプレゼンテーション・スキルを顕著に上達させるには，通常4～6回授業実践をビデオ録画してフィードバックする必要があるが，彼らの上達はしばしば非常にドラマティックで，学生たちからも自発的な賞賛の声が起きるほどである。もし新米も経験者も含めてすべての教師が，プレゼンテーション・スキルが授業教材を興味深いものにさせるか否かに及ぼす影響の大きさを自覚していれば，このやり方は非常に有益だろう。言うまでもなく，よいプレゼンテーション・スキルは，このような授業実践のビデオ録画とフィードバックがなければほとんど向上させることができない。

（4）　要素3：教室雰囲気の運営・管理

教師が効果的な授業を行なうために必要なことの約15％は，教室雰囲気の運営・管理が占めている。私は当初，教室の雰囲気について，あるいはそれを改善するために何をすべきかについて，特に意識して考えていたわけではなかった。しかしながら，自分自身の行動や，TAの授業風景を撮影したビデオを観

察した結果，より学習意欲を高める雰囲気をつくり出す3つの領域があることが判明した。それは，(1)学生が質問に答えるのに手を貸すこと，(2)学生が試験でのフラストレーションや失敗を乗り越えるのを手助けすること，(3)学生の名まえを記憶することで彼らに対して関心をもつこと，である。

■学生が質問に答えるのに手を貸す

学生が解説された概念や用語を理解しているかどうかを測定する1つの方法は，質問することである。しかしながら，多くの学生は質問されると不快感をいだく。というのは，羞恥心の強い者がいたり，解答がわからない者がいたり，あるいは，質問に対して正しく解答できずにきまり悪い思いをした経験を思い出す者もいるかもしれないからである。

質問に正しく解答できずに「いや，それは違う」と言われて他の学生に飛ばされたときに，きまり悪い思いをし，恥をかかされたような気持ちになった思い出をもつ者は，私たち教師の中にも多いだろう。それゆえ，私たちの多くは，床をじっと見つめたり，頭を垂れてノートを取っているふりをするといったような，学生が質問されるのを避けるためにとる方法をよく理解できる。私は，いくつもの試行錯誤を繰り返した後，学生が質問に正しく答え，きまり悪い思いや恥をかかされたような思いをしなくて済む，容易だが効果的な3つのテクニックを発見した。

●解答を1字ずつ板書する 「人間の脳の領域のうち，嗅覚を除いたすべての感覚を司るところをただ1つ取り除くことになったとしたら，あなたはどの領域を除去しますか？」という質問をすることを想像してみよう。すでに授業中にこの脳の領域について議論してきたので，この質問は点検，復習の役割を果たすものである。しかしながら，この質問に答えるには学んだ情報を応用することが必要なので，解答できない学生も多い。もし解答がむずかしそうであれば，私は黒板に解答を書き出し始め，わかったら誰でもいいからすぐに答えを叫ぶように求める。私が「THAL」と書き始めたあたりで，学生は答がわかり，「thalamus（視床）」と叫ぶ。このテクニックは，学生たちが質問に解答するのを手助けするだけではなく，ちょっとした助けさえあれば正解を見つけ出すことができるということを明瞭に示すので，学生に好まれる。頻繁にこのテク

ニックを用いれば，解答できない学生は「答を黒板に書き始めてください」と願い出るようになるだろう。

●**選択肢を与える**　第2のテクニックは，質問に答えられずに困っている学生に3つの選択肢を与えることである。私はいつも3つの選択肢のうち2つをとんでもないもの（たとえば上記質問ならば胃，視床，胆嚢）にして，学生が正答を選択せざるを得ないようにもっていく。たいてい学生はとんでもなく的外れな2つの選択肢を見て大笑いし，うれしそうに正答を選ぶ。

●**選択肢を2つに絞る**　第3のテクニックは，学生に2つの選択肢を与え，50％の確率で正答が出るようなやり方をすることである。もし学生がまちがった選択肢を選んだら，もう一度答えてみるように促す。するとたいてい彼らは笑い，そして正答する。

　経験豊富な教授陣は，これらのテクニックを試したがらないことが多い。彼らは，これらのテクニックが効果的というには単純すぎ，大学生よりも高校生に適しているのではないか，そして，大学生にとっては公衆の面前でのきまりの悪い思いやフラストレーションを乗り越えることを学習することも必要なのではないかと感じるのだろう。しかしながら，これらのテクニックを用いて授業初日のスタートを切った新米 TA は，それらが学生の関心をとらえ，当惑を減らし，教室の雰囲気をよくするのに効果的であることに気づく。これらのテクニックが2～4週間にわたって用いられた後では，教室環境は目に見えて友好的な雰囲気に変化し，学生は熱心に学習活動に参加し，質問に解答し，きまりの悪い思いをしたり恥をかいたりすることをおそれずに質問に解答しようとするようになる。

■学生が試験でのフラストレーションや失敗を乗り越えるのを手助けする

　試験で予測よりもよい点数が取れなかった学生は，フラストレーションを感じ，腹を立てる。そして彼らの最初の反応は，答えにくい，不公平な，あるいはむずかしすぎる試験を作成した教師を責めるものである場合が多い。この問題を解決する方法の1つは，比較的容易な試験を実施することである。しかし，結果的に多くの学生がよい成績を取るがゆえに全般的な成績のインフレが生じてしまい，わかりやすいがあまり教育的魅力があるとは言えない方法である。

もう1つの解決方法は，学生たちに公平かつ挑戦性の高い質問を与え続けるのと同時に，学生たちが自分のフラストレーションや失敗の原因をむやみに教師や試験問題に帰することがないように働きかけることである。たとえば，学生が，自分の成績が予測していたよりも悪かったのを教師の責任にしたり，試験問題に腹を立てたりせずに，試験問題は誰に対しても公平であり，教師や試験に対して腹を立てても将来的な自分の成績の向上にはつながらないことを悟るように手助けをする。私たちは，私が自分自身の授業用に独自に開発した帰属手続きを利用している。この手続きは非常に効果的で，私と同じくこれを伝授したTAも大きな成功を収めてきた。[★3]

　以下にその手続きについて述べる。

●責任　「教室を見回して，あなたが望んだより成績が上がらなかったことの主たる責任を負っているだろう人物を1人見つけるのは簡単なことだ。もちろん，それは教師の私である。しかしあなたには私を責める前に認識すべき点がいくつかある。あなたがまちがった問題のうちの多くを他の学生たちは正解したこと，多くの学生の成績は評価AかBであったこと，満点に近い点数を取った学生も何人かいることだ。つまり，多くの学生はこの試験でよい成績をあげ，あなたがまちがえた質問に正答した者もいるのだから，あなたの成績の責任を私や私が出題した問題にかぶせるのはあまり道理にかなったことではない。そうするよりは，どのように勉強のやり方を改善したらいいか自分で考えるか，私に相談に来るかしなさい」。

●怒りとフラストレーション　「もしあなたが，自分が望んだり自分はそれに見合うと考えていたような成績を取ることができなかったのであれば，フラストレーションを感じたり，私や私が出題した問題に腹を立てたりするのも当然かもしれない。あるいはあなたは，教材を数回読んで，きちんとノートも取って，一生懸命勉強したのだから，前よりよい成績を取ってしかるべきだと信じているのかもしれない。しかし，あなたよりもっと時間をかけて勉強したり，もっと効率よく暗記に励んだり，あるいはあなたほどテスト不安にさいなまれなかった学生がいる可能性を忘れてしまってはいないだろうか。他の学生があなたより高い得点を取った理由はいくつでも見つけられる。私や私の出題した問題に腹を立てる代わりに，他の学生がどうして高い得点を取ることができたの

か，その理由を考えた方がいい。あなたにとっては，もっと早くから勉強し始めたり，ノートを取るのに役立つ資料を入手したり，ともに勉強するグループをつくったりすることの方が必要なのではないか。いまの怒りやフラストレーションを，次の試験でもっとよい成績を取るための新しい学習計画を立てることに向けてみてはどうだろうか」。

●議論の回避　「試験を返却するから，まちがえた問題に目を通しなさい。みなさんの疑問についていちいち議論するつもりはないが，挙手する人があれば，そばに行って，そのように採点した理由を説明しよう。また，もし自分が正しいと思う答えにバツがついていたら，あなたの言い分を紙に書いて，試験用紙に添えて提出しなさい。適切な主張については点数を加算しよう」。

　試験問題について授業中に学生に議論させるのは非常にまずい，ということは自明であろう。学生は攻撃的に，教師は自己防衛的になり，そのことがさらに学生を怒らせることになってしまうのだ。議論を避けるためには，学生に自分たちの考えを表現する申し立て文を書き出させるとよい。50人クラスの場合なら，きまっていつも3〜6件の申し立てを受け取るが，そのうち約半分は，得点を加算するに値する理屈の通った主張である。新米 TA にとって，授業中の議論に対処するのは特に困難なことだ。この手続きを取れば，教師が議論に振り回されることもなく，学生たちにより穏やかなやり方で自分たちの意見を主張させる手段を与えることもできる。

●嫌な気分　「点数の悪い試験を返却された時，同じように悪い成績を取った誰かを見つけて，お互いに愚痴をこぼし合い，嫌な気分のままでいることがあるだろう。その上，自分の部屋に帰ったときにルームメートに試験で悪い点数を取ったことを話し，また嫌な気分に引き戻されることもあるだろう。だから，もし返ってきた成績を見て嫌な気分になったら，自分自身に，その嫌な気分を味わい，愚痴をこぼすための時間を20分与えなさい。その後，この嫌な気分を振り払うために，元気を出して，何か楽しくておもしろいことをしたり考えたりするとよいだろう。たとえ親友であっても，あなたの嫌な気分に付き合うのにはすぐ飽きてしまうのだから。嫌な気分のままでいることは，精神的，肉体

的な健康に非常によくないから，できるだけ早くよい気分になるようにしなさい」。

　新米 TA は，帰属に関してこのように話すロールプレイをし，その結果，友好的で支持的だが恩着せがましくはないやり方で話すことができるようになる。そして，全部で4回実施する試験を返却する前に，この話を（少しずつ違うやり方で）繰り返すようにさせる。
　出題した問題や試験に対する学生の帰属を変化させられたかどうかは，教師評価フォームの質問5に対する学生の回答によって容易に測定可能である。学生は「成績評価の方法（試験や宿題，レポートなど）が，当該テーマを学習するのに寄与した程度」について，1～5までの5段階尺度（5が最もよい評価）で評定するように求められた。帰属に関する話をしなかった場合，質問5に対する学生の評定はおおむね3であった。帰属に関する話をした場合は，学生の評定は4に上がった。
　ある学部教員がいみじくも言ったことだが，「あなたや TA が熱心に採点すればするほど，学生はあなたたちをますます好きになる」のだ。また，教師が教室内での情緒的交流をうまく扱う際に，自らがどの程度積極的な役割を演じたいと思っているかによって，ここで紹介したような帰属手続きを用いるのか，それとも別の手段を講じるのかが決まる。

■学生の名まえを覚える

　学生に「あなたを教えている教師のどういうところが好きですか」と尋ねた場合，教師が彼らの名まえを覚えるのに時間を割いたことに言及する場合がしばしばある。45～50名の学生の名まえを覚えることは，TA にとって通常3～6週間を要するが，教室の雰囲気を非常に友好的なものにする。新米教師は，学生の名まえを知っていれば，質問をしたり，授業中の討論や学習活動への参加を奨励しやすくなる。また，学生の名まえを覚えることで，質問したときに特にサポートする必要がある羞恥心の強い学生を特定することができるようになる。学生は，彼らの名まえを記憶しようとする TA の努力を実に高く評価する。この比較的容易なテクニックが，友好的な教室の雰囲気をつくり出すの

に最も手っ取り早く効果的な方法なのである。

　TAと自分自身の授業のビデオテープを観察した結果，授業環境が友好的か堅苦しいかの違いによって，積極性のレベルとそこで生じる相互作用に明らかな違いが見られた。友好的な雰囲気の場合の方が，学生は非常にリラックスし，熱心に参加して質問に答え，きまりの悪い思いをしたり恥をかかされたりすることに対してごくわずかのおそれもいだかずに授業中のさまざまな学習活動に取り組む。まさに実感として，友好的な授業環境で教える方が非常に「やりやすい」のである。

(5)　3要素モデルからの予測

　3要素モデルを使うと，学生と教師の態度や授業のできに，各要素がどのように影響を及ぼすかを明らかにし，予測することができる。

- 授業教材を準備するのは非常に得意だが，教材を提示したり教室の運営・管理能力が劣っている教師は，その努力を存分に誉めたたえられたり，自分が思うような評価を学生から受けることがけっしてない。このような経験豊富な教師は，明らかによい教材を準備しているのに思ったほどの評価が受けられないために，学生からの評価の妥当性を疑うようになる。あと2つの要素（教材提示と教室の運営・管理）の重要性を認識し，これらの要素を改善することによってこの問題は解決できるが，そのためには，ビデオテープを用いたフィードバック，あるいは主任教員やメンター[★4]からのサポートを受ける必要があるだろう。　　　　　　　　　　　　　　　　　(Murray, 1995b)
- 内気で，口調が穏やかで寡黙な新米教師が，教室で効果的に教えられるようになるためには，より大きな困難が伴うだろう。内気な教師は，主任教員やメンターからの手助けがなければ，教えることを大いなる挫折経験だと感じてしまう可能性がある。よいプレゼンテーション・スキルやマネジメント・スキルをなかなか身につけられないTAは，授業中に学生の関心を集められないために，始終挫折感をいだいていることが判明している。
- しかし，たとえよいプレゼンテーション・スキルやマネジメント・スキルをもっていたとしても，授業教材の準備不足を補うことはできない。あるとき，教材提示と教室の運営・管理が非常にじょうずなTAが，学生が心理学について何でも尋ねたり議論できるような，形式にこだわらない授業を担当したいと言った。その授業に対する評価の中で学生は「おもしろくて友好的な教師だが，授業にはあまりにも行き当たりばったりで準備不足すぎる」とコ

メントした。彼の授業は楽しいけれども有益なものではない，と学生は判断したのだ。したがって，プレゼンテーション・スキルやマネジメント・スキルは，十分に準備した授業教材を提示する際に用いられるべきである。
・教材の提示や教室の雰囲気を運営・管理するのに適した気質的特性（エネルギッシュさ，社交性，親しみやすさ，熱心さ）をもつ教師は，もし有効さが証明されている興味深い授業教材を与えられ，授業実践のビデオ録画とそのフィードバックを受ければ，早い時期に急速によい教師へと成長する。このような新米 TA は，厳密な採点規準を適用しても，経験を積んだ学部教員よりも学生からの評価がおおむね高い。

たとえば，サンディエゴ州立大学の1995年春学期における14名の TA に対する学生からの評価は，平均4.4点（5が最高）であった。ちなみに1，2年生コースを教える常勤教員は4.3点，同じく3，4年生コースを教える教員が4.1点，大学院コースを教える教員も4.1点であった。同様の結果がニューハンプシャー大学でも報告されており，教授法に関する実習を受講していた大学院生 TA が，常勤教員よりも学生からの評価が高かった（Fernald, 1995）。

最後に，賞を獲得した教師がもつスキルについても一言述べておこう。たとえば，1995年のアメリカ心理学会（APA）の第2部門（心理学教育協会）において，4年制大学教授を対象とする年間授業方法賞（annual teaching award）は，コロラド大学デンバー校のハンデルスマン（Handelsman, M.）に授与された。事例研究，討論，授業中の発表，ロール・プレーイング，デモンストレーション，質問紙調査をはじめ，学生が心理学を「する」ことを手助けするいろいろな手法を用いていること，ユーモアセンスがありとっつきがよいこと，そして学生への気遣いと配慮があることが認められての受賞であった（『Teaching of Psychology』, 1995）。ハンデルスマン教授が授業方法の3つの要素，すなわち教材の準備，教材の提示，そして教室の雰囲気の運営・管理に長けていることには疑問の余地がない。

■クラス活動 vs. 講義

アメリカ合衆国の単科大学と総合大学の学部を対象とした全国的な調査によ

ると，最もよく用いられている教授方法はいまなお講義形式である（Finkelstein, 1995）。約80％の大学教員が，心理学の教科書の中で供給される情報量がますます増えている現状において，重要な事項をわかりやすく示し，それに焦点を当てることができるという理由で，講義形式を好むと報告していた（Finkelstein, 1995）。講義形式の人気が高いわけだが，情報を与える方法には，それと同じくらい，あるいはそれよりよいものがいくつもある。とりわけよいのは，より多くの学生の参加を必要とするクラス活動である（Bernstein, 1994）。我々がクラス活動を実施しようと考える場合にまず気遣わなければならないのは，学生にとっておもしろいものであると同時に，重要な概念や用語，理論をカバーしそこなってはいけないということである。私は，この問題を回避するために，クラス活動を開発するに当たって，大まかな規準を2つ設定した。それは「学生全体の参加を必要とする活動であること」と「学生たちが重要な概念や用語を学習し理解できるように教えることを目標とするものであること」である。

●クラス活動の手順

❶学生には，クラス活動の前に指定された教材を読んで，ノート2〜3ページにまとめ，次の授業にそのノートを持参するように指示する。授業にノートを持参した学生には一定の点数を与え，クラス活動に参加させる。ノートを持参しなかった学生は見学者になる。

❷クラス活動の当日，学生を4〜7名グループに分ける。彼らはグループで一緒に作業をするが，それぞれのグループで代表者を1人選出させる。代表者はグループを代表して答えを発表する役割を担う。

❸クラス活動にはいくつかのラウンドがあり，それぞれのラウンドで各グループが答えを発表し，ポイントを稼ぐチャンスをもっている。クラス活動の最後に，ポイントが合計される。そこで1〜4位に入賞したグループのメンバーがそれぞれ最終的な成績に加算されるポイントを獲得する。

●各種のクラス活動　これまでに私は2つの規準を満たす5種類のクラス活動を開発した。その規準とは「学生を参加させるのに効果的であること」と「指定された教材をカバーしていること」である（Plotnik, 1993, 1994, 1996b）。言い換えれば，これらのクラス活動はただ単なる「お遊び」ではなく，教材の必

要不可欠な一部なのである。以下，それぞれのクラス活動を簡単に説明しよう。

❶ブレインゲーム 基本的な解剖学と機能 このクラス活動では，学生は脳科学者になって，脳のどこに障害があるかを身体的症状に基づいて判断しなければいけない。このクラス活動は幾度かの改訂を経て，いまや最も人気のあるものとなっている。学生は，この授業が終わるまでには，脳の主な領域がわかるようになっている。学生は，脳の領域に関する話を伝統的な講義形式でただ聞かされるよりも，脳の特定領域を同定する作業に取り組むことをずっと好む。

❷『ジェパディ（Jeopardy）』[★5] 動機づけと情動に関する主要用語 このクラス活動は有名なテレビ番組にならって作成されたもので，ブレインゲームの次に人気の高いクラス活動である。私たちは動機づけと情動を教えるのに『ジェパディ』を用いているが，それはこれらのテーマが学生にとって少々理論的すぎておもしろ味に欠けるものだからである。しかし，『ジェパディ』形式は，テーマのおもしろさに限定されることなくどんな教材に関してでも用いることができるし，教材を復習するのにも効果的な方法である。ただ，学生に対してはゲームにあくまで真剣に取り組むよう忠告する必要がある。そのためには，ルールを細部に至るまできちんと説明し，それに従わせなければならない。

❸嵐の幼年期 幼児と児童の発達 学生は，シングルマザーが娘を養育する際に直面する問題について書かれた短い物語を与えられる。その物語は発達に関する用語や概念，そして理論（フロイト（Freud, S.），ピアジェ（Piaget, J.），エリクソン（Erikson, E.）の発達段階，新生児の感覚，運動神経の発達，情動の発達など）を説明したりそれを含むよう書かれている。学生は物語の中の描写や説明を発達に関する正しい用語と結びつけなければならない。

❹社会的ゲーム 社会的概念を例証する新聞記事 最近の新聞記事から見出しとそれに続く記事内容を取り上げる。学生はその記事の中でどの用語あるいは概念（偏見，差別，ステレオタイプ，帰属など）が記述されているかを同定しなければならない。社会心理学が日常的に私たちが直面しているものを扱う学問であることを説明するもので，これも非常に人気のあるクラス活動である。

❺映画 異常行動の同定 常軌を逸した異常行動が描かれた映画のワンシーンを見せる。たとえば『フィッシャー・キング』[★6]という映画の中で，ロビン・ウィリアムズ（Robin Williams）[★7]演じる登場人物が幻覚を見ているシーンなど

である。学生はまず症状と疾病を同定するよう求められ，その後その疾病に対する心理学的治療と薬物学的治療について議論するよう求められる。映画のシーンはドラマティックで内発的な興味を引くものであることが多いので，これもまた非常に人気のあるクラス活動である。

受講生（学期当たり約1000名）のうち90％以上が，あらかじめ指定された教材を読んでノートを作成し，授業にそのノートを持参することで，これらのクラス活動に参加でき，最終成績に加味される点数を獲得することができている。

最終的な授業評価のときに，クラス活動がどの程度有用だったかを学生にたずねたところ，ほとんどの学生がクラス活動に高い評価を与えた。代表的なコメントには次のようなものがある。「ゲームは，教材を学ぶのに非常に役立った」「ゲームはクラスメートや学ぶべき教材を知るのに役立ちました！」「ゲームはテストの準備や教材のよりよい理解に役立ちました」「情報を具体化するのにゲームは最高です」「ゲームはうまい学習テクニックでした」

これら5つのクラス活動の開発にはそれぞれ約15〜20時間を要した。学生の関心を教材に引きつけるのに非常に効果的であることが証明されているので，私はいまもなお共同研究者たちとともに，これらのクラス活動をよりよいものにするべく改訂を重ねている。学生は，聴くこととノートを取ることが第1に課されるような伝統的な講義で受動的な役割を演じるよりも，このようなクラス活動で能動的にふるまうことを好む。学生の試験の成績を見ると，これらのクラス活動が，学生が指定された教材を学ぶのを助けるという点で講義とほぼ同程度に有効であることがわかる。

3節 大学院でいかにうまく新しい教師を養成するか？

教授法に関する実習をもつ大学院は国内にいくつかあるが，そのうち多くはここ5年以内に設置されたコースである（Fernald, 1995；Perlman, 1994）。

教授法に関する大学院での実習は，非常に少ないようだ。私は，サンディエゴ州立大学で1994年の冬学期の成績優秀者にインタビューした際に，教授法に

関する実習がないことに気づき，有名大学出身の新規 PhD 取得者11名に30〜60分の電話インタビューを行なった。質問の大部分は教授法に関するものであり，準備したものの種類，教室で初めて経験したこと，適切な指導の有無などを尋ねた。インタビュー対象者はみな，研究室の主任教授の手伝いや試験の採点，あるいは討論グループを運営・管理するといったことからやり始めており，その後上級生になってから，自分の専門領域に関する1つ，あるいは複数のコースを教えるようになっていた。PhD 課程の学生の多くが，教授法のトレーニングや教室で味わった初体験について語ったことをまとめると，次のようになる。

- 授業教材の準備や情報の提示，あるいは教室の雰囲気をどう運営・管理するかについては，ほとんど，あるいはまったくトレーニングを受けていなかった。どんな教育学テクニックを知っていても，結局は試行錯誤から学んでいく以外になかった。
- とにかくできるだけたくさんの教材を消化することが重要であると信じていた。授業やコースの最後になって，教材を急ぎ足で消化しなければいけなくなった場合でさえもである。次の機会には教材を省略する必要がある。
- 初回は学生にとってむずかしすぎる教科書を選んでしまい，次回は教科書を変更した。
- 準備の不完全さゆえ，最初の学期はまったくひどい授業をしてしまった（「火あぶり審判を受ける」「地雷原を歩く」「かろうじて浮かんでいる」ようなものだったとたとえた者もいた）。
- 教えることは楽しいから，よい教師になりたい。でも，大学院時代に教授法についてもっと準備ができていればよかったのに，と思った。

4節 心理学のダブルスタンダード

　ほとんどの大学が教授法の実習を設けていない理由の1つは，おそらく研究と教授に関する有名なダブルスタンダードにある。このダブルスタンダードは，大学院在学中に知らぬ間に教え込まれ，たびたび繰り返されてきた以下のようないくつかの有名なフレーズによって強化され，不朽のものとなっている。

「いい研究をすれば昇進できるが，いくら教え方がうまくなってもそうはいかない」
「いい研究をすれば名声は高まるかもしれないが，いくら教え方がうまくなってもそうはいかない」
「時間やエネルギーは無尽蔵ではないのだから，それらをうまく研究の方に振り向けなさい」
「教えることには手を抜いて，研究に時間を注ぎなさい」
「奨学金をもらえばあまり教えなくてもよくなるぞ」
「研究ができないやつだけが教える羽目になるんだ」

こうしたダブルスタンダードは未だに根強く，最近の学部教員を対象とした調査でも，回答者103名のうち78％が，教授スキルよりも研究スキルの方が採用決定の際に重要であるとしていた（25年前の調査では，もう少し教授法スキルが重要であると評定されていた）。加えて，回答者の65％が，大学院において教授法トレーニングが用意されていないために，新米教師が不適応を経験する場合が多いと回答していた（Perlman, 1994）。これに関連した全国調査が4年制単科・総合大学の学部教員を対象として実施されているが，学術的領域に関してはほぼ全員が高度なトレーニングを受けているにもかかわらず，何らかの教育学的トレーニングを受けた者はほとんどいないと報告されている（Finkelstein, 1995）。

教授と研究に関する心理学のダブルスタンダードを変えようとする試みの中で，アメリカ心理学協会（APS）とアメリカ心理学会の両方が，教授法に関する会議を国内大会のスケジュールに組み込み始めた。おそらくこれらの組織はその影響力を発揮して，大学院プログラムに教授法に関する実習を設定する方向にもっていくだろう。よって新しい PhD 取得者は，研究法だけでなく教授法についても十分に訓練されることになるだろう。もちろん，究極の解決方法は，心理学博士（PsyD）と同じように心理学教授法博士の学位を設け，授与していくことにより，よい教師を養成することの重要性を公的に認めさせていくことであろう。

よい教授法を評価し，報奨を与える必要性は，学部レベルと国家レベルの両方でこれまでも繰り返し議論されてきた。私たちは，大学当局が，よい研究者

に報奨を与えるのと同様に，よい教師にも報奨を与える適切な措置を講ずるように切に希望している（Mac Iver, Reuman, & Main, 1995 ; Murray, 1995a）。

8章 註 ★は訳者註

★1 シェルドンの体型理論：アメリカの心理学者シェルドン（1899—1977）が体系化した，体格と気質の関連についての類型理論。

★2 視床：大脳皮質・大脳辺縁系，大脳基底核に囲まれた間脳のうち背側部を占め，感覚および運動系信号伝達の中継核として機能する領域。

★3 帰属：人が身の回りに起こるさまざまなできごとや，自己や他者の行動に関して，その原因を推論すること

★4 メンター：ギリシア神話の登場人物に由来する一般名詞。経験が浅く，若年の個人を指導してキャリア発達を直接的に補助し，心理的にもその人を支援する，特定の組織や環境内で際だった経験や影響力をもつ人物。

★5 ジェパディ：アメリカで15年以上放映されている人気クイズ番組。3名の回答者が1人ずつ6つのジャンル（生活・文学・歴史など，時によって変わる）が5種類の点数（通常は100ドル〜500ドル。点数が高いほど問題の難易度も高い）で分類されたパネルから問題を選択し，回答する。回答する権利は問題を選択した者のみに与えられ，誤答になるまで連続して回答が可能である。正答した分の点数が賞金として加算される。問題の難易度が比較的低いため，非常にテンポよく進行する。日本での類似番組としては「クイズ・グランプリ」があった．

★6 フィッシャー・キング：アメリカ映画（1991年公開）。テリー・ギリアム監督作品。ロビン・ウィリアムズが演じているのは，妻を射殺されたことが原因で錯乱状態に陥る元大学教授バリー役。

★7 ロビン・ウィリアムズ：アメリカの俳優（1952—）。コメディタッチの演技に定評がある。代表的出演作は『グッドモーニング・ベトナム』『いまを生きる』『グッド・ウィル・ハンティング』など。

8章 引用文献

Bernstein, D. A. (1994, July–August). The merits of classroom demonstrations. *APS Observer*.

Fernald, P. S. (1995). Preparing psychology graduate students for the professoriate. *American Psychologist, 50*, 421–427.

Finkelstein, M. J. (1995). College faculty as teachers. *The NEA Almanac of higher education* (pp. 33–47). Washington, DC: National Education Association.

Mac Iver, D. A., Reuman, D. A., & Main, S. R. (1995). Social structuring of the school: Studying what is, illuminating what could be. *Annual Review of Psychology, 46*, 375–400.

Marsh, H. W. (1984). Students' evaluations of university teaching: Dimensionality, reliability, validity, potential biases, and utility. *Journal of Educational Psychology, 76*, 707–754.

Murray, B. (1995a, December). Good teaching often goes unrewarded. *APA Monitor,* p. 40.

Murray, B. (1995b, September). New faculty get boost partnering with senior staff. *APA Monitor,* p. 50

Perlman, B. (1994). *TA training in psychology—1994 survey* (Survey feedback). Oshkosh: University of Wisconsin.

Plotnik, R. (1993, January). *Introducing students to psychology: Activities, demonstrations, and examples.* Paper presented at the 15th Annual National Institute on the Teaching of Psychology, St. Petersburg Beach, FL.

Plotnik, R. (1994, April). *Making your classroom interactive.* Paper presented at the 74th Annual Convention of the Western Psychological Association, Hilo, Hawaii.

Plotnik, R. (1996a). *Introduction to psychology* (4th ed.). Pacific Grove, NJ: Brooks/Cole.

Plotnik, R. (1996b, January). *Turning lectures into activities in introductory psychology.* Paper presented at the 18th Annual National Institute on the Teaching of Psychology, St. Petersburg Beach, FL.

Teaching of Psychology. (1995). 1995 Teaching Award winners. *Teaching of Psychology, 22*, 164–168.

心理学者のように考える方法を教える

chapter 9

ロバート・J・スタンバーグ

　それは，心理学入門でCという成績を取ったことに始まった。もしかしたらその時点で，私の心理学は終わっていたかもしれない。私は，心理学を専攻することを熱望して大学に入学し，ついにその夢をかなえることができたことに興奮しながら，心理学を勉強し始めた。しかし，その夢はすぐに悪夢へと変わっていった。私はその授業が好きになれなかった（明らかに心理学も私を好いてはくれなかった）。教授にしても同様で，私に提出課題を返却する際に，彼は次のようなコメントをつけ加えた。「心理学界には有名なスタンバーグ先生がいるが，2人めのスタンバーグ先生はけっして現われないでしょうね」と。終止符がうたれたわけである。私は当初の志望専攻を変更することにした。

　私は志望を数学に変えたが，これはいまから思えば幸運なことだった。まず，将来の数学専攻のために実数解析学の概論をとったのだが，そこで私は自分が実のところ，心理学よりも純粋数学にはもっと向いていないことに気づかされた。それで私はもう一度心理学専攻に戻り，上級のコースではよりよい成績を修め，最後には心理学専攻を首席で卒業することができた。

　私が数学にトライしたのは幸運なことだったと言ったが，それは，このまっ

たく大失敗に終わった試みのおかげで，私は自分が本当に楽しめるもの，つまり心理学に戻ることができたからだ。しかし，私がそうだったように，入門の授業で屈辱的な成績をつけられ，その結果，心理学への情熱を失ったり，また心理学を探求する能力が自分にはないと結論をくだして専攻を変えてしまう学生が，いったいどのくらいいるのだろうか。私は，そういう学生が相当数いるのではないかと推測している。こういう学生たちは，結局最後には心理学以外の分野で何かしら興味をもてることを学んで大学を終えることになる。しかし，それはおそらく心理学から得られる知的興奮よりもはるかに少ないのだ。そう，明らかに彼らは重要なチャンスを逃している。そして，心理学もまた人材を他の領域へ流出させている。つまり，優秀な心理学者になれたかもしれない人材が別の学問領域へと奪われていくのである。私自身の場合，もし数学以外の分野に変更していたら，今日でもほどほどの興味はもちながらその分野で仕事をしていたかもしれないが，しかし，今日の私のように自分のやっていることに非常に熱意をもちはしなかっただろう。

　この現象には裏の面がある。つまり，優秀な記憶力をもった学習者ではあるが，記憶力とは別の，よい心理学者になるために必要ないくつかのスキルをもっていない学生もいるということだ。こういう学生は，大学を卒業するまで記憶力依存の勉強を続け，その科目ではAの成績をとるかもしれないが，えてして理論の定式化や実験計画の際の想像力に乏しく，または患者のケアをする際に必要な対人的スキルなどが不足していたりするのである。もし心理学のすべてが心理学入門コースのようなものであれば，この種の学生は優れた学生ということになるのだろうが，あいにく心理学という研究領域はそういったものではないのである。

　私がこれまで何度も自問してきたことなのだが，あなたも自分自身に問いかけてみてほしい。あなたが心理学入門の授業でよい成績を取るのに役立ったものの中で，あなたがプロの心理学者としてやっていく上で必要だったものがどれほどあるだろうか。答えはおそらく，「ほとんどない」か，もしくは「まったくない」になるだろう。私の21年間の教職と研究活動の中で，本や講義の内容を記憶したり，多肢選択式テストを受けたりしなければならなかったことは一度もない。多くの場合，入門コースなどの低いレベルのコースでよい成績を

取るために必要とされるものは，その研究領域で成功するために必要とされるものと類似点がまったくない。もしかしたら，結果的に，適性のない学生の何割かがその領域に進み，適性のある学生の何割かがその領域から離れていっているのかもしれない。

なぜこういった現象が一般的なことになっているのだろうか。それは，ほとんどの心理学入門の授業が記憶学習に重きを置いているからである。学生は主要な事実や概念を学習し，それからその事実や概念を再生，あるいは再認できるかどうかを査定するために，多肢選択式テストや短答式テストを受ける。もちろん，その領域の基礎を学習することに何の問題があるわけではない。どの心理学者も基礎知識をもっていなくてはならない。しかし，あなたがかつて心理学入門で学んだ事実や概念のうち，どのくらいのものがいまでもこの領域において中心を占めるものだろうか。あるいは中心でなくても，片隅のどこかにでも入っているだろうか。心理学という学問領域は急速に発展しているので，現在の教科書に記載されている事項が，将来も同じように記載されている保証はないのだ。たとえば，私が学生の頃（1968年）に使われていた教科書と現在の教科書とは，似ても似つかない内容になっている。私たちが学生に学んでほしいと望むものが何であれ，それが急速に時代遅れになっていくようなものでないことだけは確かだろう。それでは，私たちは学生に何を学習してほしいのだろうか。

私は，心理学入門コースの主たる目標は，心理学者のように考える方法を学生に教えることにおかれるべきだと主張する。なぜか。それは，心理学者をめざす学生にとっては，入門コースが自分の選んだ研究領域を押し進め，成功するために必要となるさまざまな思考法を理解する出発点となるからである。一方，心理学者にならないもっと多くの学生たちにとっては，これからの人生の中で役立ちそうな「何か」をこのコースから学び取ってもらうことになるのだが，その「何か」とは，ある問題に対して，心理学的な観点から考えるためのメタ認知的な知識であるからだ。彼らがある種の問題に直面したとき，仕事であれ私生活であれ，少なくともある程度までは心理学者がする方法で考えることができる。これこそまさしく「教養教育」そのものではないだろうか。教養教育とは，心理学者としてのものの見方を含め，多様な視点からものごとを考

えるすべを学ぶことなのである。それでは、学生が心理学者のように考えることができるようになるためには、何が必要とされるのだろうか。

1節 知識基盤の獲得

　心理学的な思考がうまくできるようになるためには、学生は心理学の基礎的な事実と概念をマスターしなければならない。私が学生だった1960年代は、"新"数学、"新"物理学、"新"化学なるものが生まれた時代で、学生は最少限の知識基盤さえあれば優れた思考のできる人物になれるのだと誤って信じられていた。いま現在、私たちはこれよりもっと良いことを知っている（Chi, Glaser, & Farr, 1988）。心理学者のように考えるためには、学生はまず心理学という学問領域の基礎をマスターする必要があるのだ。

　知識基盤の重要性から論じ始めたが、それ以上に強調しなければならないことがある。それは、ある特定の分野で専門的な思考のできる人と初心者とを区別するものは、知識の広範さにあるのではなく、むしろ、その知識の組織性にあるということだ（Chi, Glaser, & Rees, 1982；Chi & Koeske, 1983；Larkin, McDermott, Simon, & Simon, 1980）。そうだとすれば、一部でいまだに行なわれているような、相互に関連性のないことがらの記憶学習を強調するような講義をしている限り、この知識の組織性という要求を満たすことは望めないだろう。学生は、学習していることがらの相互関連性を発見することを学ぶ必要があり、新しく入手した情報を、すでにもっている知識基盤の中に適合させていく必要があるのだ（Mayer & Greeno, 1972）。

　入門コースを受講している学生や期末試験の勉強をしている学生は、授業で説明された概念を相互に関連づけるといった深いレベルでの符号化をせず、たんに題材を丸暗記するにとどまっていることがよくある。彼らは、題材を学習することに多くの時間を費やしてはいるが、うまく学習する事には時間を費やしていないのだ（Baddeley, 1986；Craik & Tulving, 1975；Tulving, 1983）。それゆえ、学生が題材を「いかに学ぶかを学ぶこと」は重要なことである。また、彼らが本当にきちんと学習すれば、そんなに早く題材を忘れてしまうこと

にもならないだろう。

2節 三頭的学習法と思考法

　心理学の基盤的な知識をもとにして，少なくとも3つの方法で考えるように，学生に教える必要がある。すなわち，分析的に，創造的に，そして実際的に思考することである（Sternberg, 1985, 1994b, 1995, 1997）。分析的な思考には，比較し対比させること，判断し，評価し，批判することが含まれる。心理学者は，論文（自分自身の論文を含む）をレビューしたり，実験を批評したり，理論を評価したり，あるいはクライエントがかかえている問題の本質をアセスメントするときなどは，分析的に思考するのである。創造的な思考には，創造し，創案し，発見し，想像し，さらに推測することが含まれる。心理学者は，理論を構築するとき，実験や創造的な授業案を計画するとき，異種の研究間のつながりを見いだそうとするとき，または治療計画をたてたりするときなどに，創造的に思考する。実際的な思考には，現実に適用し，使用し，利用することが含まれる。心理学者は，学生が理解しやすい講義計画を練ろうとしたり，研究補助金を獲得する可能性を高めるための工夫を盛り込んだ申請書を書いたり，クライエントがかかえている問題の本質を引き出すようにクライエントと相互作用をもったり，実験がよりうまくいくように実験計画を練ったりするときに，実際的に考える。

　他のどんな研究領域でも同じことが言えるのだが（Sternberg, 1994a），心理学における良い教え方は，(a)こういった3つの方法で考える機会を学生に与えること，(b)学生のためにこの種の思考のモデルを示すこと，である。この2つを教える技術がともに重要なのである。

　まず，学生にはこのような「三頭的思考（triarchic thinking)」[★1]をする機会を与える必要がある。積極的にそうしなければ，彼らは分析的に，創造的に，実際的に考えることを本当には学習しないだろう。彼らにとっては，教科書にある例を読んだり，講義での例を聞いたりするだけでは不十分なのである。周知のように，ある問題について他の誰かがいかに考えたかを受動的に理解でき

るようになることも1つの重要な学習ではあるが，自分自身のやり方で能動的に考えることができるようになることも，もう1つの重要な学習なのである（Baron & Sternberg（1987）の編集による論文集を参照のこと）。私たち心理学教師はただたんに，心理学者の思考法を学生に理解させようとするだけではなく，彼ら自身が心理学的な思考をできるように教えようとしているのである。そのためには，授業において（もしくは試験や宿題においても），学生にこの三頭的な思考が要求されるような質問を与えることが必要になってくる。自分でやってみることによって，たんにそのやり方を読んで学ぶだけよりもはるかに多くのことを学ぶことができるだろう。

学生にはまた，この種の思考のモデルを示してくれる教師も必要である。ヴィゴツキー（Vygotsky, 1978）が指摘しているように，学生は，彼らが観察した他者の思考過程を内面化することによって，自分自身でいかに考えるかを学習していく。私たちが大学における自分のキャリアをふりかえり，誰が最も良い先生であったかを思い出してみると，このような先生たちは，概して，講義の中に内容をぎっしりと詰め込む人たちではなかったことに気づくであろう。よく考えてみると，最も記憶に残っている先生は，必ずしも最も楽しませてくれる先生ではなかったということにも気づく。それは，たとえ当時，楽しませてくれることが自分にとって最高に重要なことであったとしてもである。むしろ，記憶の中で際立つ先生は，多くの場合，私たちが最も敬服した考え方をもっていた先生であり，その人の考え方が後に自分の「世界を見る見方」に組み込まれたような，そういう考え方をもっていた（そして教えてくれた）先生なのである。

教育の多くの部分は，ある教師の考え方，また別の教師の考え方，さらにまた別の教師の考え方を，学生が少しずつ取り込み，これらの考え方と自分の考えとをブレンドしながら，学生が自分なりの思考方法を組み立てるようにすることなのである。それゆえ，思考のモデルを示すことが鍵となる。要するに，大学における多くの学習は，社会的学習（Bandura, 1977）なのである。

それでは，どうすれば三頭的思考をカリキュラムの中に導入することができるのだろうか。実は，ごく簡単なことなのである。また，教師はすべての学生が3つの方法で考えることを学習してほしいのだから，それら3つを区別して

教える必要はない。どの学生も，3つのすべての方法で考えるように学習する必要があるのである。

　分析的思考を促進させるためには，たとえば教師は学生に，夢に関するフロイト（Freud, S.）の理論とクリック（Crick, F.）の理論を比較させるのもよいだろう。あるいは，たとえばフェスティンガーとカールスミスの強制的応諾の実験（Festinger & Carlsmith, 1959）のような古典的実験が，いかに多くの代替的解釈を生み出したかを示すように学生に求めたり，たとえば抑鬱の認知理論などの理論の妥当性を示す証拠について，学生に評価するように促すのもよいだろう。

　創造的思考を促進させるためには，教師は学生に，夢に関する既存の理論からの要素と自分の経験的な要素を組み合わせて，自分独自の夢の理論を考え出すように求めたり，フェスティンガーとカールスミスの実験の曖昧な点を解決するような実験を計画させてもよいし，抑鬱の認知理論が，集団主義的な人が多く個人主義的な人が少ない社会においても，同じように適用できるかどうかを思索させることもできるだろう。

　実際的な思考を促進させるためには，教師は学生に，自分の見た夢を理解するのに，夢の理論を適用してみるように促したり，考えと行動の間の非一貫性を解消するために，これまで自分がいかに認知的不協和を用いてきたかを考えさせたり，抑鬱の諸理論の中から自分の気に入ったものを選び，その理論に基づいて抑鬱状態に陥った友人を援助するとしたらどうすればよいかを熟考させることもできるだろう。

　ここでのポイントは，こういったエクササイズを心理学入門の授業のいたる所で，実際に盛り込むことができるかどうかである。つまり，教科書の各章末，もしくは講義の終わりになるまで「考える」作業を取っておいたりせず，最初から最後まで考えさせることが大事なのである。それはなぜか。

　第1に，学生は，考えることが学習の一部であることを理解する必要があるからである。すなわち，学ぶために考えることで，考えることを学ぶのである。考えるということは，一連の概念を学び終えた後にやってくるようなものではない。実際，学習する際に題材に対して能動的に思考することは，学習を促進することにつながる（Brown & DeLoache, 1978）。学生が「考えること」と

「学習」を区別して見ている限り，彼らは思考と学習の双方とも，本当には理解できていないのである。

　第2に，教科書の章末，あるいは講義の最後になるまで「考える」エクササイズをやらないでいると，「考える」機会が失われてしまう場合が多いからである。教師が講義の終わりまで到達できなかったり，学生が時間不足のゆえに各章の最終問題をとばしてしまうこともある。授業の中に「考えること」を十分に注入しなければ，「考えること」は，各自が時間の許された範囲内で取り組めばよい「おまけ」と見なされるようになってしまうかもしれない（Sternberg & Spear-Swerling, 1996 を参照）。

　最後に，学生に「心理学者のような考え方」を教えることを心理学入門コースの目的と考えるのであれば，コースの本質から「考えること」を分離させることなど不可能だからである。「考えること」こそがコースの本質なのだ。学生が学ぶ他の何よりも，「考えること」が授業の多くの部分を占めるべきなのである。

　そのコースでの評価が，教えられてきたあり方を反映したものになっていることは，きわめて重要なことである。仮に，授業では学生に三頭的に考えることを奨励していたにもかかわらず，試験ではテストバンクからの多肢選択式の再認問題しか出題しないとしたら，真剣に考えるということが彼らに責任を負わされていない（つまり，する必要のない）ことだったということを，学生はすぐに学びとってしまうだろう。それは，講義やセミナーの時間を埋めるためのつけ足しにすぎなくなってしまう。また反対に，テストでは考えることを要求されるが，講義の方ではたんに事実を書きとめていくだけの無味乾燥なやり方で教えられていたのだとしたら，これもまた学生にとっては，教えられたことにマッチしない評価に直面させられることになる。つまり，授業のあり方と評価のあり方は一致していなければならないのである。

3節　長所を伸ばし短所を補う

　三頭的な教授法および評価法は，一次元的な教授法や評価法では不可能な，

重要な目標の達成を可能にするものである。それは，学生が自分の長所を伸ばし，短所を補い，修正することを援助するという目標である。

　知能テストの文脈でいうところの"g"，すなわち一般知能（general intellectual ability）という考え方は，ほとんどすべての人が何か得意なことがある反面，何か苦手なこともある，ということを考慮に入れていない。たとえば，私たち自身の研究（Sternberg, 1996; Sternberg, Ferrari, Clinkenbeard, & Grigorenko, 1996）では，次のようなことが示されている。分析的に考える能力が高い学生の中にも創造的な思考能力が特に高くない学生がしばしばいるし，創造的な思考能力が高い学生の中にも実際的な思考能力が特に高くない学生もしばしばいる。また，分析的な思考能力の高い学生が，必ずしもすべて実際的な思考能力において高いというわけでもない。実際，私が作成した三頭能力テストにおいても，これら3つの思考能力間の相関は概して中程度のものである。

　他の分野の科目でも，あるいはその後の人生においても同様であるが，心理学でよい成績をとるためには，学生は自分自身の長所と短所のパターンを知る必要がある。つまり，自分の潜在的な適性がどこにあり，どこにないのかを知る必要があるのだ。三頭的な教育をすることによって，教師としてあなたが教えたことのいくつかは，少なくとも何人かの学生たちに，毎回ではなくても確実に理解されることは保証できる。むろん，あなたが教えたことのすべてがすべての学生に必ずしも理解されるわけではないが。現在のほとんどの授業は，もっぱら記憶学習の得意な人に向いたものである。三頭的な授業とは，それに加えて，分析的，創造的，実際的な思考を得意とする人，それぞれに対応できる授業なのである。

　私たち教師は，学生の長所と同時に短所も教えていく必要がある。なぜなら，学生は自分の短所を補い，また修正していく方法を学ぶ必要があるからである。能力は変容可能なものである（Sternberg, 1986, 1988）。学生の得意な方法で学習させると同時に，あまり得意でない方法でも学習させることにより，学生の成長を手助けすることができるのだ。このように，三頭的な教授法を用いることで，すべての学生が，少なくともいくらかは彼らの長所にあったやり方で学ぶことができる。実際，学生の長所を伸ばす教え方によって，私たちは現実に学生の授業の成績を向上させている（Sternberg & Clinkenbeard, 1995;

Sternberg et al., 1996)。

　また一方で，学生が人生の中でどのような知的チャレンジに出会っても，それに立ち向かうことができるように，自分で短所を補い，修正するようにし向ける教育も必要である。人生においてどうやったらうまくできるかを知っているだけでは十分ではない。自分が得意でないことを回避したり，無難にこなしていくための自分なりの方法も知らなくてはならないのだ。こういった知識は，ゆっくりとした学習プロセスを通して獲得されていくものなのである。

4節 プロセスとしての心理学

　多くの授業の場において，心理学はプロセスとしてではなくプロダクト，つまり研究の所産として教えられている。私が心理学入門を受講する学生だった頃は，まるですべての優秀な学生が知っていなければならない確固とした知識基盤が心理学には存在しているかのように教えられていた。ハードな事実が存在するハードな科学の科目として心理学は提示されていたのだ。この分野が10年，いや5年でまったく違った様相を呈すということは，その当時の私には（いや私が想像するには，すべての学生にも）けっして思い及ぶものではなかったのである。

　他のすべての科学と同じように，心理学も絶え間なく変化する学問である。今日の事実は明日にはフィクションになっているかもしれないし，さらに言えば，明日には忘れ去られているかもしれない。疑問のあり方が変わればその答えも変わってくる。それゆえ，学生は，すべての科学が疑問に始まるということを理解する必要がある。答えは，問われた疑問に依存するのである。

　本当に偉大な心理学者は，根本的な疑問を問う人たちである。つまり，自分の追い求める問題に心の底から興味をもっている人たちなのである（Zuckerman, 1977）。本当に偉大な学生は，たんに与えられた答えについて考えることだけではなく，問われた疑問について考えることをも学んでいる。そして彼らは，心理学であれ別の領域であれ，問われた疑問は，ヘーゲル（Hagel, 1807/1931）が「弁証法」と呼んだ，半ばプログラム化された様式に沿って進

展していくものだということを学びとる。

　弁証法の基本的な考え方は，ある個人が一連のアイディア——テーゼ——を提唱することから始まる。遅かれ早かれ，別の個人がこれに対立する一連のアイディア——アンチテーゼ——を提唱する。最後には，第3者もしくは人々（ときには，最初の論争の一方の側）が，対立する観点を融合させ，1つのアイディアとして統合したジンテーゼを提唱する。今度はこのジンテーゼが新しいテーゼとなり，さらに続くアンチテーゼの攻撃を受けることになる。そして，このプロセスはまたさらに続くことになるのである。この弁証法のプロセスを通して連続的にその視野が広がっていった3つの例を考えてみよう。

　フェスティンガーとカールスミス（Festinger & Carlsmith, 1959）は，実験に参加して20ドルもらった参加者よりも1ドルしかもらわなかった参加者の方が，実験に対してより好意的であったという驚くべき実験結果を，認知的不協和理論から説明した。その後数年経って，ベム（Bem, 1967, 1972）は，この結果に対して自己知覚理論からの説明を提唱した。これら2つの見解は両立しがたいように見えた。しかし最後に，ファジオとザナとクーパー（Fazio, Zanna, & Cooper, 1977）が登場し，次のように提唱した。つまり，認知的不協和理論はふだんの信念や態度とまったく違うようにふるまったときにうまくあてはまるものであるが，自己知覚理論はふだんのふるまいのパターンとほんの少ししかずれていないときにうまくあてはまるものであると。このように，テーゼがアンチテーゼへの道を開き，またアンチテーゼがジンテーゼ（実際は，いくつもありうるジンテーゼのうちの1つのジンテーゼ）への道を開くのである。

　もっと大きなレベルで弁証法を考えてみよう。20世紀初期には，知能の発達に関する見解としては遺伝説が主流であった。スティーヴン・グールドの『人間の測りまちがい』（Gould, S., 1981）を読めばわかるように，ゴダード（Goddard, H.）やブリガム（Brigham, C.）のような先駆者達の見解は，今日の基準からすると，たんに遺伝説支持者というだけではなく，ひどい人種主義のようにも聞こえる。このような教授たちが，主要な大学で，いやおそらくすべての大学において職位を得ていたということは，今日の学者にとっては信じがたい事実である。1960年代や1970年代には，振り子が激しく逆の方向に振

れた。知能の個人差に対する説明は，主として環境によると考えられるようになった。行動遺伝学者たちの声は耳を傾けられなくなったばかりか，彼らは研究のための助成金を獲得するのも困難になっていった。しかし，1990年代になってから，遺伝と環境がいかに相互的に作用しているかについて真剣な考察がなされるようになった。プロミン（Plomin, 1997）やその他の学者の研究にジンテーゼを見いだすことができる。

最後に，もっと大きなレベルで弁証法を考えてみよう。プラトンや後のデカルトやその他の哲学者は，世界を理解するための合理主義的なパラダイムと方法論を提唱した。アリストテレスや後のロックやその他の哲学者は，主として経験主義のパラダイムと方法論を提唱した。この合理主義のテーゼと経験主義のアンチテーゼという，当初は両立しがたいように見えた2つの方法論を統合する考え方を見いだしたのが，カントであった。（これらの議論については，ロビンソン（Robinson, 1995）を参照。）もちろん，多くの新しい観点を形成しながら，この議論はなおも続いている。

5節 学問領域を越えて教えること

心理学は，「人間の性質の理解」を目標においている点で，その他のすべての社会科学や人文科学と共通性をもっている。それらはすべて，人間理解のための共有しうる寄与成分をもっている。しかしその一方で，学問分野が異なればそれに応じて理解の方法も異なり，それぞれの分野が独自の寄与成分ももっているのである。

たとえば心理学と人類学の展望が，さらに心理学と文学のそれとが異なるように，心理学の中にもそれぞれに異なるいろいろな心理学的なものの見方がある。しかし，そうした多様な観点を含みながらも，やはり，私たち心理学者の多くは，心理学者として心理学的な観点だけを教えている。これとは対照的に，ほとんどの学生は，他の社会科学や人文科学を含む，たくさんの異なった観点から人間の行動について勉強している。私たちは，学生がそこに関連性を見いだしてくれるだろうと信じたいのだが，多くの場合そうはならない。事実，初

学者である彼らは，ある1つの学問領域の中だけでさえも関連性を見いだすのが困難な場合が多いのだ。

学習は，統合されたり相互に関連づけされたりすればよりよいものになる。学生が学習すべきことがらを相互に関連づけるのを教師が支援することで，学習がより促進されるのである。したがって，心理学の教師が他の諸分野——たとえば，文学，芸術，歴史，人類学などのような——から心理学的な概念を引用できればできるほど，それは学生の心理学の理解にとって有益となるし，さらに，もっと広い目標である「人間の性質の理解」にとっても有益となる。

6節 多文化主義と比較文化主義

「多文化主義」や「比較文化主義」といった用語は，教育界でやたらとわめき散らされるようになったせいで，1990年代の一過性の流行程度のものとしか思えなくなってしまった観がある。しかし，これは一過性の流行であってはならない。これらの概念は，いまでも存在する意義があり，さらにこの先も重要性を増していく可能性があるものなのである。社会的な観点から見れば，私たちのアメリカ社会がますます多文化になりつつあるという理由だけでも，それらは重要性を増していくだろうことがわかる。

しかしながら，これらの概念が重要であることには，もっと根本的な理由がある。つまり，アメリカのみならず，どの文化にも適用できる概念だということである。心理学を多文化的に，比較文化的に適用するためにはどうすればよいかをきちんと理解できていなければ，単一文化の文脈内における心理学の適用も，本当に理解しているとはいえない。

「知能」という概念を例に考えてみよう。アメリカ人は知能に関して，ひどい自民族中心主義的な見解をもっていた歴史がある。しかしながら，それぞれの文化によって，人々が得意とするタイプの知能テスト問題もあれば，不得意なタイプの知能テスト問題もあることからもわかるように（たとえば，Heath, 1983 ; Kearins, 1981 などを参照），結局，知能という概念は，文化が異なればかなり大きく異なるものだということがわかる（たとえば，Berry,

1984 ; Wober, 1974 などを参照）。知能をある単一の文化的文脈の中だけで研究したり測定したりすることは，学生にとっても心理学にとっても害となる。それは，1つの物語の中の小さく不完全な部分だけを理解しているにすぎないのと同じである。同様のことが，愛のような，文化や時代が異なれば大きな違いが見られる心理学的構成概念についてもあてはまる（たとえば，Ackerman, 1994 ; Hunt, 1987 ; Sternberg, 1995a, 印刷中，などを参照）。

　要するに，ある社会文化的な文脈における構成概念を理解するためには，それが他の文化的な文脈において，どの程度類似し，どの程度相違しているのかを理解する必要があるのだ。もし，このような理解をしようとしなければ，私たちの心理学の授業が，学生たちに自民族中心主義的な思考を学ばせる不幸な機会を提供してしまう危険を負うことになる。私たちは心理学の歴史において，これまでこのような自民族中心主義的な思考を十分すぎるほどやってきた。そろそろ乗り越えなければならない時期なのである。

7節　結論

　心理学入門のコース目標は，心理学者のように考える方法を学生に教えることにおかれるべきである。心理学者のように考えるためには，学生は心理学という学問領域の知識基盤をマスターしなければならないし，この知識基盤を基にして，分析的に，創造的に，実際的に考えることを学ぶ必要がある。それと同時に，学生は自分の思考の長所と短所のパターンを知り，長所を伸ばしながら，同時に短所を補い，修正するすべを学ぶように奨励されるべきである。

　学生は，心理学をたんなるプロダクトとして理解するだけでなく，弁証法的に発展してゆくプロセスとして理解し，また心理学の理解は，文化や時代とともに変わってくる部分があるものだということを理解する必要がある（もちろん，すべてが変わるというわけではないが）。

　心理学入門を受講する学生のすべてが心理学者になるわけではない。しかしながら，すべての学生が心理学者がしているのと同じように問題を認識し，定義し，解決することを学ぶことができるし，学ぶべきである。これらは，学生

の中に，もしくは生涯学習者としての私たちの中に，培っていくべき技術なのである。かくいう私自身も，心理学入門でＣという成績をとった問題を認識し，定義し，解決しようといまだに取り組んでいるのだ。

9章 　註　　★は訳者註

★1　スタンバーグの知能の triarchic theory は有名な理論であるが，"triarchic"という語の定訳はまだなく，これまでの邦訳文献でも，「三柱（三本柱）」，「三部」，「三頭」等々が用いられている。triarchic は，（ローマなどの）三頭政治に由来する言葉であり，「三種類の頭（思考）の働き」という意味をよく表していると思われたので，ここでは「三頭的」という言葉を当てた。

★2　クリックの夢の理論：夢の機能を「心のハウスキーパー」とみなす考え方の１つ。彼の説によれば，REM 睡眠期には起きている間に構築したさまざまなアイテム間の連合のうち，不要な連合を「弱める」いわば「逆学習（reverse-learning）」が起こるという。夢はその過程で生じる副産物ということになる。

★3　テストバンク：それまでに出題した（しようとした）過去のテスト問題のデータベース

9章　引用文献

Ackerman, D. (1994). *A natural history of love.* New York: Random House.

Baddeley, A. (1986). Working memory. Oxford, England: Oxford University Press.

Bandura, A. (1977). *Social learning theory.* Englewood Cliffs, NJ: Prentice Hall.

Baron, J. B., & Sternberg, R. J. (Eds.). (1987). *Teaching thinking skills: Theory and practice.* New York: Freeman.

Bem, D. J. (1967). Self-perception: An alternative interpretation of cognitive dissonance phenomena. *Psychological Review, 74,* 183-200.

Bem, D. J. (1972). Self perception theory. In L. Berkowitz (Ed.), *Advances in experimental social psychology* (Vol. 6, pp. 1-62). San Diego, CA: Academic Press.

Berry, J. W. (1984). Towards a universal psychology of cognitive competence. In P. S. Fry (Ed.), *Changing conceptions of intelligence and intellectual functioning* (pp. 35–61). Amsterdam: North-Holland.

Brown, A. L., & DeLoache, J. S. (1978). Skills, plans, and self-regulation. In R. Siegler (Ed.), *Children's thinking: What develops?* (pp. 3–35). Hillsdale, NJ: Erlbaum.

Chi, M. T. H., Glaser, R., & Farr, M. J. (Eds.). (1988). *The nature of expertise*. Hillsdale, NJ: Erlbaum.

Chi, M. T. H., Glaser, R., & Rees, E. (1982). Expertise in problem solving. In R. J. Sternberg (Ed.), *Advances in the psychology of human intelligence* (Vol. 1, pp. 7–75). Hillsdale, NJ: Erlbaum.

Chi, M. T. H., & Koeske, R. D. (1983). Network representations of a child's dinosaur knowledge. *Developmental Psychology, 19*, 29–39.

Craik, F. I. M., & Tulving, E. (1975). Depth of processing and the retention of words in episodic memory. *Journal of Experimental Psychology: General, 104*, 268–294.

Fazio, R. H., Zanna, M. P., & Cooper, J. (1977). Dissonance and self perception: An integrative view of each theory's proper domain of application. *Journal of Experimental Social Psychology, 13*, 464–479.

Festinger, L., & Carlsmith, J. M. (1959). Cognitive consequences of forced compliance. *Journal of Abnormal and Social Psychology, 58*, 203–210.

Gould, S. J. (1981). *The mismeasure of man*. New York: Norton.

Heath, S. B. (1983). *Ways with words*. Cambridge, England: Cambridge University Press.

Hegel, G. W. F. (1931). *The phenomenology of mind* (2nd ed.; J. B. Baille, Trans.). London: Allen & Unwin. (Original work published 1807)

Hunt, M. (1987). *A natural history of love*. New York: Barnes & Noble.

Kearins, J. M. (1981). Visual spatial memory in Australian aboriginal children of desert regions. *Cognitive Psychology, 13*, 434–460.

Larkin, J., McDermott, J., Simon, D. P., & Simon, H. A. (1980). Expert and novice performance in solving physics problems. *Science, 208*, 1335–1342.

Mayer, R. E., & Greeno, J. G. (1972). Structural differences between learning outcomes produced by different instructional methods. *Journal of Educational Psychology, 63*, 165–173.

Plomin, R. (1997). Identifying genes for cognitive abilities and disabilities. In R. J. Sternberg & E. L. Grigorenko (Eds.), *Intelligence, heredity and environment* (pp. 89–104). Cambridge, England: Cambridge University Press.

Robinson, D. N. (1995). *An intellectual history of psychology* (3rd ed.). Madison: University of Wisconsin Press.

Sternberg, R. J. (1985). *Beyond IQ: A triarchic theory of human intelligence*. Cambridge, England: Cambridge University Press.

Sternberg, R. J. (1986). *Intelligence applied: Understanding and increasing your intellectual skills.* San Diego, CA: Harcourt Brace Jovanovich.

Sternberg, R. J. (1988). *The triarchic mind: A new theory of human intelligence.* New York: Viking.

Sternberg, R. J. (1994a). Diversifying instruction and assessment. *The Educational Forum, 59,* 47–53.

Sternberg, R. J. (1994b). A triarchic model for teaching and assessing students in general psychology. *General Psychologist, 30,* 42–48.

Sternberg, R. J. (1995). *In search of the human mind.* Orlando, FL: Harcourt Brace.

Sternberg, R. J. (1996) *Successful intelligence.* New York: Simon & Schuster.

Sternberg, R. J. (in press). *Love is a story.* New York: Oxford University Press.

Sternberg, R. J., & Clinkenbeard, P. (1995). A triarchic view of identifying, teaching, and assessing gifted children. *Roeper Review, 17,* 255–260.

Sternberg, R. J., Ferrari, M., Clinkenbeard, P., & Grigorenko, E. L. (1996). Identification, instruction, and assessment of gifted children: A construct validation of a triarchic model. *Gifted Child Quarterly, 40,* 129–137.

Sternberg, R. J., & Spear-Swerling, L. (1996). *Teaching for thinking.* Washington, DC: American Psychological Association.

Tulving, E. (1983). *Elements of episodic memory.* Oxford, England: Oxford University Press.

Vygotsky, L. S. (1978). *Mind in society: The development of higher psychological processes.* Cambridge, MA: Harvard University Press.

Wober, M. (1974). Towards an understanding of the Kiganda concept of intelligence. In J. W. Berry & P. R. Dasen (Eds.), *Culture and cognition: Readings in cross-cultural psychology* (pp. 261–280). London: Methuen.

Zuckerman, H. (1977). The scientific elite: Nobel Laureates' mutual influences. In R. S. Albert (Ed.), *Genius and eminence: The social psychology of creativity and exceptional achievement* (pp. 241–252). Oxford, England: Oxford University Press.

心理学入門についてクリティカルに考えるということ

chapter 10

キャロル・E・ウェイド

　もう何年も前の話だが，私がまだ新米教師だった頃，心理学入門を受講している学生の1人がテスト問題のことで不平を訴えてきた。その問題は選択肢式で，簡単な推論が要求されるものだった。「この問題はフェアじゃありません」と学生は言った。「だって，考える必要があるじゃないですか」と。この言葉には考えさせられてしまった。

　私は心理学の重要な概念や，理論や，研究知見を伝えるのにベストを尽くしたつもりだった。授業をおもしろく，かつ，訴えるものにするよう苦心していた。多くのデモンストレーションを行ない，ゲスト講師を招いた。ときには生きたラットを教室に持ち込んで，バー押しの条件づけを行なったことさえあった。しかし，本質的な何かが欠けていたのだ。学期末に授業を終えるたびに，私は自分がたんに教えるように要求されている事を次から次へと教えていただけで，個々の断片を貼り合わせ，まとめ上げることができなかったという思いに落ち込んだものだ。私は事項を教えていただけで，その本質は教えていなかったのだ。

　私は心理学の基礎的な知見を伝えることに加えて，学生に自分が学んでいる

ことをじっくりと考えさせ，活用させることも必要であると気づき始めた。言い換えれば，それは心理学者がどのように考えるかを学生に示し，彼らにも同じやり方で考えてみるようにし向けることなのだ。何といっても，心理学はたんにその研究の集積というだけではなく，同時に，世界に対してアプローチし，分析する方法であり，また，ごくささいな好奇心から生と死にかかわる大問題までの，ありとあらゆることがらについて問いを立てる方法でもあるのだ。それらの問いに対しては数多くの「答え」が提示される。それらの答えをきちんと評価するための思考スキルを学生に習得させること。そして，彼らが教室を離れた後でも，自分が学んだことを議論の場で活用できるようにすること。この2つができない限り，授業のすべては無意味であるように私には思われた。思想家にして作家のセオドア・ローザック（Theodore Roszak）の言葉を借りるなら，彼らは至る所でデータを与えられているかもしれない。しかし，考えるための考え方を与えられていないのである。

1節 サイコバブルからの脱却

　こうした思考のスキルを獲得するためには，学生は場合によっては自分たちが心理学に関してすでに「知っていること」を忘れる必要もある。心理学であれ，物理学や歴史学やその他何であれ，教授・学習に関する伝統的な考え方によれば，教師は学生に重要な事実や理論を注ぎ込むものである。それゆえ，学習に関してよく用いられるメタファーでは，学習者はスポンジに等しい。試験のたびに定期的に絞られるスポンジである。もちろん，心理学においても学生が吸収すべき重要な事実や理論はたくさんある。しかし，ちょうど乳幼児の神経系が，新しいシナプス結合の獲得というプロセスと，無関連な，あるいは逆効果を招くようなシナプス結合の除去というプロセスの2つを通して発達していくのと同じように，学生の心理学への理解が進んでいくためには，新しい知識の獲得とともに，彼らがタブロイド新聞やテレビのトーク番組を通してすでに知っている，がらくた心理学の忘却が必須なのである。

　多くの学生たちは初めて心理学を学ぶ際に，ホロスコープで未来が予言でき

ることや，自分に前世があったこと（その前世で彼らはしばしば王族であり，農奴であることはまれである）や，「女性は金星人，男性は火星人」といった類の知識をもってやって来る。こういう学生たちには，ローゼン（R. D. Rosen）が「サイコバブル（psychobabble）」と呼んだもの——つまり，心理学的な用語でうわべを飾った疑似科学やインチキ療法——をうち消す強力な解毒剤が必要である。私が教え始めた1970年代初期にサイコバブルが最も多く口にされていたのは，自堕落な生活を一変させるために週末に催されるエンカウンター・グループや，絶叫セラピー（primal scream therapy）といった新奇なセラピーにおいてであった。絶叫セラピーでは，人々は自分の現在の不幸を自分が産まれたときの外傷体験に結びつけることになっているのだ（このセラピーはいまだに存在している）。

今日ほど，超常的なものへの信念や疑似科学への信仰がポピュラーになった時代はない。私たち国民が困窮しているときに，CIAは2千万ドルもの資金を霊能者たちにつぎ込んでいるのだ。不幸なことに，妥当性や裏づけのないセラピーが多くのメンタルヘルス職の人に受け入れられ，雑草のように繁殖し続けている。最近の例では，表出援助法（facilitated communication）があげられる。これは，それまで意思疎通が不能と見なされていた自閉症児や精神遅滞児に，彼らの内心の考えを表出できるようにする方法と考えられている。ところが，条件統制をきちんと行なった実験の結果，これは実際には援助者側の意思伝達であることが判明した。つまり，子どもの反応は，彼らの潜在的な能力によるものではなく，援助者の無意識の手の動きによるものなのである。

今日のハイテク時代においては，私たちはまた，たくさんのサイコバブルを耳にする。それは脳をスーパーチャージすると触れ込む電子機器であったり，あるいは，聴くだけで，眠っている間に幸福，ダイエット，金運，成功，健康をもたらし，4ヶ国語をマスターできると約束するサブリミナル・テープであったりする。学生たちはしばしばこの種のナンセンスなものに惹かれるが，それは，不確実さに対する耐性が欠けているからである。つまり，彼らは疑問に対する答えや，問題に対する解決をいますぐにほしがるのだ。最も能力があり，また動機づけの高い学生の中にも時々，「共依存」とか「愛しすぎる女たち」といった単純きわまりない通俗心理学のドグマに魅せられている者もいる。

2節 クリティカル思考の必要性

　これらの問題を考えるうちに私はやがて，クリティカルな思考とクリエイティブな思考を重視するアプローチに到達した。それはつまり，個人的な体験のみに基づいて一足飛びに結論に達すること（心理学で扱われる問題ではこの誘惑は特に強い）に抵抗し，根拠に対して厳格な規準を適用し，反対側の意見にも耳を傾けることで知識は前進するという考えを理解させることなのだ。同僚のタヴリス（Tavris, C.）と私はそれ以来，クリティカル思考習得のための体系的なアプローチを開発してきたが，それは，必要とされるスキルを身につけるだけではなく，それらのスキルを活用する態度や性質を身につけることも強調するアプローチである。「クリティカル思考」とは，私たちの定義では，しっかりとした裏づけのある根拠に基づいて主張を評価し，判断をくだす能力と意志をさす。このクリティカル思考が，私たちの授業と私たちが書いた教科書の両方の哲学的指針となっている。私たちの目標は，学生に自分が読んだり，聴いたりしたことがらを主体的に評価させることであり，また，未完結で，決まった答えのない問題を知的に探求することのおもしろさをわからせることである。端的に言えば，私たちは彼らに考えてもらいたいのである。

　しかしながら，私たちのアプローチはたんなる「あら探し」とは別のものだ。あまりにも頻繁に，クリティカル思考は極端な哲学的懐疑主義，すなわち，何事も真に知ることはできないという思想と同一視される。この種のアプローチをとる教師はしばしば，学生に議論の中の誤りを見つけ出させることだけに焦点を絞る。一方，私たちはより穏和で，よりプラグマティックな懐疑主義をとる。そこでは，結論を支持するために証拠を示すことが要求されるが，また同時に，疑うだけでなく説明を捜し求める過程も含まれている。クリティカル思考へのアプローチの中には「とにかくノーと言え！」を合言葉にしているものもあるが，私たちの考えでは，これはともすると学生を極端な相対主義に，つまり，「あらゆる立場は攻撃を受けるすきがあり，1つの判断や解釈が他のものに比べて特に優れているわけではない」という信念に導いてしまいがちだ。

大学生は特に極端な相対主義に感化されやすい。たとえば，キング（King, P.）とキッチナー（Kitchener, K.）は，人々がものごとを判断する際の「認識論的前提」に関する研究において，ほとんどの学生は「準」反省的判断の段階にとどまっており，彼らは何事も根本的にはわかり得ないという疑念をいだきがちであることを示した（King & Kitchener, 1994；Kitchener & King, 1981, 1990）。彼らは世の中には絶対的な確かさをもって知ることのできない物事があることを認識する。しかしそのような状況にどう対処したらよいのかを，よく知らないのだ。彼らは，判断には合理的な理由による裏づけが必要だということは理解している。しかし，自分がすでに信じていることに合致する証拠だけに注意を向けてしまう。彼らは，いろいろな観点があるということを知っている。しかし，知識は不確かなものであるがゆえ，根拠に対するいかなる判断も純粋に主観的なものと考えているようだ。彼らは「正しいと感じる」ものによって信念を正当化しようとする。すなわち，彼らはこう言うだろう。すべてのものは「相対的」であり，「誰もが自分の意見をもつ権利がある」と。あたかも，すべての意見が同等につくられているかのように。

キッチナーとキングは，22歳〜25歳ぐらいの年齢になっても，多くの人々が真実を解釈の問題と見なし，「知識はまったく主観的なものである」と述べることを見いだした。二十代の半ば以降になり，また高等教育を多年に渡って受けた後になって，ようやく彼らは反省的判断の段階に至る。すなわち，確かに真実はけっして「既定のもの」ではなく，どんな主張にも改めて評価し直してみる余地が残っている。それでも，問題——特に，構造化されていない問題——に対する判断や解釈には優劣があり，ある判断や解釈が別のそれと比べてより妥当性が高いと言うことはできることを認識する。この研究から次のことが言える。学生に，よりクリティカルに考えさせたいと望む者は，学生が教室にもち込んでくる認識論的前提が，教師のもっている前提とかなりくい違っている可能性を認識しておかなければならない。

彼女らの研究の明るい面としては，反省的判断（私たちの用語ではクリティカル思考）を伸ばすためのサポートと訓練の機会を得た学生は，より複雑で洗練され，より基礎のしっかりした考え方ができることがわかった点である（Kitchener, Lynch, Fischer & Wood, 1993）。クリティカル思考を教えるた

めのアプローチはもちろん数多くある（たとえば，Halpern, 1995；Levy, 1997；Paul, 1984；Ruggiero, 1988）。それらの諸文献を研究した結果，私たちはクリティカルな思考をする人の有するさまざまなスキルや態度・特性を，次に示す8つの基本ガイドラインに凝縮した。

1 問いを立てよ　進んで疑問をもて。心理学についてクリティカルに考えるためには，クリエイティブに考えようとしなければならない。つまり，人間の行動の謎に好奇心をもち，なぜ人がそのように行動するのかに疑問をいだき，受けた説明に疑問を発し，別の説明を検討することである。

2 問題を定義せよ　ひとたび疑問が発生したら，次のステップは，それに関連する問題を明確かつ具体的な言葉で定義することである。「幸福」とか「潜在的な」とか「有意義さ」といったようなあいまいな言葉ではだめなのだ。不十分な問いを立てることは，まぎらわしい答えや，不完全な答えを生み出すことにつながる。たとえば，「動物は言語を習得できるか？」という問いは，言語というものが全か無かの能力であることを暗黙のうちに仮定している。この問いに対する答えの可能性は2つしかない。つまり，イエスかノーかである。別の問い方をしてみよう。「言語のどの側面は，ある種の動物にとって獲得可能か？」。この問いは言語が多くの能力を必要とすることを考慮に入れている。また，この問いは，種の間の差異を認識しており，可能な解答の範囲を広げている。

3 根拠を検討せよ　クリティカルな思考をする人は，検討中の問題に対するさまざまなアプローチについて，そのアプローチの裏づけとなる根拠の質を考慮する。それは信頼できるのか？　妥当なのか？　その「根拠」とはたんに誰かの個人的主張や憶測にすぎないのではないか？　その根拠が本当に科学的なものであるとして，それは1つか2つの限られた研究からのものなのか，あるいは繰り返し調べられているものなのか？　もし根拠の信頼性をチェックできない場合には，クリティカルな思考をする人は，その根拠の出所が過去に信頼できるものであったかどうかに注意を向ける。

4 バイアスと前提を分析せよ　クリティカルな思考をする人は議論の背後にある前提（仮定）とバイアスを見きわめ，それらが主張や結論にどのような影響

を与えているかを問う。彼らは問題の評価に影響を及ぼしているかもしれない偏見や，深部に潜む価値観について考慮する。彼らは自分の信念を否定するような証拠をもいとわずに考慮し，また，自分のバイアスだけではなく他の人のバイアスも検討しようとする。

5 感情的な推論（「私がそう感じるのだから，それは真実なのだ」）を避けよ
感情が心理学の科学的な研究を支えるための重要な役割を果たしているのは確かである。ある見解に情熱的にコミットすることで，人は他者から何と言われようと怖じ気づかず，大胆に思考し，一般受けのよくないアイディアを擁護し，独創的な新理論のための証拠を探し求めようとする気持ちを奮い立たすことができる。その上，誰もがこの世界がどのようなしくみで動いているかについての自分なりの信念や思想をもっている。こうした信念や思想なくしては人は生きていけないものである。しかし，ある問題について正反対の見解をもつ人々も，彼らの信念について，自分と同じぐらい真剣に心からそう思っているのである。それゆえ，「そう感じる」とか，たんに「そう思う」というだけの主観的な意見を，議論や論拠の慎重な評価と等価に扱うことはできない。

6 過度の単純化をするな　クリティカル思考においては，議論の論理的な矛盾を見逃さないということや，また，逸話（事例）に基づく議論に対して慎重な態度をとることも必要であるが，さらに最も重要なことは，「あれかこれか」という二者択一的な思考を避けることである。たとえば，身体と心の健康にとって，何事も自分で統制できるという統制感をもつことと，人生にどんなことが起こっても平静に受け入れることのどちらがよいのだろうか？　実際は，どちらの答えでも単純すぎる。統制感は確かに有益な点が多い。たとえば，それによって苦痛が減り，手術や疾病に対する順応が改善され，ある種の病気からの回復は早くなる（Ewart, 1995）。しかし，ときには，「流れに任せる」のがベストなこともある。病気に関するあらゆることを統制できるという非現実的な信念をもつ人は，しばしば病気に順応することができないのである（Thompson, Nanni, & Levine, 1994）。

7 他の解釈を考慮せよ　クリティカルな思考をする人は，物事の特色や人の行動や出来事などについて，ある1つの結論に飛びつく前に，他にも筋の通った説明を与える仮説が立てられないかどうかを検討する。最終的な目標は，最も

少ない前提で最も多くの証拠を説明できる説を見いだすことである。クリティカルな思考をする人は因果関係について早まった結論をくだしていないかどうかについては，とりわけ気をつけるものだ。

8 不確実さに耐えよ　これはクリティカルな思考ができるようになるための最も困難なステップかもしれない。ときとして，どの結論に対しても十分な根拠が手に入らないこともあるし，ときとして，その根拠からは一時的な仮の結論しか導けないこともある。私たちは皆，何がしかの指針となる思想や信念を必要とするものだが，このクリティカル思考のガイドラインでは，新しい情報によって，それまでの思想や信念に問題が出たときには，それらを捨て去ることをいとわないことが要求される。

タヴリスと私は，クリティカル思考を，教科書の中で「コラム」のような形でつけ足されるだけのものとか，講義の中で一度だけ話され，その後は二度と出てこないような1つのトピックとは考えていない。またクリティカル思考は，短いフレーズや暗記用の略語（たとえばSQ3R[6]のような）や，いくつかの疑問文のセットに要約してしまえるようなものでもない。なぜなら，クリティカル思考は授業全体を通して編み込まれるべき中心テーマだからである。それゆえ，あらゆる機会をとらえて，学生たちに自分の学んでいることの意味を検討するようにし向け，また，オープンな心をもちながらも，それが行きすぎないように，知的な警戒心や謙虚さを保つことでバランスをとるようにし向けるべきなのである。

3節　問題点や論争を取り入れる

クリティカルに思考するためには，思考するための何かが必要である。私たちはこの「何か」には心理学の中の論争を含めるべきだと考えている。論争は活発な討論を促す。ときには，それが怒りを伴う口論やケンカにまでなることもあるが，論争が心理学を魅力的なものにもするのである。だから，これらの論争を学生の目に触れぬよう覆い隠すべきではない。たとえば，学生たちは進

化心理学者とフェミニスト心理学者の間では,しばしばジェンダー・リレーションに関する分析が大きく異なることを知るべきである。また学生たちは,精神力動論的な臨床家と実験心理学者の間では,記憶,子どもの発達,トラウマなどに関する前提が大きく異なっており,これらの前提のくい違いが,「回復された記憶」や,事件の目撃者として子どもに尋問することについての論争の背景にあることを知るべきである。また,彼らは,学者と実践家の間のギャップが,もはや深い亀裂にならんとしていることを,そしてなぜそうなるのかを知るべきである。それゆえ,私たちは授業においても,教科書執筆においても,これらの問題やその他の論争を隠し立てすることなく扱い,それらがどうして起こるのかを示そうとする。その上で,それぞれのケースごとに,有益な答えを導き出すような問いの立て方を示唆するのである。

さて,もし教師や教科書執筆者が重要な論争と,それに対する考え方を強調したいと思うのなら,何かを削らなければならない。入門の授業を担当するすべての教師がわかりすぎるほどわかっているように,時間に限りがあるのだ。入門の授業において教えられていることの多くはたんに慣習に従って教えられているだけで,その中には私たちから見ればもっと専門の授業で取り上げればよい詳細なものも含まれている。私たちのアプローチでは,取り上げるすべての研究やトピックは,取り上げるべき理由がなければならない。私たちが指針とする問いは,「教養のある市民が心理学に関して知っておくべきことは何か」ということである。

細部の説明をいくらか削ることは,授業を「薄める」ことではない。薄めるどころか,心理学者が誌上や学会で熱心に議論している概念的問題や,研究者をして真夜中の実験室に向かわしめる疑問を授業に取り入れることによって複雑さが増すのだ。「レベルの高さ」＝「詳細さ」と考えるのは大きな誤りである。考えるためには,情報だけでなく,考え方も必要なのだ。百科事典のような授業では,圧倒的な量の教材を10～15週間で急いで詰め込むために,深さと「考えること」が犠牲にならざるをえない。一方,「基本のみ」の授業ではしばしば,重要な専門用語を教えない上に,考えることを促しもしない。なぜなら,それは研究法を省略し,その研究領域で重要な見解の不一致が存在していることをごまかしてしまうからだ。しかし,細かい点よりも本質を強調する授業で

は，圧倒的な量になることなく概念の精緻化がなされる。そのような優れた授業は，もはや単純にレベルが高いとか低いとか言い切れるものではない。二分法的な考え方はそれ自体が誤りなのである。

　うんざりする読者もいるだろうが，一例をあげさせてもらいたい。教師や教科書の多くは，神経インパルスの分子化学に関して，ナトリウム・カリウムポンプやイオンチャンネルなどの情報を含め，非常に詳細に扱っている。短大や4年制大学での私たちの授業経験では，心理学入門の授業に来る学生のほとんどは，神経とは何かについて漠然とした認識しかもっていないし，神経伝達物質とは何かということについては何の手がかりももっていない。さらに重要なことは，彼らは，心理的障害の生化学的基礎や，治療における薬物の使用に関する主張を評価するための知的ツールをまだもち合わせていないのである。もし，彼らが抑鬱症になり，医師が薬物治療を薦めたとしても，彼らはその治療の効用と長期的なリスクについてクリティカル（批判的）に考えるすべを知らないだろう。彼らは生物学的還元主義の落とし穴に気づいていない。★7 彼らは，脳の断層撮影を用いた研究によって，心理的障害をもった人々の脳に異常があることが明らかにされたとしても，それが必ずしも因果関係を明示するものではないということを学んでいないのだ。そこで，私たちは神経伝達の生化学的な詳細よりも，これらの重要な問題を強調するのである。もし学生が活動電位の複雑なしくみについて学んでも，新聞でこの種の研究に関する記事を読んだときに，生物学的還元主義の危険性を見抜くことができないとしたら，あるいは「攻撃性を規定する遺伝子を発見した」という誰かの主張を値踏みすることができないとしたら，その学生は行動の生物学的基礎に関して見識をもっていると言えるだろうか？

　もう1つ例をあげよう。もし授業の中でせいぜい思考に1週，記憶に1週しか当てられないとしたら，認知心理学の基本的なトピックやアプローチをどのように紹介すればよいのだろうか。これに挑戦するためには，「入門の授業として，どの知識を伝えることが真に適切か？」という問いに対するクリティカルな思考が要求される。選択の末，私たちの授業と教科書では，概念形成に関しては詳細を省き，その代わり，確証バイアス（Kuhn, Weinstock & Flaton, 1994 ; Kunda, 1990）や後知恵バイアス（Fischhoff, 1975 ; Hawkins & Hastie,

1990)のような重要な認知バイアス（そしてクリティカル思考を妨げる種々の要因）について教えることにした。同様に，遺伝率（heritability）について扱う際には，私たちはDNA構造の細かい専門知識のすべてには触れない。その代わり，学生に次のようなことを理解してもらおうとする。すなわち，ある性質についての遺伝率の推定は集団に対してのみ適用できるもので，個人には適用できないことの理由，「遺伝的（heritable）」という言葉と「発生上の（genetic）」という言葉は同義ではないということ，さらに，遺伝率の推定は特定の環境における特定の集団にのみ適用可能だということ，などである。[★8]

　もちろん，心理学入門の中で，心理学の古典的な研究——ミルグラム（Milgram, S.）の服従の研究，スキナー（Skinner, B. F.）のオペラント条件づけの研究，シェリフ（Sherif, M.）の協同と競争の研究など——を学習することも重要なことである。しかし，それと同じぐらいに重要なことは，説得力のある有力な研究とそうでない研究の違いを見分けられるようになることである。心理学を専攻する学生たちは，その後の授業で古典的な研究に再び出会うだろう。一方，心理学を専攻しないその他の学生たちは，多くの研究の細部は忘れてしまうだろう。しかし，彼らもその後の人生で，新聞や雑誌やテレビを通して，新しい研究知見と出会い続けるはずだ。そのとき，彼らはそれらの知見を賢く査定するスキルが必要とされる。それゆえ，心理学を専攻する者もしない者も，この学問分野の主要な研究知見のみならず，心理学者の問いの立て方や，心理学者が使う方法や，各専門領域の心理学者がもっている前提についても理解しておかなければならないのである。

　私たちの考えでは，授業において問題点や論争を重視し，また情報に対する思慮深い評価を重視することが，実は学生にとって，学習すべき事項を長期にわたって保持するのに必要な認知的「足場」を提供することにもなるのである。認知心理学者がとうの昔から知っているように，つながりのない一群の事実を覚えるのは困難なのだ。人は，学習すべき個々の情報をはめ込めむことができるような，筋の通った認知的スキーマをもっているときに，よりよく覚えることができる。期末試験をやったことのある人なら誰でも知っているように，これらのスキーマが欠如していた場合，学生は学んだことを学期末まででさえ覚えておけないだろう。

授業が終わった後のより長期的な保持についてはどうだろうか。この問題に関するこれまでの研究はきわめて少ないが，発表されたわずかな研究によると，おもわしい結果ではない。たとえば，リッカードらは心理学入門を受講し，かつ，それ以上の心理学の授業はとっていない学生群に対し，学期終了4ヶ月後に，一般的な心理学の内容についての多肢選択式のテストを実施し，その得点を，GPA（成績の平均点）がほぼ等しく，かつ心理学を1度も受講していない学生群の得点と比較した（Rickard, Rogers, Ellis, & Beidleman, 1988）。心理学を受講した学生の方が確かにテストの成績はよく，統計的に有意ではあったが，実際の点差はわずかなものだった。他の研究（Gustav, 1969）では，入門的な事項をカバーした客観テストを抜き打ちで343人の心理学の専門課程の学生に実施したところ，合格点に達した者は半分にすぎなかった。さらに，その成績は授業の成績や，学年（つまり，入門授業を取ってからの年数）との間で，わずかな正の相関を示したにすぎなかった。また，高校の心理学の授業といえば，大学と違って科学的な面に焦点を当てないことが多いのだが，いくつかの研究では，高校で心理学の授業をとっていたかどうかと，大学での心理学入門の成績の間には何の関連も見いだされていない（たとえば，Griggs & Jackson, 1988；Heges & Thomas, 1980）。

　専門課程へ進んだ学生は，最終的には学習してきたことがらをかなりよく記憶している。特に，スキーマとして表象されるような知識についてはよく保持される（Conway, Cohen & Stanhope, 1992を参照のこと）。もしそうでなければ，誰も卒業試験をパスできないだろう。しかし，入門の授業を受講したほとんどの学生は心理学を専攻せず，その授業は彼らが心理学という学問の知見や方法について，組織的に，体系的に学ぶ最初で最後の機会なのだ。何億という研究や何千という理論があるのに，それらを教えるために通常たった1学期しか与えられていない状況にあっては，教師や教科書執筆者は鋭い選択眼をもたなければならない。

4節 文化・民族・ジェンダーの重視

　クリティカルな問いを強調しようとすれば，必然的に，文化や民族やジェンダーの問題へ注意が向けられることになる。心理学についてクリティカルに考えるならば，たとえば，アメリカ人とか，白人の大学生とか，中流階級の男性といった限定されたサンプルから人間行動の普遍的原理を推論しようとすることが，科学的にみて不当だということに気づかないわけにはいかない。私たちのアプローチでは，文化，民族，ジェンダーの問題は初めから主要問題として組み込むべきものなのである。そのため，私たちの教科書では，至る所でこれらに関する研究を取り上げている。

　しかし，繰り返すが，研究によって引き起こされたむずかしい論争に対する取り組み方を学ばせずに，研究の結果だけを教えるのは良策ではない。たとえば，いくつかの本や多くの授業では，多文化主義というのは，本当は「多」にも「文化」にもなっておらず，たんに多様な民族のアイデンティティを賛美するための口実にしかなっていないように思われる。そうした賛美もそれなりに必要ではあるだろう。しかし，学生はまた同時に，文化とは何を意味するのか，なぜ少数民族内部や民族間にしばしば緊張が起こるのか，そして，文化が時間や，相互依存性や，自己についての考え方にどのような影響を及ぼしているのかを理解する必要がある。彼らは，集団の名称の「政治的な正しさ（political correctness）」の問題が，なぜこれほど感情的なものになるのか，なぜ文化についての研究がしばしばステレオタイプ化や価値判断に堕してしまうのか，また，なぜ偏見がさまざまな形態や程度に分化するのかといったことについても考えなければならない。彼らは，なぜ文化が時代とともに変化するのか，なぜ文化的伝統は，それのせいで人々が苦渋を強いられているような場合でもしばしば存続するのか，と問う必要がある。とりわけ，彼らは文化に関する科学的研究に触れる必要がある。つまり，現在手に入るいくつかの優れた研究とともに，定義，方法，解釈の問題に触れる必要があるのだ。

5節 知識を統合し，日常の問題に適用する

　私たちは，問題点や論争を重視し，そして個々ばらばらの事実を理解しやすいよう意味づけてまとめるためのストーリーを構成することに力点を置いている。それゆえ，授業は最後のトピック（社会心理学）をもって簡単におしまいとはしない。その代わり，授業は最後に総仕上げの課題へと結実するのである（これは私たちのつくった教科書も同じである）。その課題で学生は，授業で取り上げた心理学の諸観点（生物学的，学習，認知，社会文化的，精神力動的観点）やさまざまな研究事実を統合し，適用し，評価することが求められる。学生は実生活上の問題を分析対象に選ぶ。それは人間関係の問題や学習困難といった個人的な問題でもかまわないし，ホームレスや犯罪者の再犯傾向といった社会的，政治的な問題でもかまわない。課題の1つのバージョンでは，学生は授業で出てきた事実や理論のうち，その問題に関連するものを5つ挙げ，それらを詳しく記述した後，それらがどのような点で身近な問題の解決のヒントとなり，また助けになるかを説明する。もう1つのバージョンでは，学生は心理学の5つの主要な観点（分野）について記述し，また問題に対して適用する。どちらのバージョンでも，学生は主体的に思考し，概念と研究事実を結びつけ，自分が学んだことを，問題——容易に1つの解答が出せない問題——に関連づける実践訓練の機会を与えられる。この訓練をやり終えた学生の多くは，どれか1つの事実や，1つの心理学的アプローチだけでは，実生活のファジーな問題を解決するのには不十分だということを理解する。

　私が本章で述べてきた教育哲学は数年前にアメリカ科学振興協会（American Association for the Advancement of Science, AAAS）のプロジェクト2061——科学リテラシーを増進する最良の方法を探るためのプロジェクト——によって出された勧告と相通じるものである。全米科学技術教育協議会がAAASからの委託に基づき，何百名もの科学者，技術者，教育者を対象に，その人たちが推奨する方法を調査した。その結果は『すべてのアメリカ人のた

めの科学』というレポートにまとめられているが，結論として，「扱う事項の量を減らし」，「科学的な探求を，人の思考や行為に強い影響を与え，また人の思考や行為から影響を受ける社会的営為として提示し」，「科学的な思考法を育成する」よう教師に呼びかけている（AAAS Project 2061, 1989；社会科学・行動科学部門委員会のレポートより引用。Appley & Nager, 1989 を参照のこと）。

　学問としての心理学は，私たち心理学教師の多くが学生として心理学入門を受講した頃に比べて飛躍的に発展している。今日の学生たちはしばしば，自分が情報の海で溺れかけているように感じている。クリティカル思考を強調するアプローチは，その彼らに溺れないための救助艇を与えるものである。しかし，それは単なる救助に留まるものではなく，同時に，心理学という荒れ狂う神秘の海を航海していくことをも可能にするものなのである。

10章　註　★は訳者註

★1　心理学者ジョン・グレイの『男は火星人，女は金星人』を揶揄している。これはアメリカでベストセラーになった本だが（日本語訳は『ベスト・パートナーになるために』（三笠書房）），男女の思考・行動パターンの差異を前提として，男女間のコミュニケーションギャップの解決法を示唆している。

★2　コードネーム「スターゲート」という CIA（途中から国防総省）の極秘プロジェクトで，超能力者の遠隔視能力による情報収集の可能性を探るためのものである。約20年間に渡って断続的に研究が続けられ，推定総額2千万ドルの予算がつぎ込まれたが，1995年に CIA は，評価に値する効果は見いだされなかったという結果を公表した。

★3　共依存：アルコールや薬物などに依存して生きる者と，そういう彼らを引き受け，献身的に尽くし，「必要とされる存在」であることによって精神的安定を得る者とが相互に結びついている関係をいう。『愛しすぎる女たち』は，共依存の問題を扱ったR・ノーウッドの著作のタイトル。

★4　反省的判断：根拠を評価したり，統合したり，理論や意見に関係づけたりして，「現時点でもっとも合理的で妥当な結論」を導き出す思考過程を指す。ウエイドらは基本的にこれを「クリティカル思考」と同義と見なしている。

　　キングとキッチナーらの研究では，このような判断が可能になるための個

人の「認識論的前提」が問題にされているが，彼女らは7段階からなるモデルを提唱している。このうち，「準」反省的判断の段階とは最終的な反省的判断の段階（第6，第7段階）の前の第3～第5段階を指し，過度の懐疑主義・相対主義を基に，自分の意見の正当性を主張する段階を指す。
- ★5 構造化されていない問題（ill-structured problem）：唯一のゴールが存在しなかったり，ゴールに至る道筋や問題解決上のルールなどがあいまいで，明確に定義されていない問題。現実世界での問題の多くは構造化の度合いの低い問題である。"ill"という言葉が当てられているが，けっして問題の「質」が低いことを意味しているわけではない。
- ★6 SQ3R：欧米で広く推奨されている学習法。Survey（概観），Question（質問），Read（読む），Recite（暗唱），および Review（復習）の略。
- ★7 生物学的環元主義：心理学的事象の原因をすべて生物学的事象に帰すことができるという考え方。ある心理学的事象が生じているときには，それに応じた脳や身体の生物学的活動が生じているはずであり，これらの事象は「関連」しているとは言える。しかし，だからといって脳や身体の活動が，特定の心理的事象の「原因」とは限らない。
- ★8 遺伝率（heritability）とは，ある特定の集団において，個体間の特性の差異が遺伝によって説明できる割合の統計的推定値を言う。一方，種のすべての個体に共通する生物学的な性質（たとえば，呼吸をすることなど）を「発生上の（genetic）」特性と言う。この特性は基本的に100%遺伝するので個体差はなく，遺伝率の値は0になる。

10章　引用文献

AAAS Project 2061. (1989). *Science for all Americans.* (Available from the American Association for the Advancement of Science, 1333 H Street, NW, Washington, DC 20005)

Appley, M., & Maher, W. (1989). *Science and behavior sciences: Report of the Project 2061 Phase I social and behavioral sciences panel.* (Available from the American Association for the Advancement of Science, 1333 H Street, NW, Washington, DC 20005)

Conway, M. A., Cohen, G., & Stanhope, M. (1992). Very long-term memory for knowledge acquired at school and university. *Applied Cognitive Psychology, 6,* 467–482.

Ewart, C. K. (1995). Self-efficacy and recovery from heart attack. In J. E. Maddux (Ed.), *Self-efficacy, adaptation, and adjustment: Theory, research, and application.* New York: Plenum.

Fischhoff, B. (1975). Hindsight is not equal to foresight: The effect of outcome knowledge on judgment under uncertainty. *Journal of Experimental Psychology: Human Perception and Performance, 1,* 288–299.

Griggs, R. A., & Jackson, S. L. (1988). A reexamination of the relationship of high school psychology and natural science courses to performance in a college introductory psychology class. *Teaching of Psychology, 15,* 142–144.

Gustav, A. (1969). Retention of course material after varying intervals of time. *Psychological Reports, 25,* 727–730.

Halpern, D. (1995). *Thought and knowledge: An introduction to critical thinking* (3rd ed.). Hillsdale, NJ: Erlbaum.

Hawkins, S. A., & Hastie, R. (1990). Hindsight: Biased judgments of past events after the outcomes are known. *Psychological Bulletin, 107,* 311–327.

Hedges, B. W., & Thomas, J. H. (1980). The effect of high school psychology on pre-course knowledge, midterm grades, and final grades in introductory psychology. *Teaching of Psychology, 7,* 221–223.

King, P. M. & Kitchener, K. S. (1994). *Developing reflective judgment: Understanding and promoting intellectual growth and critical thinking in adolescents and adults.* San Francisco: Jossey-Bass.

Kitchener, K. S., & King, P. M. (1981). Reflective judgment: Concepts of justification and their relationship to age and education. *Journal of Applied Developmental Psychology, 2,* 89–116.

Kitchener, K. S., & King, P. M. (1990). The reflective judgment model: Ten years of research. In M. L. Commons (Ed.), *Models and methods in the study of adolescent and adult thought: Vol. 2. Adult development* (pp. 63–78). Westport, CT: Greenwood.

Kitchener, K. S., Lynch, C. L., Fischer, K. W., & Wood, P. K. (1993). Developmental range of reflective judgment: The effect of contextual support and practice on developmental stage. *Developmental Psychology, 29,* 893–906.

Kuhn, D., Weinstock, M., & Flaton, R. (1994). How well do jurors reason? Competence dimensions of individual variation in a juror reasoning task. *Psychological Science, 5,* 289–296.

Kunda, Z. (1990). The case for motivated reasoning. *Psychological Bulletin, 108,* 480–498.

Levy, D. A. (1997). *Tools of critical thinking: Metathoughts for psychology.* Boston: Allyn & Bacon.

Paul, R. W. (1984, September). Critical thinking: Fundamental to education for a free society. *Educational Leadership,* 4–14.

Rickard, H. C., Rogers, R., Ellis, N. R., & Beidleman, W. B. (1988). Some retention but not enough. *Teaching of Psychology, 15,* 151–152.

Rosen, R. D. (1977). *Psychobabble.* New York: Atheneum.

Ruggiero, V. R. (1988). *Teaching thinking across the curriculum.* New York: Harper & Row.

Thompson, S. C., Nanni, C., & Levine, A. (1994). Primary versus secondary and central versus consequence-related control in HIV-positive men. *Journal of Personality and Social Psychology, 67*, 540–547.

あなたの興味の生かし方と
ティーチングアシスタントの使い方

chapter **11**

> カミール・B・ワートマン
> ジョシュア・M・スミス

　私が心理学入門を初めて担当してからすでに25年近くも経とうとしている。ノースウエスタン大学の教員として採用されたばかりの私は，冬学期に心理学入門の講義を行なうよう命じられた。その講義は300名から500名の学生が登録するであろうこと，ティーチングアシスタント（TA）として大学院生1名をつけてくれることが伝えられた。大学院時代の私は実質的にほとんど教育経験がなかった。秋学期のあいだ，私は受講者が80名の社会心理学入門を担当しており，それをこなすのにほとんど手一杯の状態であった。完全にゼロからの，まったく教えたことのない心理学入門の講義の準備にあたって，私はおそれおののいていた。他の人たちは，私が新天地でもうすでに自分の研究をスタートしているものと思っていたようだが，講義のために費やさなければならない労力は計り知れないものがあり，講義の準備以外の活動に使える時間などほとんど残されていなかった。

　他の大学と同じ様に，ノースウエスタン大学における心理学入門の講義も，大講堂でマイクロフォンを使った形式のものであった。実際，受講者が膨大なうえに限られた設備しか利用できないという状況では，大学側としてもこのよ

うな方式をとらざるをえない。しかしながら，このような講義形態をとらざるを得ないということを十分に理解しつつも，やはり私はおもしろみに欠けると感じていた。これは，ただ単に心理学的知見を学生に提示するだけではなく，それ以上のことを，講義を通して学生たちに伝えたいと思っていたからであろう。私は，彼らの人間行動に対する知的好奇心を刺激したかったし，また，彼らに自分自身や他者の行動について理解を深め，そのことで自分にも他人にも寛容になれるようになってもらいたいと考えていた。とりわけ，私は学生たちが心理学入門の教材に興味をもって取り組める機会を提供し，そして，彼らが自分自身の問題を解決するために，そこで学んだ知識を活用してくれることを強く望んでいた。

初めて私が心理学入門の講義を行なうにあたって直面した問題は，それ以後も何度も悩んだ問題ではあるが，「さまざまな制約にしばられた大講堂形式の講義を，いかにすれば活気あるものにできるか？」，また，「講義の活性化のために必要な負担をいかにおさえることができるか？」ということである。後者の問題は研究や生活に必要な時間を確保するためにも重要である。これらの問題を解決するために，私たちはこれまでに多くの手法を試みてきた。本章では，何年にもわたる試行錯誤の末に編み出した，最も成功した2つの手法について紹介したいと思う。

1節　2つの手法

初めに紹介する手法は，自分が興味をもっているトピックを教えるというものである。この手法を導入することによって，学生の興味を強く惹きつける心理学入門となる確率が高くなる。「講義の時間をいかに配分するか？」，「どのテーマをおさえるべきか？」というのは，心理学入門を担当する教員たちが共通してかかえる問題である。1つの科目の中でさまざまな心理学的現象のすべてを取り上げて解説する必要が本当にあるのだろうか。心理学の各トピックを網羅的に取り上げることは事実上不可能であるし，教育的効果も半減すると考えられる。教員自身がよく知っていて，なおかつ興味をもっているようなトピ

ックを取り上げることによって，講義に対する自分自身の意欲も高まるであろうし，学生の意欲も必ず高めることができる。自分で気がついたことや，逸話的な裏話，興味をもっている点などを織り交ぜることによって，授業のために準備した教材がとても生き生きとしたものになる。私たちは，教員自身が興味をもっている内容を講義するという手法によって，授業が学生たちに対してダイナミックで強い説得力をもつようになると信じている。

　次に2番めの手法として，複数の学部生 TA を導入することについて述べよう。学部生 TA を導入することによって，講義に対する受講生たちの興味を高め，講義に対して積極的な参加が見られるようになる。学部生 TA たちの協力を得ることによって，教材を用いたディスカッションも個別的に深く行なうことができる。また，学生たちの努力した成果（感想文やレポートなど）も，きめ細かく評価し，フィードバックすることも可能となる。さらには，後述するように，通常の講義よりも，各学生の個別的な興味に対応してさまざまなトピックを扱う「ミニコース（minicourse）」を，講義の中に設定することも可能となる。これら2つの手法を組み合わせて使うことによって，心理学入門が活気に満ちたものとなり，受講した経験がその後の人生においてインパクトをもつようになる。また，それぞれの手法を採用することによって，教員が講義の準備に費やす時間が短縮され，研究やその他の活動に必要な時間も確保しやすくなる。これより以下では，この2つの手法について詳しく解説していこう。

2節　自分が興味をもっていることを教える

　心理学入門を担当するすべての心理学教師が，まず初めに取り組まなければならない問題は，講義の時間をいかに有効に使うかということである。多くの教員は，指定した教科書に沿って教科書の各テーマを毎週こなしていくことを当然のこととみなしている（たとえば，脳，感覚・知覚，学習と条件づけ，認知と言語，発達など）。初めて心理学入門を担当する教員にとっては，これらのトピックすべてを網羅することは負荷が高すぎると感じるのではないだろう

か。実際，社会心理学者である私は，自分の専門領域以外のことはほとんど知らなかった。そのため，自分の守備範囲以外のトピックについて，学生たちが興味をもつようにおもしろく話す術を知らなかった。また，教科書から抜粋した資料を配付したとしても，配布物と教科書が重複しすぎているおそれもあった。逆に，教科書以外の本を参考にして私が資料を作成した場合には，講義と教科書で記述の仕方に矛盾が生じる可能性も考えられた。自分の研究領域以外では知識が不足しているため，学生たちの納得がいくようにそれらの矛盾を説明する自信がなかったのである。

　心理学入門の講義にあたって，教科書の主要なトピックの網羅をためらう第1の理由は，私自身が学部生の頃にこのような方法で心理学入門を教わったことにある。そして，その授業というのがまた，心理学的知見を紹介する引用の連続で，学習と発達など，主要なテーマと関連した実験結果がたんに解説されるだけであった。はっきり言って，心理学入門は退屈なものでしかなかった。

　授業の中で心理学の各分野をまんべんなく扱おうとすることで，かえって実態を隠してしまっていないかと私は不安になった。最も保守的で従来通りの教え方をしている教員でさえも，百科事典的にカバーした心理学的知識が何かの役に立つとは考えていないであろう。心理学全般を網羅的に講義することは，結果的に広く浅くという典型例になって，詳しい内容について踏み込んでいけなくなるおそれがある。キャンドランド（Candland, 1982）が示唆するように，百科事典的にカバーする授業と，学生たちに考えさせ興味をもたせるような授業を並立させることは不可能なのかも知れない。むしろ，現在では多くの教科書が，百科辞典的に全体を網羅することの弊害を認めており，各章ごとに特別なセクションを設けて特定のトピックを掘り下げて紹介している。

　講義の時間をどのように使うかという問題に対し，私が最終的に立ち戻ったところは，自分が講義を通じて何を教えたいかということであった。もちろん，心理学全般の理論や重要な実験結果をカバーすることも目標とした。しかし，それ以上に私は，たとえば学生自身の人生と強く関係した心理学的題材を，学生たちと共有したいと考えていた。友人との関係を維持すること，デート，アルコール，セックスに関わる意思決定といった，日常的な行動を理解しようとするときに，科学としての心理学が，いかに多くの情報を提供できるかを学生

に示したいと常に思っていたのである。

　私自身があまり興味をもっていなかったり，実際に関与していないトピックについて講義していた場合には，話を聞かされている学生たちもつまらない顔をしているような気がしていた。このことにはっきりと気づいたとき，私は心理学全体を講義で網羅することをやめてしまおうと決心した。なぜなら，心理学全体をカバーすることは，私が指定した教科書がすでにやっているからである。それからというもの，私が講義でなすべき仕事とは，学生にとって本当に重要で絶対におさえておくべきであると思うトピックを重点的に説明することによって，教科書の内容を補完することであると考えるようになった。

　私が心理学入門を教えるときには，毎回講義する領域の中から，学生たちにぜひ興味をもってもらいたいと思うトピックを1つ選んでいる。ただし，このとき，教科書に収録されているトピックと関連しているが重複しない事例を紹介している。たとえば，各領域の中で私が選んだトピックのいくつかを挙げてみよう。1980年代初頭，私の親友でもあり，最も大切な共同研究者でもあった友人が自殺してしまった。彼はそれまでに何回も自殺をほのめかしており，私は心の支えになろうと努力した。しかし，どうしたら良いのかまったくわからなかった。いまでも堅く信じているのであるが，あのとき，私が自殺についてもっとよく知っていたら，取り返しのつかない事態になる前に，何か適切な手助けができたと思う。このような経験があったので，自殺について教えることには強い興味をもっている。私は，自殺にまつわる迷信，自殺行動の兆候，自殺をほのめかしている人に何を言うべきか，逆に何を言ってはいけないかなどを説明するようにしている（自殺防止教育はフバードとマッキントッシュ（Hubbard & McIntosh, 1992）が詳しい）。関連するトピックとして，鬱病に関する講義も毎年行なうようにしている。自分自身が鬱病による惨劇を目の当たりにしたため，私は学生たちに，かなり身近な精神障害としての鬱病の特徴と，それを軽減するための効果的な対処方法を知ってもらいたいのである。これらのトピックは，異常行動とその治療についての講義の中で取り上げている。

　その他，興味をもって取り上げたトピックとしては，恋愛，社会における暴力（女性に対する暴力やデートレイプ★2），飲酒運転などがある。私はいつも恋愛と暴力を社会心理学のセクションの中で取り上げ，飲酒運転はアルコールと

薬物使用のセクションで取り上げている。飲酒運転について取り上げるときは，事故が起きても自分は大丈夫であるという錯覚や，酒を飲んでも問題なく運転できるという誤解を払拭することを目標としている。たとえば，酒を飲んで死亡事故を起こす者は，そもそも問題のある飲酒癖のもち主であると多くの学生は信じている。しかし，実際には，そういった悲惨な事故を起こすのは，ほんの少々飲みすぎた程度の者がほとんどである。そこで，酒を1杯飲んだあとの運転，2杯飲んだあとの運転，3杯飲んだあとの運転を記録したフィルムを見せることにしている。また，飲酒運転によって事故を起こし全身麻痺となった人，飲酒運転によって子どもを失った母親を教室に招いて，パネルディスカッションと質疑応答も行なっている。

次に，私は，人生における重要な出来事に，人はどのように対処していくかについて強く興味をもっており，このことについて積極的に教えるようにしている。たとえば，私は過去20年間，人生におけるトラウマについての研究に主に従事してきた（癌，レイプ，大きなけが，愛する者の喪失など）。人生の中で，大部分の学生はさまざまなトラウマを経験するだろう。しかし，トラウマを経験するときには，そのための準備はできていないし，経験することによって，その後の生き方も大きく変化する可能性がある。実際，講義の中で接した学生たちの多くが，すでにこういった深刻なトラウマに耐えてきていることを述べている。学生の中の5分の2が両親の離婚を経験しており，その結果，その中の40%の学生が離婚に起因した心理的問題をかかえていると報告している（Wallerstein, 1987）。全米的な学生調査の結果からも，女子学生の半数以上が性的な被害を経験していることが明らかにされており，その被害は，望まない身体接触から性的暴行まで含まれる（Koss, Gidycz, & Wisniewski, 1987）。驚くほど多くの学生が，性的虐待ないし肉体的虐待を，両親や近親者から受けたことがあると報告している。多くの場合，それぞれの学生は，トラウマを克服する過程において，彼らと同様に性的嫌がらせなど虐待を受けたことのあるルームメイト，同僚，友人，家族に出会い，そういった人々に相談しサポートを求めるようになる。

なぜ，人生におけるトラウマへの対処方法を，学生に教えることが重要なのだろうか。トラウマを経験する大多数の人は専門家の助けを求めない。専門家

の代わりに，自分一人で，もしくは友人の助けを借りて解決しようとする。しかし，不幸なことに，トラウマの受容プロセスについて，人々が理解している内容は不正確であるという報告も見られる。こういったまちがった理解があることによって，自分自身の悩みがうまく解決できなかったり，効果的な手助けができなくなっているように思われる（ワートマンとシルバー（Wortoman & Silver, 1989）に，不幸な人生経験に対処することに関する迷信や噂話などが詳しく書かれている）。

具体的には，トラウマとなるような悲惨な出来事に遭遇したとき，「人は激しく悲嘆にくれる」，「深い悲しみを示さないのは病理的な兆候を示唆する」，「数ヶ月とか1年以内にトラウマから立ち直るものである」など，こういった誤解が広く信じられている。これらの誤解が世間一般で正しいと扱われていても，また，保健の専門家がそのように信じていたとしても，そうであることを証明する実証的データはない。事実，データからは，悲惨な出来事に遭遇した直後に，どのような反応をするかということは人によって大きく異なることが示されている。ある人は激しい苦悩を示すが，他の人はまた別の態度をとることもあり，悲しみを表現しないからといって必ずしも病的兆候と見なすことはできないし，トラウマに対して強く対応できることを示しているわけでもない。また，肉親との死別などのトラウマから立ち直るのに1年以上を要すこともまれではない。

こういった誤った信念をもつ人々にとって，トラウマに対する自分自身の対応が容認しがたいものと映る可能性があるようである。たとえば，レイプや性的虐待を受けてから数年を経ても悩みを克服できないことがあるが，このことについて，被害者本人が自分自身に何か問題があるかのように考えることもある。同様に，誤った信念をもった人々は，その信念に応じた態度で虐待を受けた人々に接し，彼らを一方的に批判する可能性がある。たとえ手を差しのべることができる立場の人であっても，被害者が苦しみを訴えている期間が長すぎると感じた場合には，被害者本人に立ち直ろうとする努力が足りないと指摘するかもしれない。トラウマの受容と克服の過程についてまちがった信念をもっていることで，好ましくないさまざまな方法によってかえって回復を妨げる可能性もある。たとえば，「泣いても彼は戻ってこない」といった感情の表出を

妨げること,「いい想い出はたくさんあるじゃない」といった喪失感を少なくしようとすること,「犬を飼えば? 犬は素敵な友だちになるよ」といったアドバイスを与えることなどである(喪失感に悩む人の回復を促進する応答,妨げる応答については,リーマン,エラード,ワートマン(Lehman, Ellard, & Wortman, 1986)で詳しく紹介されている)。

　トラウマへの対処方法を心理学入門で講義するとき,私は重要な目標をいくつか設定している。たとえば,すでに経験したか,もしくはこれから経験するであろうトラウマによって,さまざまな情動的反応が生じうるであろう。そこで私は,学生たちがこのようなさまざまな情動反応を,過度に異常視せずに適切に理解できるようになってもらうことを目標としている。トラウマとなりうる体験に対してさまざまな反応の仕方があることを示すことによって,トラウマを経験しても自分自身を責めないよう勇気づけ,また,トラウマに対して彼らが思っているようなやり方で対処しない人がいたとしてもあたたかく受け入れてあげられるように,批判的にならないようになってほしいと考えている。そして,過去に経験したトラウマが,現在の状況や他者に対する反応に影響を及ぼしている可能性があるということをきちんと説明しようと考えている。たとえば,両親の離婚を経験した子どもは,多くの場合,異性とデートをするようになるまで,離婚による問題が表面化しないことがある。デートをするときになって,初めて,異性と緊密な関係を結ぶことについて緊張と不安を感じるということがよく見られる(Wallerstein, 1991)。

　講義のトピックとして,教員自身が興味をもてるものを選ぶことが重要である理由は,教員がテーマ対象に熱意と興味を傾けることによって,学生たちの興味も喚起しやすくなるからである。マッキーチィ(McKeachie, 1987)が効果的な教育について述べているように,有能な教師の一番重要な特徴は,教室に興味,テーマのおもしろさ,やる気をもたらすことができるということである。それ以外にも,自分自身がよく知っていて,日頃から気に懸けていることがらほど,講義をしやすいという大きな利点がある。ただし,この手法を用いると,講義するテーマに情熱を傾けるほど,客観性に欠けた講義になる可能性が高まるという危険性がある。たとえば,暴力について講義をしているとき,銃を持ち歩くことが当然であると信じている学生と口論にならないよう,私は

最大限の注意を払い続ける必要があった。自分が情熱を傾けているのは，学生を説得して特定の行動をとるように導くことではなく，心理学における科学的な知見を紹介し，学生が直面する人生の諸問題を解決するのに役立ててもらうことである。私は常にこのことを頭の片隅に入れておくようにしている。

　講義の中で，自殺，レイプ，離婚，近親相姦，愛する者の死などを取り上げると，一部の学生の中に非常に強い感情がわき上がることがある。実生活の中で，これらのトピックと関連したことがらを，個人の問題として解決すべく格闘している学生たちは，多くの場合，やがて教員に助けを求めるようになる。しかしながら，学生からもちかけられた相談をどう扱うかということは，教員にとってきわめてむずかしい問題である。実際に私は，ある一日のうちに，兄弟が薬物依存に陥っている学生や，両親がエイズで死亡したという学生から相談をもちかけられたことがある。また，これらの学生から相談を受けた同じ学期に，私が行なったデートレイプについての講義を聞いたことによって，ある学生は自分に性的暴行癖があることを自覚し，私に相談をもちかけてきたこともあった。このような問題に直面したとき，最も危険なことは，教員自身がカウンセラーや親のように深く関与してしまうことであろう。これらの問題を解決することは，私たち教員の役割ではない。問題をかかえる学生に，最も適切な補助を提供できる人たちを紹介することが，私たちがなすべき手助けであり，役目であることをよく思い出すべきである。この種の相談窓口を適切に紹介できない場合には，自殺やレイプなどを講義で取り上げるべきではないと思う。こういった問題を講義で取り扱う前に，カウンセリング施設や互助会などの情報収集を教員が行なっていることはきわめて重要である。

3節　心理学入門に学部生を TA として活用する

　最初に複数の学部生を TA として採用しようと決めたときには，何か前向きな考えがあって決めたのではなく，苦肉の策という感が強かった。大講堂を利用した一方的な講義だけの授業は避けたかったものの，私と唯一人の TA である大学院生だけでは，グループに分けたとしても1グループが何百名にも

なってしまう。このような事態をなんとか解消したいと考えていた。大規模な匿名の学生集団を相手にし続けるのを何とか回避したいと思うのは，私だけではないはずである。大学院をもつ大学を対象に，学部の心理学入門の授業をどのように行なっているかを調査したところ，ほとんどすべての大学で，心理学入門が大講堂形式の講義のみを用いた形式で行なわれていたことが明らかにされた（Griggs, Langes, & Meyer, 1988）。調査されたほぼ半数の学校が，心理学入門の担当教員の割り当てについて，深刻な問題をかかえていることが報告されている。このような状況において多くの学校では，教員の中でも，特にベテラン教員に心理学入門を担当するよう説得することがむずかしいという。

　私が複数の学部生を TA として活用しようと考えた理由は，講義のみの授業形式に対して，ディスカッションを導入する良い方法と思われたからである。知識提示については，講義とディスカッションのどちらも同程度に有効性をもつ。しかし，さまざまな研究から，ディスカッションを行なった方が知識がより深く長く定着し，クリティカル思考の技術も促進され，そして，一歩掘り下げた学習へと進むための動機づけにも効果があることが明らかにされている（この領域に関する概観はマッキーチィ（Mckeachie, 1986）が詳しい）。また，私は，学生の多くが興味をもつようなトピックをディスカッションのテーマとして採用し，それに従って講義を構成するようにした。このように講義を構成すれば学生たちを心理学入門に惹きつけることができると思ったことも，複数の TA を導入した理由である。たとえば，候補として考えられるトピックとしては，効果的な学習の方法（記憶と学習技術），他者との関係（コンフリクトの解消と対人関係），そして，自分自身への理解を深めること（性行動と過食）などがある（心理学の中で学生が興味をもつさまざまなトピックは，ザニッヒとグロバー（Zanich & Grover, 1989）が紹介している）。これらのトピックは講義の中でもカバーできるにしても，小集団での討論形式でカバーした方が効果的である。

　複数の学部生を TA として採用することのもう１つのメリットは，後述する「ミニコース」を通して，さまざまな学生に対して多くの選択肢を提供できるということである。実際，学生が心理学入門を履修する動機はバラエティに富んでいる。心理学入門を選択する学生の75％以上が，心理学以外の専攻であ

る。そのため，心理学の専門課程のための基礎として心理学入門の授業を行なうことは，大多数の受講生の要望からずれたものとなる。したがって，心理学入門で扱うトピックも，心理学専攻の学生たちに対しても，そうでない学生たちに対しても，それぞれにとって興味がもてる内容にしたいと考えていた。ジャーナリズム論を専攻する学生であれば，心理学の中でも特に説得と態度変容について興味をもつだろうし，言語学専攻の学生であれば心理言語学についての解説を望んでいるかもしれない。1つの科目の中で，これらの学生たちの需要を柔軟に満たしてあげられることが理想といえよう。しかしながら，大多数の学生は，そもそも心理学を選択するとしても心理学入門の1回限りであるため，心理学における個々のテーマについて深く掘り下げる機会に恵まれない。

1970年代と80年代の前半において，学部生を TA にすることが多くの文献で言及されている（Diamond, 1972 や Mass & Pressler, 1973 など）。後ほど詳しく紹介する通り，大講堂での講義形式に付随する問題を解決するのに，複数の学部生を TA に採用することが高い効果をもつことが数多く証明されている。しかし，この手法が成功する見込みが非常に高いにもかかわらず，私たちの知る限り，実際に採用しているという報告はあまり聞いたことがない。ここ10年間の文献を対象として検索を行なってみても，学部生を TA として採用することについて考察した文献は1つも見つからなかった。

大学の運営サイドから受講者数を増やすよう圧力をかけられたり，また，講義に利用できる資源が減らされたりする場合には，心理学入門で学部生を TA に採用するという新しい手法を，現実的なアイディアとしていま一度考慮すべきであろう。優秀な学部学生に心理学入門の TA をしてもらうために，特定の単位認定（一般にA・B・Cといった成績評価がない）を条件に募集することは，たいていの場合は実現可能である。もちろん，学部のおかれている状況によっては，単位認定を行なうことがむずかしいことがあるかも知れない。しかし，履歴書や大学院の願書に TA 歴を記載できたり，学部の奨学金を申請するときに担当した教員からの推薦書を添えることができるようにすれば，単位認定がなくとも十分に魅力的な条件となるであろう。学部学生の中から TA を選ぶことの最大の理由は，彼らの多くが教育について強い熱意をもっているということである。大学院生の TA すべてがそうだというわけではないが，

たいていの大学院生は，教育しなければならないことを煩わしく感じており，TAを担当することが研究の妨げとなるように感じている。

大規模な学生集団を細分化して個別的に対応するに当たって，優秀な学部生をTAとして採用することには少なくとも以下の3つの利点がある。第1に，ふつうは大学院生が担当する役割であるが，彼らと同様に，ディスカッション場面におけるリーダーとなることができる。第2に，大講堂形式の講義では，感想文，レポート課題，日誌などを提出させることが不可能であるが，複数の学部生TAに評価フィードバックの補助的役割を任せることができる。そして，最後に，学部生TAに，それぞれの受講生が興味をもっているテーマに焦点を当てたミニコースや小講義を，1週間ないし2週間担当させることができる（詳しくは，ワートマンとヒリス（Wortman & Hillis, 1976）を参照）。このミニコースを通じて，受講生に対して心理学におけるさまざまなトピックを選択する機会を提供できる。

以下に，学部生TA主導によるディスカッション・グループ，学部生TAによる成績評価，ミニコースについて詳しく説明していこう。

(1) ディスカッション・グループ

学部生TAたちに，10名から15名のディスカッション・グループを毎週担当させることができる。先に述べたように，ディスカッションの効果に関する研究結果から，小規模集団で行なわれるディスカッションへ積極的に参加することによって，さまざまなメリットが得られることが示されている。たとえば，私が担当した心理学入門でも，学部生TAたちに，ペーパーバック数冊をベースとしたディスカッションを何回も行なうよう指示している。用いた本には，『ウォールデン2』[3]，『アメリカのありふれた朝』[4]，『シビル』[5]などがあり，また，ミルグラム（Milgram, S.）の『服従』[6]といった記録映画を見せたこともあった。それぞれの本について討論するために，各TAは1つないし2つの質問項目を提出するよう求められる。そして，それらの質問項目はまとめられ，TA全員で質問項目を共有できるようにしている。また，TAたちにはディスカッションの中で特定の問題に焦点をあてるよう私はアドバイスしている（精神疾患やデートレイプなど）。焦点を当てやすくするために，各種の団体など

からゲストスピーカーを呼ぶことを TA たちに勧めている。たとえば，ある TA は，精神疾患について討論するために元精神病患者を招いたり，性暴力センターで働いているボランティアを招いて，相手の動機についての誤った判断がどのようにしてデートレイプへとつながるか討論した。状況によっては，各 TA が担当するディスカッション・グループで，テストに備えて講義や教科書の復習をするように指示したこともあった。しかしながら，このような指示は後ほど詳述する TA 主導によるミニコースと比較して，教育的効果が落ちることがわかった。

　TA を担当するという経験の価値を高めるために，ディスカッション・リーダーとなる TA たちに私は参考資料を配付している。その中の資料の１つとして，マッキーチィ（1986）の『ティーチング・ティップス（Teaching Tips）』の中の第 4 章がある。この章では，ディスカッションの始め方，集団による問題解決を促進させる方法，不活発な参加者の扱い方，議論を独占しようとする学生の扱い方，そして，事前配布物を読んでこなかった学生への対処方法など，ディスカッション・リーダーを務める人間にとって役に立つ情報が数多く紹介されている。

（2） 評価フィードバック

　多くの場合，心理学入門の担当教員は客観テストだけを評価に用いていることが報告されている（Ross, Anderson, & Gaulton, 1987）。しかしながら，学部生 TA を導入することによって，心理学入門でも短答形式のテストやレポートを評価オプションとして用いることができる。私たちは，小論文やレポートの採点を TA の仕事の一部として学部生 TA に依頼している。初めのうち，学部生である彼らを採点に関与させることにはためらいがあった。しかしながら，その割り当てが適切な量である限り，学部生 TA たちは楽しんで成績評価を行なっていたことがアンケート結果から示されている。このとき，さまざまなバリエーションがある答えのうち，どれをどの点数として評価するか明確なガイドラインを示すことが必要である。また，このガイドラインに従って TA たちが採点していることを，心理学入門の受講生たちにはしっかりと伝えておく必要がある。現在手に入る資料によれば，このような手法による採点結

果は信頼性が高いということが示唆されている（Bernstein, 1979）。

　しかしながら，多くの大学では，学部生が学生の成績評価に関与することは許されていない。現時点で学部生 TA たちが活用されるのは，すでに採点が終了しているテスト結果を受講者へ個別的に説明するときにのみ限られている。だが，個々の受講者に対して個別的な評価を提供することは，客観テストであってもテスト成績を向上させることには注意を向けるべきであろう。エバンズとピーラー（Evans & Peeler, 1979）は以下のような巧妙な実験を行なっている。心理学入門の受講生半分を無作為に選び，そのグループの受講生には客観テストの結果に対して，「とても良くできています（優）」や「これはむずかしいテストでした。これからも頑張るように（不可）」といった励ましのコメントを加えて返却した。残りの受講生に対しては，コメントをいっさいつけずにテストを返却した。その後のテストの結果は，無作為に選ばれたコメントありの受講生たちの方が，コメントなしの受講生よりも良い成績をとった。このように，客観テストの結果について返却するような場合であれば，学部生 TA にコメントをつけて返してもらうというのも良いのではないだろうか。

　学部生 TA を個別的評価フィードバックのプロセスへ関与させた取り組みの中で，特にうまくいったものに受講生が提出した日誌（journal）へのコメント書きがある。私が担当する心理学入門では，受講生に必ず日誌をつけるよう求めている。まず初めに，彼らの生活の中で変えたいと思う問題と関連した心理学的トピックを1つ選ぶよう指示する。そして，講義の中で取り上げた心理学的概念を適用してその問題を解決するよう指導し，1週間のうち最低1回はその活動状況を日誌に書き留めておくよう求めている。受講者はその日誌を，毎週1回，担当の学部生 TA に提出し，TA は各受講者が気づいたことや問題解決の進み具合など，日誌に書かれていた内容についてフィードバックを与えることになっている。学期を通じてこのサイクルが繰り返される。

　多くの場合，受講者が日誌をつけることは，私の心理学入門に参加して最も良かったことであると評価されている。さらにつけ加えると，このように日誌をつける経験が貴重であること以上に，日誌を通じて多くの学生が彼ら自身にとってきわめて重要な問題を解決できたことを報告している。近年の例をいくつか挙げてみると，禁煙，ダイエット，深刻な精神的問題で専門家による援助

を求めることなど，さまざまな問題が解決されたと報告されている。

いくつかの文献の中で，心理学入門の講義において日誌を書くことの効果が絶賛されている（ファルワイラー（Fulwiler, 1987）が概観している）。しかしながら，日誌に対して個別的なコメントを書くことは，たいへん労力のいる作業であるため，受講者数が多くなると日誌を活用することは困難になる（Hettich, 1990）。私たちの経験に基づけば，複数の学部生TAの手を借りることが，この労力の問題を解決する一番理想的な方法のように思われる。なぜならば，日誌というものは必ずしも採点する必要がないものであり，学部生TAが採点に関与することが禁じられている学校でも，問題なくコメントを書くように指示できるからである。

（3）ミニコース

複数の学部生TAを心理学入門の講義に関与させた私たちの取り組みの中で，おそらく最も成果を上げたものがミニコースであろう。このミニコースは，心理学入門の講義の内容とは独立して行なわれる，学部生TA主催の短期間のセミナーを指している。ここでは，TA自らが選んだトピックについてセミナーが開かれ，心理学入門の受講生たちは，学期が終了するまでのあいだに1つないしは複数のミニコースに参加するよう求められる。人数が多すぎて集団に埋没しないように，また，参加者どうしの交流が図られるように，それぞれのミニコースは参加者の上限を10名から15名に定めている。個々のミニコースによってかなりの幅があるものの，たいていのものは，1時間から4時間の集まりを1回から4回もつ。

学期の初めに，学部生TAたちはミニコースで扱うトピックを選び，受講生の興味を惹きそうな読み物などを探し始めるように指示される。このとき，扱うトピックは広い内容のもの（精神疾患など）でも，特定の内容に限定されたもの（バイオフィードバックなど）でも構わないことが強調される。学部生TAたちは，カバーするトピックを記述したシラバスと，受講者に勧める参考図書，授業時間内におけるセミナーの進め方についての計画書（いずれも仮のもの）を毎週提出するよう求められる。毎週開かれるTAミーティングでは，教員や他のTAから，担当しているミニコースの改善点などについてアドバ

イスが与えられる。TAたちはこのミーティングで，ミニコースで扱うトピックに受講生たちを積極的に関与させることによって，小集団のメリットを最大限発揮するようアドバイスされる（たとえば，自閉症に関するミニコースでは，自閉症児童がいる家庭を訪問するなど）。また，TAたちには，担当するセミナーで受講生たちに対して講義形式の授業を避けるように指導している。TAたちは，ミニコースが開始するまでシラバスを毎週改善し提出するよう求められる。

ミニコースで扱われるトピックはバラエティに富んでいる。人気のあるテーマとしては，鬱病，摂食障害，瞑想，禁煙，エイズの理解と予防，家族と家庭内問題，行動における文化差，宗教心理学，性的虐待などがある。複数のTAが似たようなトピックをミニコースのテーマに選んだ場合でも，どちらか一方を取り下げさせるということはしていない。それは，そのトピックがTAたちの間で人気があるならば，心理学入門の受講生たちの間でも人気が高いと予想されるからである。

TAたちには，担当するミニコースへ学内の教員をなるべく呼ばないように指示しているが，選んだトピックについて教員や大学院生から助言をあおぐことは勧めている。これまでのところ，TAたちがこのように質問に来たとき，教員や大学院生たちはかなり好意的に対応してくれている。学部生TAたちに関連書籍や論文，フィルムなどを，彼らはしばしば熱心に紹介してくれる。特に，教員や大学院生の専門と関連した分野についてのアドバイスであれば，TAたちが質問に押しかけても楽しんで相談にのってもらえるようである。

心理学入門の一部としてこのミニコースを提供する度に，TAたちが授業の活動計画を立てたり，専門家を招いたり，セミナー旅行を企画したりするときに見せるイメージあふれる豊かな創造性に，私たちは驚かされている。たとえば，監禁状態についての心理学をテーマとしたミニコースでは，元服役者をセミナーに招いた学生もいた。この担当TAは，最新の刑務所での生活について討論しただけではなく，前科をもつ人が求職において直面する問題についても目新しい切り口を提供した。また，精神疾患に関するミニコースを担当した学生は，州立病院へのバス訪問を計画し，受講生たちに，入院患者がおかれているさまざまな状況についてふれる機会を提供した。また，ある学生は動物の

訓練と行動についてのミニコースを担当していたが，受講生たちを水族館に連れていき，魚がどのように訓練されて芸をするようになるかを説明した。

　ミニコースについていろいろと試行錯誤してみた結果，各 TA たちがミニコースを 2 回ずつ担当すると最も効果が上がることがわかった。ミニコースを 2 回担当することによって，各 TA たちは内容を修正し，その修正したものを 2 回めの担当時に実行することができる。この修正する機会が与えられるということが，TA たちにとってかなり重要なポイントとされている。また，心理学入門において同じミニコースが 2 回提供されるということは，受講生からみると，2 つの異なるミニコースを選択する機会が与えられていることでもある。実際，受講者からも，このような選択の機会を与えてほしいという強い要望がある。

　心理学入門の授業の中でこのミニコースを提供し続けてきたが，この試みは非常に成功していると言ってよい（評価結果の詳細はワートマンとヒリス（Wartman & Hillis, 1976）で考察している）。心理学入門の受講生と学部生 TA たちは，それぞれ貴重な経験をしたと報告している。たとえば，「TA たちは担当したミニコースをうまく運営していたか？」という質問について，「まったくそう思わない(1)」から「まったくそう思う(5)」までの 5 段階尺度で評定させてみた。その結果，心理学入門の受講生たちが TA の仕事ぶりを高く評価していたことが示された（受講生519名の評定平均は4.25）。また，「TA たちはミニコースで扱った内容をうまく説明できていたか？」，「受講生を熱心に指導していたか？」，「TA たちの採点は納得できるものであったか？」，「TA が指定した本はやりがいがあったか？」という質問についても，高い合意が示された。「教員の指導によってミニコースが運営された方がよかったと思うか？」という質問については，否定的な回答をした受講生が多かった。

　TA を務めた学部生たちも，ミニコースを計画・運営したことが良かったと考えているようであった。「ミニコースを準備をして担当したことが自分にとって有益であったか？」という質問項目について，「まったくそう思わない（1）」から「まったくそう思う（5）」という5段階尺度で評定させてみた。その結果，33名の TA が行なった評定平均は4.48であった。しかし，ミニコ

ースを担当したことによって，すべての学生が教職へつきたいと思うようになったかというと，必ずしもそうではなかった。一部の学生たちは，教えるために必要とされる仕事の多さと，受講生たちが成績ばかり気にしていることに幻滅を感じていた。そうかと思うと，他の学生は，知的興奮を受講生に伝えることに魅了され，再び教師の立場に立てるまでとても待てないとまで述べていた。ほとんどすべての学部生TAたちは，教師の立場を経験したことについては肯定的であり，将来教育と関連した職業に携わるかどうかを考えるうえで参考になったと評価していた。

（4） 学部生TAの募集

多くの場合，上の学年の授業のときに学部生TA募集のパンフレットを配布している。募集パンフレットには，TAで要求されることに関する情報を載せ，応募書類を1ページ添付している。応募書類には，応募の動機，これまでの成績の平均値，心理学の成績の平均値，興味をもっている分野と得意な領域を書く欄を用意し，また，本人についての所見を求めうる教員を最低2名記載するよう求めている。

担当科目の説明欄には，学部の教員から推薦を受けられるような優秀な学生のみが，学部生で指導の立場に立つことができると記している。その結果，自分がこの厳しい基準を満たしていない場合には，選考から落とされることがわかっているため，応募する段階で応募者自身によって自分が適格者であるか判断するようである。このような記述があるからか，私はTAになりたいと申し出た学生を断ったことがほとんどない。応募者には必ず面接を行ない，また，私が知らない学生であったならば同僚に確認している。したがって，ほとんどの場合，希望した学生はTAとして全員採用している。

■学部生TAの評価

学部生をTAとして採用するということはある意味で物議を醸すため，このような教育経験を適切に評価することは重要である。たとえば，「自分の子どもが通う大学では，多くの授業が大学院生によって教えられている」という苦情が多い教育環境の場合，学部生が教えるということについて親はどう思う

であろうか。さらには，大学に通わせるために高い授業料を支払っている親としてみたら，（おそらく，単位認定と引き替えで）自分の子どもがレポートの成績をつけたり，ディスカッションの司会で時間を費やすことは快く思わないであろう。また，学部長や学科長の立場で考えてみると，親からこの種のクレームがくる不安があれば，学部生を心理学入門に講師役として関与させることは好ましくないと判断しても不思議ではない。それ故に，学部生を TA として採用することが，心理学入門の受講生たちにとっても，TA たち自身にとっても有益なものであるかどうか，はっきりと見定めることはきわめて重要となる。

　心理学入門の授業で，学部生がディスカッション・リーダーであった場合と，大学院生がディスカッション・リーダーであった場合との受講生たちの反応の違いについて，いくつかの研究で調べられている。たとえば，ホワイトとコルバー（White & Kolber, 1978）は都市部の私立大学で，心理学入門における学部生 TA と大学院生 TA とのパフォーマンスの違いについて比較調査している。受講生たちは，どちらの TA の方が講義内容をより明確にしたか，どちらがよりディスカッションを活性化させたか，どちらが技能の修得に役立ったか，そして，どちらが心理学的概念の理解と応用を手助けしたかを明らかにするよう求めた。その結果，それぞれの質問について大学院生 TA と学部生 TA との間に有意な差が見られた。すべての質問に対する反応から，受講生は学部生 TA の方を大学院生 TA より好むという結果が報告されている（ホワイトとコルバーは，学部生 TA と心理学入門の受講生とが年齢的に近かったため，学部生 TA に対する評定が肯定的であったと推測している）。他の報告例でも，学部生 TA たちは，大学院生の TA と同程度の知識量をもっていたと評定されており，また，大学院生 TA よりも有意に面倒見が良かったと評定されている（Fremouw, Millard, & Donahoe, 1979）。

　その他にも以下のようなメリットがある。私たちが観察したところ，学部生 TA たちと小集団の中で定期的な交流をもつことが，受講生たちにとってかなり有効に機能しているようである。特に，社交的でないため他の学生と馴染めないでいる学生にとって，このように定期的に会うことは，その他の学生との交流を促すのに役立っているといえる。また，セミナーを通じて心理学専攻の

3年生，4年生と知り合いになることによって，どの科目を選択すべきか，どの教員が自分の興味と近い領域の研究をしているかなどを知ることができる。こういった情報を得る機会として，受講生たちは学部生 TA たちとの交流を高く評価しているようである。

また，学部生 TA たちも，心理学入門に関与することによって利益を享受していることを示す確かな証拠がある。私たちが行なった調査 (Wortman & Hillis, 1976) では，学部生 TA に，TA を経験したことが良かったかどうかを質問した。「非常に悪かった(1)」から「非常に良かった(5)」までの5段階尺度に従って評定してもらったところ，33名の TA の評定平均は4.76であった。他にも，TA として参加した学部生たち（心理学を専攻としない学生も含む学部3，4年生）は，そうでない一般の学部生たち（心理学専攻の学部3，4年生）と比較して，心理学入門で教えられた内容について，より多くの知識を保持していたことが報告されている (Fremouw, et al., 1979)。これらの調査結果をまとめると，TA として心理学入門に参加することは，かなり有意義なことといえるであろう。これと類似した調査でも，TA を経験したことによって，それ以前と比べて集団状況での不安傾向が低減したことが学生自身による評定から明らかにされている (Boeding & Vattano, 1976)。

さらに2つほど，学部生 TA を担当することのメリットを記しておくべきだろう。1つは自明なことではあるが，学部教員と間近に仕事をする機会が与えられるということである。このことによって，教員が彼らのために推薦書を書くときにも，かなり熱意をこめて書く可能性が高くなる。2つめは，心理学の分野に強い興味をもった同輩と，TA として一緒に参加する機会が与えられるということである。グループの同輩たちとのあいだで，自分の興味のある研究領域を学ぶにはどの大学院が適しているかとか，研究計画書をどのように書いたらよいかとか，大学院入試の勉強対策の仕方などについて，情報交換をすることができる。

本章で述べたような方法で学部生を TA として採用することが，いくつかの大学では，その大学の方針や理念などからむずかしいことにも言及すべきであろう。しかし，このように困難な状況でも，私たちが紹介した方法を選択的に適用することは可能である。紹介した方法の各構成要素（選抜した学部生に，

ディスカッションの進行役やミニコースの講師を担当してもらったり，評価のフィードバックを担当してもらう）は，それぞれ単独で心理学入門に組み込むことができる。たとえば，ミニコースを担当させるために優秀な学部生を選抜したり，心理学入門できわめて優秀な成績を収めた学生に，次の学期にもう一度履修するよう依頼して，講義におけるディスカッションを指導してもらうなどを考えることができるであろう。

　一部の大学や学科では，学部生を TA として採用することについて理念的に反対するであろうが，それは残念といわざるを得ない。このような方針の多くは，学部教育のレベルを高く維持させようという考えに基づいている。学部生 TA を採用することによって，心理学入門の受講生たちの学習を妨げられるかどうか，はたまた TA 自身の学習を妨げられるかどうか，これらの疑問についてはこれまでの経験から反駁可能であるように思われる。実際に，調査結果から示されていることは，この技術革新がほぼまちがいなく成功するということである。ほとんどすべての調査が，心理学入門を履修する受講生と学部生 TA，双方に対してこの手法がきわめて高い教育的効果をもつと報告している。

4 節　結論

　本章で概観した教育の技法，1 つは自分が興味をもっていることを教えること，もう 1 つは複数の学部生 TA を採用すること，この 2 つによって，心理学入門が無味乾燥でつまらない講義から，心浮き立つような楽しい講義へと変化する。一年のうちに，この科目は私の大学でとても評判になり，履修登録のためにくじ引きによる抽選を行なわなければならなくなった。

　私たちは，このような講義形式を採用すると，講義内容も向上すると信じている。これはおそらく，教員がよく知っていて興味をもって取り組んでいることを教えているからでもあり，それぞれの授業の準備により多くの時間を割くことができるからでもある。また，学部生 TA をディスカッションとミニコースのリーダーとして採用することによって，心理学入門の受講生にとっても，

TAたちにとっても，それぞれ教育的効果が倍増する状況を生み出すことができる。そして，ミニコースの選択機会を提供することによって，各学生の興味に対応した心理学入門のコースをつくり上げることができ，その結果，学生たちのさまざまな要望に応えることができるようになる。ある学生たちは，ミニコースへの登録手続きを，「おもちゃ屋に連れて行かれた子どもたちのようだ」と表現していた。つまり，心理学入門をこのような形で提供することによって，学生たちの積極性と知的興奮を引き出すことができる。

　もっとも，本音を漏らしてしまうと，私はこの心理学入門によって，学生にとって魅力ある知的環境を整備すること以上のことをしようと思っていた。私の本当のねらいは，学生たちの生き方を変えたいということにある。多くの学生にとって，心理学入門のような科目は，より良い方向へと変化していくきっかけとなりうる，というのが私の信念である。先日，鬱病について講義をしたとき，アドバイスを求めに学生が5名も私の研究室を訪れた。そして，初期治療のために適切な紹介を行なった。また，コンフリクトの解消について講義をしてから2，3週間した後に，ある女子学生が研究室を訪ねてきた。その学生は，心理学入門で扱った題材を疎遠になった母親との関係修復に役立てたと報告しに来てくれた。また，前回の心理学入門を教えてから一年経ってからのことであるが，別の女子学生が，暴力的な恋人と別れたことを報告しに来てくれた。学生たちの訪問例から確定的なことは言えないが，彼らの反応を見ると，私がやっているような授業のやり方が，学生たちの人生を変化させる可能性をもっているといえるであろう。

　以上の考察をまとめると，本章で紹介したいくつかの方法によって，学生たちの積極性と興味を，通常の大講堂形式の心理学入門では到達できないところまで高めることができるといえる。さらにいうと，教員の負担を増やすことなく，講義の内容を改善させることも十分に可能である。しかしながら，これらの改革を導入する最も重要な理由は，担当する教員が満足感と達成感を味わうことができるということかも知れない。

11章 註 ☆は原著の註，★は訳者註

☆1 本章はワートマンとスミスの間の活発な共同作業を通して書かれたものである。しかしながら，本章の内容の多くはワートマンの個人的経験に基づいているため，文章は一人称で記述されている。

★2 デートレイプ：友人・知人・顔見知りの人からの性的暴行なども含む

★3 『ウォールデン2』：スキナー箱に名を残すアメリカの行動主義心理学者，バラス・F・スキナーが著したユートピア小説である（誠信書房）。ヘンリー・D・ソローの『森の中の生活—ウォールデン（岩波書店）』をタイトルの本歌取りにしている。

★4 『アメリカのありふれた朝』：J・ゲスト作の小説である（集英社文庫）。ごくふつうの家庭であるが，兄の事故死を切っ掛けとして歪んだ家族関係が露呈し，その歪みがどのように修復されていくかが描かれている。この小説を原作とした映画（『ふつうの人々』）が1980年度のアカデミー賞を受賞した。

★5 『シビル』：C・ウィルバーによる実在の16重人格者シビル・ドーゼットの症例報告をもとに，フローラ・R・シュライバーがまとめた著作である。邦訳では『失われた私』（ハヤカワ文庫）として出ている。

★6 『服従』では，かの有名な擬似的電気ショックを用いた実験（人間は自分が責任をとる必要がなければ，他人の言うことにあっさりと従ってどんなことでもする）が紹介されている。この実験結果に衝撃を受けた音楽家ピーター・ガブリエルが，"Milgram's 37"という曲を発表している。同様のタイトルで，『服従の心理（S・ミルグラム著）』が河出書房新社より出ている。

11章 引用文献

Bernstein, D. J. (1979). Reliability and fairness of grading in a mastery program. *Teaching of Psychology, 6*, 104–107.

Boeding, C. H., & Vattano, F. J. (1976). Undergraduates as teaching assistants: A comparison of two discussion methods. *Teaching of Psychology, 3*, 55–59.

Candland, D. K. (1982). Selective pressure and the teaching of psychology: The fox and the hedgehog. *Teaching of Psychology, 9*, 23–26.

Diamond, M. J. (1972). Improving the undergraduate lecture class by use of student-led discussion groups. *American Psychologist, 27*, 978–981.

Evans, J. D., & Peeler, L. (1979). Personalized comments on returned tests improve test performance in introductory psychology. *Teaching of Psychology, 6*, 57.

Fremouw, W. J., Millard, W. J., & Donahoe J. W. (1979). Learningthrough-teaching: Knowledge changes in undergraduate teaching assistants. *Teaching of Psychology, 6,* 30–32.

Fulwiler, T. (Ed.). (1987). *The journal book.* Portsmouth, NH: Boynton/Cook.

Griggs, R. A., Lange, S. K., & Meyer, M. E. (1988). Staffing the introductory psychology course in graduate departments. *Teaching of Psychology, 15,* 124–127.

Hettich, P. (1990). Journal writing: Old fare or nouvelle cuisine? *Teaching of Psychology, 17,* 36–39.

Hubbard, R. W., & McIntosh, J. L. (1992). Integrating suicidology into abnormal psychology classes: The Revised Facts on Suicide Quiz. *Teaching of Psychology, 19,* 163–166.

Koss, M. P., Gidycz, C. A., & Wisniewski, N. (1987). The scope of rape: Incidence and prevalence of sexual aggression and victimization in a national sample of higher education students. *Journal of Consulting and Clinical Psychology, 55,* 162–170.

Lehman, C. R., Ellard, J. H., & Wortman, C. B. (1986). Social support for the bereaved: Recipients' and providers' perspectives on what is helpful. *Journal of Consulting and Clinical Psychology, 54,* 438–446.

Maas, J. B., & Pressler, V. M. (1973, March). The role of undergraduate teaching assistants in introductory psychology. *Teaching of Psychology Newsletter,* pp. 7–9.

McKeachie, W. J. (1986). *Teaching tips: A guidebook for the beginning college teacher* (8th ed.). Lexington, MA: Heath.

McKeachie, W. J. (1987). Teaching, teaching teaching, and research on teaching. *Teaching of Psychology, 14,* 135–139.

Ross, A. S., Anderson, R., & Gaulton, R. (1987). Methods of teaching introductory psychology: A Canadian survey. *Canadian Psychology, 28,* 266–273.

Silver, R. L., Boon, C., & Stones, M. H. (1983). Searching for meaning in misfortune: Making sense of incest. *Journal of Social Issues, 39,* 81–102.

Wallerstein, N. S. (1987). Children after divorce: Wounds that don't heal. *Perspectives in Pediatric Care, 24,* 107–113.

Wallerstein, N. S. (1991). The long-term effects of divorce on children: A review. *Journal of the American Academy of Child and Adolescent Psychiatry, 30,* 349–360.

White, K. M., & Kolber, R. G. (1978). Undergraduate and graduate students as discussion section leaders. *Teaching of Psychology, 5,* 6–9.

Wortman, C. B., & Hillis, J. W. (1976). Undergraduate-taught "minicourses" in conjunction with an introductory lecture course. *Teaching of Psychology, 3,* 69–72.

Wortman, C. B., & Silver, R. C. (1989). The myths of coping with loss.

Journal of Consulting and Clinical Psychology, 57, 349–357.

Zanich, M. L., & Grover, D. E. (1989). Introductory psychology from the standpoint of the consumer. *Teaching of Psychology, 16,* 72–75.

エピローグ

チャールズ・L・ブリューワー

　本書のプロローグで，グリッグス（Griggs, R.）が示唆しているように，心理学入門を教えることは，たいへんな労力を要し，フラストレーションを引き起こすものではあるが，その一方で，挑戦的で，刺激的で，得るところも多く，また，楽しいものでもある。心理学入門の授業計画を立て，実際に教えるためには，教師は次のような重要な問題について意思決定を迫られる。それは，教育の理念，自己の心理学観，コース全体の目標，また個別の授業目標，カバーする範囲の広さと深さ，トピックの構成，講義内容や実習的活動の意図する目的，また，種々の教授法やテクニックの利用についてである。教科書を選ぶ際にも，同様のさまざまな意思決定が要求される。教科書の執筆について言えば，これも教育の一形態と言える。たとえ，あなたの書いた教科書を使って学ぶ学生のほとんどを，あなた自身が直接教室で教えることはないとしてもである。したがって，心理学入門の教科書の出版を計画し，執筆する際には，執筆者は授業のときと同じような，いやもっと多くの問題についてクリティカルな意思決定をしなければならない。そうしてでき上がった教科書は，その執筆者がこれらの問題に対して示した解答を反映したものであると言えよう。本書を読む

ことで，著名な心理学者たちが，心理学入門を教える際に出会うこうしたさまざまな問題に対してどのような答えを出し，そしてその答えが，彼らの行なう授業や彼らの書く教科書にどのように反映しているかを知ることができる。それは私たちにとって情報価値が高く，また，刺激的で，楽しく，そして勇気を与えてくれるものでもある。

　本書の著者たちは心理学入門を授業で教える方法について，また，心理学入門の教科書を書く方法について，各自が経験的に探し当てていった航海の遍歴──オデッセイ──を思慮深く，そして魅力的に語ってくれている。彼らの物語の中にはいくつかの注目すべき共通テーマが含まれている。それはすべての心理学教師にとって貴重な洞察をもたらす教訓となりうるものだ。このエピローグでは，私の興味を引き，また重要なことと思われたいくつかの共通性について述べておきたい。

■退屈で，お粗末な入門授業の経験

　何人かの著者は，最初に受けた心理学入門の授業がひどいものだったにもかかわらず心理学者になったと述べている。たとえば，11章のワートマンは，相互に関連づけられていない事実や研究知見を繰り返し朗読する講義だったせいで，その授業がおそろしいほど退屈だったと述べている（本書 p. 213）。1章のジンバルドーも，教え方が非常にお粗末で，教科書も非常に退屈だったせいで心理学が嫌いになり，その結果，専攻を社会学／人類学コースに変更したと述べている（本書 p. 12）。幸いにも彼は，後にエキサイティングな実験心理学の授業を取ったことで心理学へと復帰してくることになった。自分が受けた教育よりもよい教育をしたいために教師になろうと思ったという人は，いったいどのくらいいるものなのだろうか。また，その場合，「退屈な授業」は内発的動機づけなのだろうか，それとも外発的動機づけなのだろうか。

■心理学教育に関する教育プログラムの不備

　何人かの著者は，心理学を教え始めるにあたって，教授法については公式にも非公式にも何のトレーニングも受けなかったし，スーパービジョンも受けられなかったことでうろたえたという（たとえば，2章のバーンスタイン（本書

p. 49）など）。ほとんどの大きな大学では，大学院のプログラムは研究に重点が置かれており，教授法の教育は後回しにされている。注目すべき例外は1章のジンバルドーで，彼はバクストン（Buxton, C.）教授の心理学教授法のコースを受けたことで心理学入門を教えるための準備ができ，さらに教えることを熱望するようになったという（本書 p. 11）。不幸なことに，大学院生に対して教師になるための準備をさせることはいまだに優先権が低いままである（Benassi & Fernald, 1993 ; Lumsden, Grosslight, Loveland, & Williams, 1988）。サンディエゴ州立大学で，この状況を変えようと取り組んだ8章のプロトニックのアプローチは賞賛に値する。しかし，バクストンの頃から何年も経ったいまでも，プロトニックのように，心理学者にとって「教えること」の価値が，研究することの価値と同じ高さに達する日が来るのを待ち望まなければならないという状況は変わっていないのである（ニューハンプシャー大学では，大学院生を対象にした大学教員養成のための優れたプログラムがある。Fernald（1995）を参照のこと）。

■理想的な教科書についてのビジョン

　従来の教科書に満足できず，自分で心理学入門の教科書を執筆したということを2, 3の著者が報告している。彼らには，市販の教科書よりも自分の教育により適した，特色のある教科書についてのビジョンがあったのである。6章のモリスは，出版社の編集者に理想的な教科書はどうあるべきかを説いたところ，編集者にそんな本はないといわれ，自分で書くよう勧められた（本書 p. 125）。そして彼は書いた。その本は1996年に，なんと第9版が出されている。

　心理学入門の授業のやり方や教科書の書き方に関しても，著者たちのコメントから共通テーマが浮かんでくる。これらの共通テーマは，心理学という学問分野の思考法や研究法の核となる前提が何であり，それを初学者にいかに提示すればよいかを明示するものである。

■実証科学としての心理学の提示

　本書の著者たちはみな，心理学を実証科学として描いている。実証科学とは，

より一般的で，かつ検証されるべき仮説としての知識を生み出すものである。心理学はけっして非科学的なものではない。また，ごく一部の人にしかあてはまらないような狭いものでもなく，不変のものでもない。著者たちはすべて，自分の授業や教科書を最新でエキサイティングなものに保とうと努力している。そうすることで，1章においてジンバルドーが「あくなき好奇心」と呼んだものを態度で示し，5章のマトリンや7章のマイヤーズが「驚きの感覚」と呼んだものを，学生や読者に浸透させようと試みているのである（本書p. 23, 95, 140）。

■心理学の広さと多様性から来る選択の問題

心理学は圧倒的に広く，また多様であるため，心理学の教師や教科書執筆者がカバーする範囲は選択的にならざるを得ない。2章でバーンスタインは，「私たちが心理学入門の受講生をごまかすことになるのも仕方がない。なぜなら，彼らに本当のことを正確に伝えるのに十分な時間がないからだ（本書p. 56）」と語る同僚の言葉を紹介している。自分の授業に対して同じような気持ちをいだいている教師はかなり多いのではないだろうか。

■クリティカル思考の強調

本書のすべての著者たちにとって何よりも重要な目標は，心理学者のように考えることを学生に教え，促進することである。ジョン・デューイ（John Dewey）の思想や，また近年の教育者の間に広まっている関心と一致する方向として，著者たちは授業においても教科書の執筆においても，能動的学習やクリティカル思考の重要性を力説している。最近の『Teaching of Psychology』誌において，「心理学者がクリティカル思考を教える」にはどうすればよいかというテーマの特集が組まれている（Halpern & Nummedal（1995）を参照のこと）が，本書でも，能動的学習やクリティカル思考を促進するためのデモンストレーションやテクニック，レポート課題などが数多く紹介されている。9章のスタンバーグが強調しているように，「考えること」が授業の中に常にめいっぱい盛り込まれるべきであり，たんなるつけ足しであってはならない（本書p. 181）。スタンバーグに加えて，3章のグレイ，および，10章のウェ

イドもクリティカル思考の教育についての優れたモデルを提供してくれている。

■知識の統合の重視

　著者たちはまた，心理学を，関連性のないばらばらの事実（試験のために記憶するためだけの事実）の集積として提示するのではなく，「大きな絵」として提示することに焦点を当てている。事実は急速に失われていくものであり，著者たちは授業においても教科書においても，概念や一般的な原理を強調することを好んでいる。心理学は高度に専門化が進んだ結果，非常に細分化されてしまったが，本書の著者たちは統一された学問領域として心理学を提示しようと試みている。何人かの著者は，種々の専門領域を越えて存在する心理学特有の方法論を強調することによって，その統一性を示そうとしている。彼らは，研究が生み出した多くの事実よりも，むしろ研究のプロセスを強調するのである。

■日常への適用

　もう1つの大きなテーマは，心理学を学生の日常生活と関連づけさせるために，著者たちが多大な努力をしているということである。4章のレフトンや7章のマイヤーズは，「心理学を人々に還元せよ」というミラー（Miller, G. 1969）の有名な勧告について言及している（本書 p. 90, 137）。もちろん，学生は心理学が現実の生活にいかに深く関わっているかを理解すべきである。しかしその一方で，私たち心理学教師は，心理学が非常に厳格な科学的基盤の上に成り立っていることを学生に示すことも怠ってはならない（他の人文系の諸学問と心理学を区別しているのはこの点である）。そうしなければ，人々に知識を還元できるどころか，価値のあるものは心理学には何も残らないであろう。次のように述べる6章のモリスに私は同意する（また，1995年の心理学部長会議に同席した4章のレフトン（本書 p. 90）もきっと同意するはずだ）。「1つのコースに，すべての内容を，すべての人に向けて盛り込もうとすることはけっしてたやすい試みではない。誰に対しても何の足しにもならない授業に終わる危険性とは常に隣り合わせである（本書 p. 118）」。率直に言えば，すべての心理学を人々に還元することはけっしてできはしないのだと私は思うのである。

■教育改善のための心理学的知識の利用

　教科書の執筆者としても教師としても，本書の著者たちは自分自身の教育方法を改善するために，心理学の研究知見を利用している。具体的には，教科書や授業における題材の提示方法に，学習や記憶を向上させるための心理学的知識を活用するケースが多い。つまり著者たちは，彼らが伝えたいことを，教科書や授業の中で自ら実践しているということなのだ。

■心理学に対する誤った見方の是正

　著者たちに共通する重要な目標として，心理学に対する学生たちの誤った印象をぬぐい去り，誤った考えに挑むことがあげられる。通俗的な説明を退け，大風呂敷を広げたり，独断的な決めつけをしないようにすることは，おそらくすべての教師が賛同する目標だと思われる。そのためには，平易な説明を試みながらも，けっして過度の単純化に陥らないように努めたり，教師も学生も不確実さに耐えながら，同時に，可能な限り常にその不確実さを減らしていくすべも学ばなければならない。

■多文化・比較文化的な文脈の重視

　注目すべきトレンドと軌を一にして（Furumoto, 1989 を参照），本書の著者たちは，心理学が社会文化的な文脈の中で発展していること，そして，その文脈の中で理解しなければならないことを認識している。心理学が多文化的環境に影響を与え，また影響を受けていることを強調するだけでなく，著者たちは集団内，あるいは集団間に見られるあらゆる側面での多様性について，これを認めている。

■心理学教育への情熱

　ここまで列挙してきたさまざまな共通テーマの背後に，さらに2つの大きな共通テーマが底流している。私はそれこそが最もすばらしいものだと考えている。その1つは，心理学教育に対する著者たちの情熱である。それが彼らの授業や教科書を成功に導き，そして教育への意気込みを支えている最高の要素である。情熱がなければ，本書の著者たちも，また，すべての教師たちも，すば

らしい授業を行なったり，すばらしい教科書を書くことは望めないだろう。私は彼らの教育への情熱に対し，最大級の賞賛を送りたいと思う。

■学生の生き方に影響を与えようとする意志

もう1つは，彼らが長期的な視野で，学生の人生に変化をもたらそうとする強い期待をもっていることである。学生が勉強した内容を忘れてしまった後（確実にそうなるだろうが），心理学入門とその教師は彼らに対してどのような影響を残すことができたのだろうか。教師は永遠に影響を与え，その影響力はとどまることを知らないというヘンリー・アダムス（Henry Adams）の主張に，本書のすべての著者たちが同意するだろう。何人かの著者がこの問題について直接言及している。11章のワートマンとスミスは，「私の本当のねらいは，学生たちの生き方を変えたいということにある（本書 p. 230）」と述べ，1章のジンバルドーも「私は，できるだけ多くの学生の生活に，有意義な変化が起こってほしい（本書 p. 20）」と述べている。教えることの本当の理由は，人に有益な変化を生じさせることである。著者たちは，学生の考え方（mind）だけではなく，心のあり方（heart）も広げようとしているからこそ，すばらしい教師なのである。彼らの人間性は，誠実で虚飾のないものである。

最後に，本書の著者たちの間で見られたこれらの共通テーマが，1991年6月にメリーランド州の聖メリー大学で開催された「心理学の学部教育の質を向上させるためのアメリカ心理学会全国会議」において出された多くの意見や提案（McGovern, 1993）と驚くほど類似しているという点を指摘しておきたい。この類似性は，本書の優れた著者たちがみな教育に対して先進的な考えをもっていることを示していると同時に，彼らが心理学の学部教育カリキュラムの発展の歴史（Lloyd & Brewer, 1992 ; McGovern, 1992）についても熟知していることを示している。このような並はずれて優秀で，かつ熱意にあふれる心理学者たちが心理学入門の授業を行ない，そして教科書を執筆している限り，心理学は発展し続けるだろう。本書を読み終えて，私も教えること，さらに，いかに教えるかということに関して，より深く，より分析的に考えなければならないと啓発された。そして，いまよりももっとよい教師になれそうな気がして

きた。T・S・エリオット（T. S. Eliot）の詩にあるように，「結末こそ，実は出発点なのである」。

引用文献

Benassi, V. A., & Fernald, P. S. (1993). Preparing tomorrow's psychologists for careers in academe. *Teaching of Psychology, 20,* 149–155.

Buxton, C. E. (1951). Teaching: Have your cake and eat it too? *American Psychologist, 6,* 111–118.

Dewey, J. (1933). *How we think: A restatement of the relation of reflective thinking to the educative process.* Boston: Heath.

Fernald, P. S. (1995). Preparing psychology graduate students for the professoriate. *American Psychologist, 50,* 421–427.

Furumoto, L. (1989). The new history of psychology. In I. S. Cohen (Ed.), *The G. Stanley Hall Lecture Series* (Vol. 9, pp. 5–34). Washington, DC: American Psychological Association.

Halpern, D. F., & Nummedal, S. G. (1995). Psychologists teach critical thinking [Special issue]. *Teaching of Psychology, 22*(1).

Lloyd, M. A., & Brewer, C. L. (1992). National conferences on undergraduate psychology. In A. E. Puente, J. R. Matthews, & C. L. Brewer (Eds.), *Teaching psychology in America: A history* (pp. 263–284). Washington, DC: American Psychological Association.

Lumsden, E. A., Grosslight, J. H., Loveland, E. H., & Williams, J. E. (1988). Preparation of graduate students as classroom teachers and supervisors in applied and research settings. *Teaching of Psychology, 15,* 5–9.

McGovern, T. V. (1992). Evolution of undergraduate curricula in psychology, 1892–1992. In A. E. Puente, J. R. Matthews, & C. L. Brewer (Eds.), *Teaching psychology in America: A history* (pp. 13–38). Washington, DC: American Psychological Association.

McGovern, T. V. (1993). (Ed.). *Handbook for enhancing undergraduate education in psychology.* Washington, DC: American Psychological Association.

Miller, G. A. (1969). Psychology as a means of promoting human welfare. *American Psychologist, 24,* 1063–1075.

▶● 明日から役立つ授業の tips（分野別）

分野	内容	ページ	章
神経心理学	ブレインゲーム	169	8
	飲酒運転に関するデモ	214	11
動物心理学	驚異のラット，ヘラクレス他	28	1
知覚心理学	遅延聴覚フィードバックのデモ	32	1
	視野変換のデモ	34	1
認知心理学	噂の伝達と記憶の変容	33	1
発達心理学	日常例から理論へ	86	4
	嵐の幼年期	169	8
社会心理学	追従	58	2
	社会的ゲーム	169	8
臨床心理学	アイディア中心の教授法を用いてフロイトを教える	66	3
	映画を使う	169	8
研究法	反応時間のデモ	30	1
	ESPトリックのデモ	31	1
	超能力についてのディスカッション	54	2
	歩行速度の観察	56	2
	心理学の複雑さを学生に示す	88	4
	研究に対するクリティカルな態度	104	5
	心理学的測定原理のデモ	144	7

▶ 明日から役立つ tips（授業全般）

トピック	内容	ページ	章
勉強法	教科書の読ませ方	78	3
	ノートを取りながら考えさせる	78	3
	階層的な要約図	80	3
	予復習のさせ方	130	6
	電子掲示板を使う	133	6
課題・試験	パートナー・チーム・テスト	39	1
	教科書を批判的に読ませる	73	3
	疑問レポート	74	3
	期末の総合的なレポート課題	205	10
	練習問題	130	6
	日誌の利用	223	11
TA の活用	個別教授化システム	38	1
	ディスカッション・グループ	221	11
	ミニコース	224	11
授業の指針等	シラバスに記載する授業目標の例	21	1
	シラバスに記載する授業目標の例	96	5
	クリティカル思考のガイドライン	197	10
初回の授業	ハンサムな先生（期待の役割）	36	1
	右手で3つ数える	60	2
その他	オープンマイク・タイム	26	1
	学生のアイディアを研究に活かす	40	1
	新入生対象の講演	105	5
	三頭的思考の促進	181	9

【原著者一覧】〔原著者の代表的な心理学入門教科書も併せて紹介〕

◆1章　P・G・ジンバルドー（Philip G. Zimbardo）　スタンフォード大学
〔教科書〕　Zimbardo, P. G. & Gerrig, R. J.
　　　　　Psychology and Life. 15th Packaging edition 1999
　　　　　Longman　ISBN : 0321060490

◆2章　D・A・バーンスタイン（Douglas A. Bernstein）　イリノイ大学アルバナ-シャンペン校
〔教科書〕　Bernstein,D. A.,Clarke-Stewart,A.,& Penner,L. A.
　　　　　Psychology 5th packaging edition 2000
　　　　　Houghton Mifflin College　ISBN : 0618016236

◆3章　P・グレイ（Peter Gray）　ボストンカレッジ
〔教科書〕　Gray, P.
　　　　　Psychology 3rd edition 1999
　　　　　Worth Publ.　ISBN : 1527594144

◆4章　L・A・レフトン（Lester A. Lefton）　サウス・カロライナ大学
〔教科書〕　Lefton, L. A.
　　　　　Psychology 6th edition 1996
　　　　　Allyn & Bacon　ISBN : 0205189954

◆5章　M・W・マトリン（Margaret W. Matlin）　ニューヨーク州立大学ジェネシオ校
〔教科書〕　Matlin, M. W.
　　　　　Psychology 3rd edition 1999
　　　　　Harcourt Brace College Publ.　ISBN : 0155054953

◆6章　C・G・モリス（Charles G. Morris）　ミシガン大学
〔教科書〕　Morris, C. G., & Maisto, A. A.
　　　　　Psychology : An Introduction 10th edition 1999
　　　　　Prentice Hall　ISBN : 0136768378

◆7章　*D・G・マイヤーズ*（David G. Myers）　ホープカレッジ
〔教科書〕　Myers, D. G.
　　　　　Psychology 5th packaging edition 1999
　　　　　W H Freeman & Co.　ISBN：1572595388

◆8章　*R・プロトニック*（Rod Plotnik）　サンディエゴ州立大学
〔教科書〕　Plotnik, R.
　　　　　Introduction to Psychology 5th edition 1998
　　　　　Brooks/Cole Pub Co　ISBN：0534356117

◆9章　*R・J・スタンバーグ*（Robert J. Sternberg）　イェール大学
〔教科書〕　Sternberg, R. J.
　　　　　In Search of the Human Mind 2nd edition 1997
　　　　　Harcourt Brace College Publ.　ISBN：0155040251

◆10章　*C・E・ウェイド*（Carole E. Wade）　ドミニカンカレッジ オブ サン・ラファエル
〔教科書〕　Wade, C. & Tavris, C.
　　　　　Psychology 6th edition 1999
　　　　　Prentice Hall　ISBN：0321049314

◆11章　*C・B・ワートマン*（Camille B. Wortman）　ニューヨーク州立大学ストニー・ブルック校
　　　　J・M・スミス（Joshua M. Smyth）　ニューヨーク州立大学ストニー・ブルック校
〔教科書〕　Wortman, C. B., Loftus, E., & Weaver, C.
　　　　　Psychology 5th packaging edition 1999
　　　　　McGraw Hill　ISBN：0073975540

【訳者一覧】（50音順，＊印は編訳者）

片岡　大輔（かたおか　だいすけ）　　【3章】
　㈱日本能率協会マネジメントセンター
　人事アセスメント研究所
黒沢　学（くろさわ　まなぶ）　　　　【6章】
　東京電気大学工学部
向後　千春（こうご　ちはる）　　　　【5章】
　富山大学教育学部
平　真木夫（たいら　まきお）　　　　【11章】
　宮城教育大学教育学部
谷口　高士（たにぐち　たかし）　　　【1章】
　大阪学院短期大学
廣岡　秀一（ひろおか　しゅういち）　【9章，エピローグ】
　三重大学教育学部
米谷　淳（まいや　きよし）　　　　　【2章】
　神戸大学大学教育研究センター
三浦　麻子（みうら　あさこ）　　　　【8章】
　大阪大学大学院人間科学研究科
道田　泰司＊（みちた　やすし）　　　【原著者序，プロローグ，4章】
　琉球大学教育学部
南　学（みなみ　まなぶ）　　　　　　【7章】
　松山大学経営学部
宮元　博章＊（みやもと　ひろあき）　【10章，エピローグ】
　兵庫教育大学学校教育学部

　　1998年4月，本書の翻訳企画の立ち上げにあたって，企画者（編訳者）の1人である道田は「教養教育における心理学」メーリングリスト（psycho）上で，そのメンバーに対し本書の訳者募集を行なった＊。この呼びかけに対し，わずか2時間足らずのうちに，最大募集人員の9名が名乗りをあげ（先着順のため残念ながらお断りした人もいた），1つの章に対して訳者1人を割り当てるという贅沢な企画がスタートした。原著の11人の著者達に劣らず，本書の訳者達もまた，心理学教育に対して熱い思いを秘めた11人なのである。

　＊このメーリングリストについてのお問い合わせは，管理者の谷口高士（takashi@mbox.kyoto-inet.or.jp）まで。

［編著者紹介］

ロバート・J・スタンバーグ（PhD）

1949年ニュージャージー州生まれ。現在，イェール大学心理学部（教育心理学）教授。認知心理学，特に知能研究の第一人者であり，アメリカ心理学会（APA），アメリカ心理学協会（APS），アメリカ人文科学アカデミー，アメリカ科学振興協会の理事会員である。スタンバーグ博士は約600にもおよぶ著作や論文を執筆しているが，心理学の教科書としては，『人間心理の探求（In Search of the Human Mind）』と『心理学への道（Pathways to Psychology）』という2冊の入門教科書，および『認知心理学（Cognitive Psychology）』という専門の教科書がある。彼の研究領域は広範であり，心理学教育もその1つであるが，そこにおいて彼は「知能の三頭理論」，「創造性」，「思考スタイルの自己統治」といった自身の認知心理学研究の成果を，心理学における学習や思考に適用しようと試みている。

［編訳者紹介］

宮元博章（みやもと・ひろあき）

1963年　千葉県に生まれる
現　在　兵庫教育大学助手
専　門　教育心理学，人格心理学，認知心理学
著　書　『不思議現象　なぜ信じるのか』（編著，北大路書房）
　　　　『クリティカルシンキング』〈入門篇・実践篇〉（共訳，北大路書房）
　　　　『クリティカル進化論』（共著，北大路書房）
連絡先　メールアドレス　miyahiro@edu.hyogo-u.ac.jp

道田泰司（みちた・やすし）

1962年　熊本県に生まれる
現　在　琉球大学助教授
専　門　思考心理学，知覚心理学，教育心理学
著　書　『ダイアグラム心理学』（共著，北大路書房）
　　　　『生涯発達』（共著，ナカニシヤ出版）
　　　　『クリティカルシンキング』〈入門篇・実践篇〉（共訳，北大路書房）
　　　　『クリティカル進化論』（共著，北大路書房）
連絡先　メールアドレス　michita@edu.u-ryukyu.ac.jp

アメリカの心理学者 心理学教育を語る

| 2000年6月20日　初版第1刷印刷 | 定価はカバーに表示 |
| 2000年6月28日　初版第1刷発行 | してあります。 |

編　著　者　　R. J. スタンバーグ
編　訳　者　　宮　元　博　章
　　　　　　　道　田　泰　司
発　行　者　　丸　山　一　夫
発　行　所　　㈱北大路書房
〒603-8303　京都市北区紫野十二坊町12-8
　　　　　電　話　(075) 431-0361㈹
　　　　　F A X　(075) 431-9393
　　　　　振　替　01050-4-2083

ⓒ2000　印刷／製本　創栄図書印刷㈱
検印省略　落丁・乱丁本はお取り替えいたします。

ISBN4-7628-2188-8　　　　Printed in Japan